Informationstechnik
und
Datenverarbeitung

M. M. Botvinnik

Meine neuen Ideen zur

Schach-
programmierung

Übersetzt aus dem Russischen
von A. Zimmermann

Mit 42 Abbildungen

Springer-Verlag
Berlin Heidelberg New York 1982

Michal Moisejewitsch Botvinnik
Direktor des Instituts für Energetik, Moskau

Übersetzer:

Alfred Zimmermann
Dolmetscher und Übersetzer für die russische Sprache
an der Universitätsbibliothek Dortmund

Titelbild von L. Alt

ISBN-13: 978-3-540-11094-1   e-ISBN-13: 978-3-642-95402-3
DOI: 10.1007/978-3-642-95402-3

CIP-Kurztitelaufnahme der Deutschen Bibliothek
Botvinnik, Michail M.:
Meine neuen Ideen zur Schachprogrammierung / M. M. Botvinnik.
Übers. aus d. Russ. von A. Zimmermann. – Berlin ; Heidelberg ;
New York : Springer, 1982.
Einheitssacht.: O. rešenii netočnych perebornych zadač <dt.>

2141/3140-543210

Vorwort

In diesem Buch darf ich erstmals in deutscher Sprache umfassend und aktuell meine Arbeit an Grundlagen und Realisierung eines Computer-Schachprogramms vorstellen. Seit nunmehr gut zehn Jahren bemühen sich meine Mitarbeiter und ich um die Verfolgung eines anderen Ansatzes bei der Schachprogrammierung als fast alle übrigen "Konkurrenten" der Welt.

Der intellektuelle Streit entzündet sich an der Fragestellung, ob vorrangig Schnelligkeit, Speichergröße und Zuverlässigkeit von Rechnern auszunutzen seien, oder die Modellierung menschlicher Denkweisen beim Schachspielen angestrebt werden soll. Während die meisten Kollegen in aller Welt die erste Meinung vertreten und mit den nach der sogenannten "brute-force"-Methode spielenden Programmen auch erstaunliche Erfolge erzielen konnten, bin ich mit wenigen anderen Kritikern der Meinung, daß nur der zweite Ansatz auf Dauer die Spielstärke der Programme entscheidend verbessern kann.

Natürlich gehen wir den weitaus schwereren Weg bei der Realisierung, denn die theoretischen Grundlagen und die notwendigen Programmsysteme sind um vieles komplexer. Somit müssen wir einen langen Atem beweisen und nicht um kurzfristiger Scheinerfolge willen das große Ziel gefährden. Ich bin aber sehr froh, daß inzwischen auch unsere Programmierung weitgehend abgeschlossen ist, und unser Programm "PIONIER" erste praktische Erfolge bei der Lösung von Studien nachweisen kann. Daher wird dieses Buch gerade zum richtigen Zeitpunkt erscheinen.

Im Hauptteil dieses Werkes habe ich die allgemeinen Grundlagen ausführlich dargestellt, die für die Konzeption eines Schachprogramms, aber auch verwandter Problemstellungen notwendig sind.

Die im Anhang enthaltenen Beiträge sind von einigen meiner Mitarbeiter geschrieben, die an der Ausarbeitung von "PIONIER" maßgeblich beteiligt sind. Sie enthalten sicher auch praktische Tips, die für alle interessant sind, die selbst ein Schachprogramm geschrieben haben oder noch schreiben wollen.

In der Bundesrepublik Deutschland habe ich schon seit langem einen fruchtbaren Gedankenaustausch mit Wissenschaftlern der Abteilung Informatik an der Universität Dortmund. Für diese Zusammenarbeit, die ich bei persönlichen Besuchen vertiefen konnte, bin ich Herrn Appelrath, Herrn Prof. Claus und Herrn Dr. Huwig sehr dankbar.

Frau Matzner hat die Zusammenfassung der verschiedenen Beiträge und die gesamte redaktionelle Überarbeitung dieses Buches übernommen. Herr Zimmermann vom Übersetzungsdienst der Universitätsbibliothek trug Sorge für die Übersetzung vieler meiner Arbeiten in den letzten Jahren, so auch für dieses Buch. Das sorgfältige Schreiben des Manuskriptes hat Frau Liebegut erledigt. Der Springer Verlag ging auf alle unsere Wünsche ein und garantierte eine rasche Drucklegung.

Allen Beteiligten danke ich herzlich für die geleistete Arbeit.

Moskau, im Oktober 1981

Prof. Dr. M.M. Botvinnik

Inhaltsverzeichnis

X

1. Grundlagen der Theorie

1.1   Beschreibung der auftretenden Probleme

Die hier vorkommenden Begriffe wurden vom Autor bereits vor einigen Jahren geprägt
[1], wobei jedoch keine strengen Definitionen gegeben wurden.

Das wichtigste auftretende Problem ist der Aufbau des Spielbaumes in einer Schach-
stellung, das mit Hilfe des Minimax-Verfahrens in einem beschränkten Spielbaum gelöst wird (siehe dazu terminologisches Wörterverzeichnis auf Seite 158).

Begriffe wie "Minimaxing" und "Spielbaum" dürfen wohl als bekannt vorausgesetzt werden. Wir wollen nun den Begriff "beschränkter Spielbaum" etwas näher präzisieren.

Wird in einer gegebenen Stellung der Spielbaum aller Möglichkeiten (d.h. elementarer
Handlungen) aufgebaut, so kann dies von unterschiedlichem Schwierigkeitsgrad sein,
da es sowohl mit der Konstruktion eines kleinen als auch großen (manchmal sogar eines
unendlich großen) Spielbaums verbunden sein kann.

Wenn die Leistungsfähigkeit des Rechners (Speicherkapazität, Rechengeschwindigkeit)
so begrenzt ist, daß ein vollständiger Aufbau und Untersuchung des Spielbaums nicht
möglich sind, ist man gezwungen, entweder auf eine Lösung des Problems zu verzichten oder aber man muß mit einer zwar ungenauen, aber doch annähernden Lösung des Problems zufrieden sein. In diesem Fall ist man gezwungen, die Tiefe der Zugfolgen entsprechend zu beschränken. Sind wir mit der Beschränkung der Tiefe des Spielbaumes
und einer ungenauen Lösung des Problems einverstanden, dann wird das von uns in Angriff genommene Problem schon ungenau.

Sind wir aber in der Lage, das Minimaxing über die gesamte Tiefe des Spielbaumes vorzunehmen, dann bleibt das Problem genau und wir erhalten eine genaue Lösung.

1.2 Ungenaue Probleme und Steuerungssysteme

Ein Steuerungssystem muß folgende drei Funktionen erfüllen: Die Sammlung von Informationen, ihre Auswertung und die Realisierung der Entscheidung. Bei der Informationsauswertung ist das Steuerungssystem je nach Art und Leistungsfähigkeit in der Lage,
Aufgaben von unterschiedlichem Schwierigkeitsgrad zu lösen.

Es gibt eine Vielzahl von Problemen, die mit Hilfe eines beschränkten Spielbaumes gelöst werden. Insofern ist die auf den ersten Blick ziemlich abwegige Idee der Lösung
ungenauer Probleme von großer praktischer Bedeutung, da beispielsweise auch die über-

wiegende Mehrzahl allgemeiner Steuerungsprobleme im Grunde genommen ungenaue Probleme sind.

1.3 Zwei Methoden zur Lösung ungenauer Probleme

Auf die Möglichkeit, ungenaue Probleme mit Hilfe zweier prinzipiell unterschiedlicher Methoden zu lösen, hat C. Shannon bereits 1949 in seiner Arbeit [2] hingewiesen, als er sich dem Problem der Schachprogrammierung zuwandte.

Das Schachspiel ist ein typisches Beispiel für ein ungenaues Problem.

Bei Anwendung des ersten Verfahrens werden bei der Untersuchung alle Möglichkeiten (Züge) in den beschränkten Spielbaum einbezogen.

Beim zweiten Verfahren hingegen werden die Züge, die von vornherein sinnlos erscheinen (s. [2], S. 142) aus der Generierung ausgeschlossen, so daß der beschränkte Spielbaum nur solche Zugfolgen enthält, die sinnvoll sind. Die erste Methode und ihre Realisierung sind prinzipiell einfach:

Shannon formulierte die entsprechenden Empfehlungen für die Anwendung dieser Methode, die seitdem von Mathematikern angewandt wird. Dabei stellte er jedoch fest, daß die zweite Methode erfolgversprechender ist, gibt aber keine Hinweise bezüglich ihrer Anwendung. Inzwischen mußte man feststellen, daß die erste Methode offensichtlich hoffnungslos ist, wenn man bestrebt ist, eine gute Lösung zu finden.

Wir wollen dies am Beispiel des Schachspiels zeigen.

Im Durchschnitt kann jeder der beiden Spieler aus einer Schachposition heraus ungefähr 2o Züge machen.

Nehmen wir nun an, in einer gegebenen Stellung sei Weiß am Zuge; alle 2o Züge von Weiß werden in den Aufbau des Baumes einbezogen. Danach ist Schwarz am Zuge: Auf jeden Zug von Weiß kann er seinerseits mit jeweils 2o Gegenzügen antworten, so daß die Gesamtzahl der Gegenzüge von Schwarz 4oo beträgt.

Wenn wir nun die Zugfolge wieder um einen Zug von Weiß fortsetzen, erhalten wir bereits einen Spielbaum, der aus 842o Zügen besteht. Wird nun die Länge der Zugfolge nochmals verdoppelt, d.h. wenn wir eine Zugfolge aus drei vollen Zügen (6 Halbzügen) betrachten, steigert sich die Gesamtzahl der Züge auf 67.368.42o! Wenn die Tiefe des Spielbaumes linear ansteigt, nimmt dessen Breite wie eine Exponentialfunktion zu.
Das ist der Grund dafür, warum der Spielbaum unverhältnismäßig groß wird (s. Abb. 1).

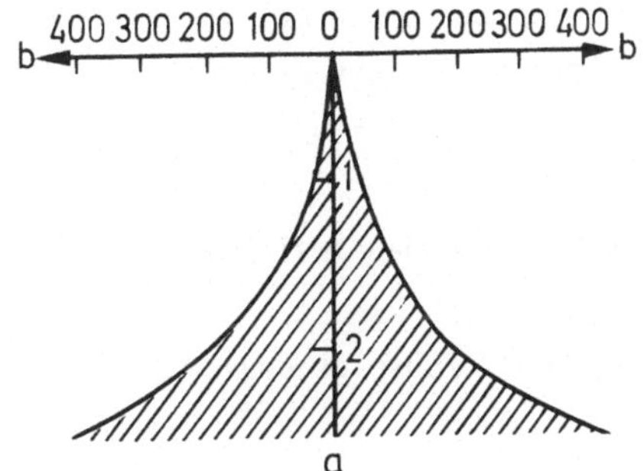

Abb. 1
Anwachsen des Spielbaumes im Schachspiel bei
vollständiger Generierung der Zugfolgen:
a - Tiefe der Zugfolgen in Halbzügen
b - Breite des Spielbaumes in Halbzügen

In der Regel ist es üblich, den Spielbaum mit der Wurzel nach oben darzustellen.

Unsere Aufgabe ist es nun, die optimale Zugfolge in einem solchen Spielbaum zu bestimmen; dabei ist es klar, daß eine solche Zugfolge aus sechs Zügen bestehen muß, so daß die Anzahl der überflüssigen Züge im Baum außerordentlich groß ist.

Das zu lösende Problem entspricht in etwa der Aufgabe, in einem Heuhaufen eine Stecknadel zu finden!

Der Unterschied liegt nur darin, daß wir bei der Suche im Heuhaufen genau wissen, wonach wir suchen, was bei der Suche der optimalen Zugfolge nicht der Fall ist. Wenn wir auf der Basis eines solchen Algorithmus ein Schachprogramm konzipieren wollen, ist aber die Leistungsfähigkeit des Rechners (Speicherkapazität und Rechengeschwindigkeit) nicht immer in dem Maße entscheidend, wie man es auf den ersten Blick meinen könnte. Denn sobald wir die Tiefe der Zugfolge um einen vollen Zug erweitern, müßten die Möglichkeiten des Rechners exponentiell ansteigen, was praktisch unmöglich ist. Insofern ist in erster Linie nicht die Leistungsfähigkeit des Rechners, sondern die Fähigkeit des Programmierers entscheidend; nämlich seine Fähigkeit, von dem Grundprinzip des Programms - der vollständigen Einbeziehung der Zugfolgen - nur genau soweit abzuweichen, daß die Leistungsfähigkeit des Rechners optimal genutzt wird.

Dies ist offensichtlich auch der Grund dafür, daß das sowjetische Programm "KAISSA" auf dem ersten Computerschach-Championat in Stockholm im Jahre 1974 als Sieger hervorging, obwohl der von diesem Programm benutzte Rechner verhältnismäßig schwach war.

Andere Programme hingegen, die an dem Championat teilnahmen und sich Rechner bedienten, deren Leistungsfähigkeit wesentlich größer war, mußten vor "KAISSA" passen. Bei dieser Art der Lösung eines Problems kann eine Steigerung der Leistungsfähigkeit des Rechners zu beträchtlichem Erfolg führen.

4

In den vergangenen 25 Jahren konnte die Spielstärke im Computerschach auf das Niveau
eines mittleren Schachspielers gesteigert werden; die letzten 5 Jahre brachten jedoch keine wesentlichen Erfolge in diesem Sinne.

Bei der Fertigstellung des Programms wird der Programmierer mit den zwei folgenden
Problemen konfrontiert:
Erstens die Verbesserung einer bisher als optimal angesehenen Zugfolge und zweitens
die Erhöhung der Rechengeschwindigkeit.

Eine Verbesserung der Zugfolge ist erforderlich, um - falls die erhaltene optimale
Lösung den gestellten Anforderungen nicht genügt - eine Erhöhung der maximalen Länge
der Zugfolge, d.h. eine Erweiterung des Spielbaumes vornehmen zu können.

Nehmen wir an, man kann beim Schach aus jeder Position m Züge machen. Dann entspricht
die Gesamtzahl der Knoten im Spielbaum, bei einer maximalen Länge der Zugfolgen aus n
Halbzügen, der Größe
$$A_n = m + m^2 + m^3 + \ldots + m^n.$$
Mit Hilfe des allgemein bekannten Verfahrens der α-β-Heuristik könnte man diese Größe
theoretisch wie folgt beschränken:
$$A_n' = \sqrt{m + m^2 + m^3 + \ldots + m^n}.$$
Angenommen, es gilt m = 2o (was wahrscheinlich ist) und n = 6.
Dann ist
$$A_6' = \sqrt{2o + 4oo + 8000 + 160.000 + 3.2oo.ooo + 64.ooo.ooo} \sim 8ooo.$$
In der Praxis führt die α-β-Heuristik allerdings nicht zu einer solch starken Vermin-
derung der Knotenzahl.

So erhält zum Beispiel das Programm "CHESS 4.6" bei einer maximalen Länge der Zugfolgen von 6 Halbzügen ungefähr 4oo.ooo Knoten im Spielbaum, so daß der Unterschied zu
A_n' beträchtlich ist. Die Anzahl der Knoten wird so hoch, da im Spielbaum auch sogenannte "forcierte" Zugfolgen existieren, die bei Schlag- oder Schachzügen realisiert
werden.

Wir wollen deshalb davon ausgehen, daß A_n' nicht $A_n^{1/2}$ entspricht, sondern gleich
$A_n^{2/3}$ ist. Dann erhalten wir bei m = 2o und n = 6 nicht 8.000 sondern 16o.ooo Knoten,
was den in der Praxis auftretenden Knotenzahlen eher entspricht.

Wir konstruieren nun ein Diagramm für die Abhängigkeit der Knotenzahl von der maximalen Länge der Zugfolge (unter Außerachtlassung der α-β-Heuristik; bei m = 2o und
m = 7). Aus der Abbildung 2 ersehen wir, daß die maximale Länge der Zugfolge bei einer

Vergrößerung der Knotenzahl nur bis n = 5 (bzw. n = 8) stark ansteigt und sich danach nur noch sehr langsam ändert.

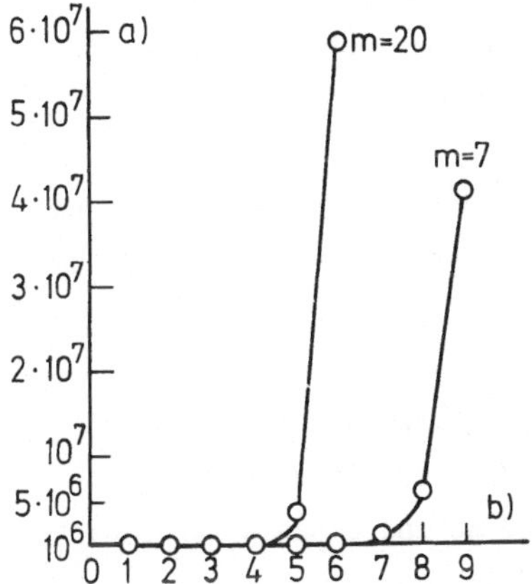

Abb. 2
Abhängigkeit der Knotenzahl im Spielbaum
von der maximalen Länge der Zugfolge.
a - Anzahl der Knoten im Spielbaum (A);
b - Maximale Länge der Zugfolge (n).

Da die analysierbare Knotenzahl direkt proportional zur Rechengeschwindigkeit steigt,
ist es klar, daß eine Steigerung der Rechengeschwindigkeit, von einer bestimmten Länge der Zugfolge an, keinen wesentlichen Einfluß auf die Spielstärke ausübt.

Bei einer Verminderung der durchschnittlichen Anzahl der Möglichkeiten auf m - 7 bes-
sert sich die Situation:
Eine Vergrößerung von $A_n^!$ (d.h. eine Steigerung der Rechengeschwindigkeit) beeinflußt in
wesentlichem Maße die maximale Länge n der Zugfolgen.

Diesen Umstand nutzen die Autoren des Programms "CHESS 4.6" beim Übergang zum Endspiel; als sich die Zahl der Figuren und die Zahl m verminderte, nutzten sie die hohe
Rechengeschwindigkeit des "CYBER-176" und vergrößerten die maximale Länge der Zugfolge von 6 auf 12 Züge, wodurch sie wesentlich bessere Zugfolgen erhielten.

Ist jedoch die entsprechende Spielstärke bereits erreicht und man will lediglich die
Wahl der Entscheidung beschleunigen, dann genügt es bereits, die Rechengeschwindigkeit
des Rechners zu erhöhen.

Die Vorzüge des zweiten Verfahrens basieren vor allem darauf, daß der Mensch selbst,
und speziell ein starker Schachspieler, versucht, ein ungenaues Problem nach diesem
Prinzip zu lösen. Wenn bei der Formierung des Spielbaumes die Möglichkeiten, die von
vornherein wenig Aussicht auf Erfolg versprechen, aus dem Baumaufbau ausgeschlossen
werden, fällt es dem Menschen bei der Bestimmung der optimalen Zugfolge leichter,
einen schmalen und tiefen Spielbaum eingehend zu analysieren. In diesem Fall ist die
Anzahl der Züge in einer optimalen Zugfolge mit der Anzahl der Züge vergleichbar, die
im bereits formierten Spielbaum enthalten sind.

Im Gegensatz dazu sind einige Mathematiker der Meinung, daß ein Schachprogramm nicht nach der menschlichen Denkweise arbeiten soll; sie gehen dabei von der Annahme aus, daß die Denkweise des Menschen als Grundlage für einen Schachalgorithmus nicht optimal ist und somit nicht in Form eines Programms auf die Maschine übertragen werden sollte.

Wenn diese Behauptung einen Sinn haben soll, dann sei es wohl erlaubt zu fragen, warum 25-jährige Bemühungen, einen Rechner auf diese Weise Schach spielen zu lehren, so wenig Erfolg gebracht haben?

Die Behauptung, daß ein Programm entgegen der menschlichen Denkweise funktioniert, wäre nur dann berechtigt, wenn die Schachprogramme, die auf der Einbeziehung aller Züge in einem beschränkten Spielbaum beruhen, in der Lage wären, einen guten Schachspieler zu schlagen - was aber bis jetzt nicht der Fall ist.

Zur Begründung der Annahme, daß ein Programm auf eine für einen Rechner typische Weise verfahren soll, verweisen einige Fachleute auf das Beispiel der Flugzeuge, da ihrer Meinung nach die Flugweise eines Flugzeuges und eines Vogels verschieden ist. Es fragt sich nur, ob das wirklich der Fall ist?

In der Tat, wenn wir das Problem vom Standpunkt des Gegenstandes selbst betrachten, dann sind die Funktionsweisen eines Flugzeuges und eines Vogels völlig verschieden: Das Flugzeug nutzt die Zugkraft des Motors, der Vogel hingegen flattert mit den Flügeln. Beide aber, sowohl das Flugzeug als auch der Vogel, überwinden sowohl die Schwerkraft als auch den Luftwiderstand. Ausgehend von dieser Analogie darf man annehmen, daß auch der Mensch und das Programm die Aufgabe der Formierung eines schmalen und tiefen Spielbaumes lösen müssen.

Der Mensch ist schon seit langem dazu in der Lage, jetzt muß er die im Laufe von Jahrtausenden gesammelten Erfahrungen durch die Konzeption des Programms an den Rechner weitergeben.

Wenn ihm das gelingt, und ein Schachprogramm imstande sein wird, einen schmalen und tiefen beschränkten Spielbaum zu formieren, dann werden offensichtlich auch die großen Möglichkeiten der Maschine klar zur Geltung kommen, so daß eine Maschine mit höherer Leistungsfähigkeit über ihre Konkurrenten triumphieren wird.

Abschließend wäre es zweckmäßig zu fragen, welches der beiden Verfahren in welchem Falle dem anderen vorzuziehen ist?

Insgesamt betrachtet, kann man jedoch bereits jetzt folgende Schlüsse ziehen.

Betrachten wir die Abbildung 2, so sehen wir, daß wenn die Anzahl der Züge im Knoten (bzw. in der Position) abnimmt, der Verlauf der Kurve y = f(x) (dabei ist y die Anzahl der Züge im beschränkten Spielbaum und x die maximale Länge der Zugfolge) sich nach rechts verschiebt, so daß man mit Hilfe des Verfahrens des vollständigen Aufbaus eine wesentlich tiefere Lösung erhält.

Bei einer Vergrößerung der Anzahl der Züge in einem Knoten verschiebt sich die Kurve entsprechend nach links, die Länge der Zugfolgen vermindert sich und die Lösung der Aufgabe wird wesentlich schlechter.

Deshalb ist der Wert eines vollständigen Aufbaus bei komplizierten Steuerungsproblemen mit einer sehr großen Anzahl zu analysierender Möglichkeiten höchst zweifelhaft.

Bei verhältnismäßig einfachen Aufgaben ist diese Methode hingegen zu empfehlen, da das Programm selbst bei Anwendung des zweiten Verfahrens wesentlich komplizierter ist. Das zweite (vom Menschen angewandte) Verfahren ist vor allem bei der Lösung komplizierter Probleme vorteilhaft, wogegen es bei der Lösung einfacher Probleme mit einem vollständigen Aufbau der Zugfolgen nicht konkurrieren kann.

1.4 Spielziel und Bewertungsfunktion

Das Spielziel ist die Grundlage für den Spielalgorithmus, also für die Lösung eines ungenauen Problems.

Wir wissen zum Beispiel, daß das Ziel des Spiels im Schach das Matt des Gegener ist.

Bei einem beschränkten Spielbaum spielt aber das exakte Ziel (das "Matt") praktisch keine Rolle, da kaum einmal eine Zugfolge zum "Matt" führt.

Also muß ein neues, das heißt ein Zwischenziel, gewählt werden, das der ungenauen Zielsetzung im Spiel, bzw. dem ungenauen Problem, entspricht (s. Abb. 3).

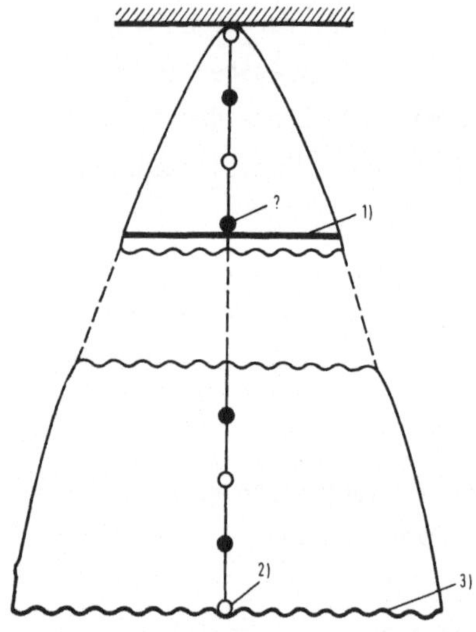

Abb. 3

Exaktes Ziel und Zwischenziel im Schach:

1) Grenze des beschränkten Spielbaumes

2) "Matt"

3) Grenze des unbeschränkten Spielbaumes

o Weißer Knoten

● Schwarzer Knoten.

Erinnern wir uns, daß bei einem beschränkten Spielbaum jedes Problem (sogar ein endliches) ungenau wird. Somit drückt sich das Spielziel in einem logischen Abbruch der
Zugfolge aus. Ist das gestellte Ziel erreicht, oder stellt man von vornherein fest,
daß das Ziel nicht erreicht werden kann, dann wird die Zugfolge abgebrochen.

Bei allen bekannten Programmen werden die Zugfolgen bis zum Ende des jeweiligen beschränkten Spielbaumes fortgesetzt; wenn bestimmte Zugfolgen über die Grenzen des
Spielbaumes hinausgehen, dann bedeutet dies, daß sie bis zu irgendeiner anderen vorge-
gegebenen Grenze fortgesetzt werden.

Die Fortsetzung der Zugfolgen bis auf eine bestimmte Tiefe ist ein typisches Merkmal
dafür, daß dem jeweiligen Algorithmus (ohne Ausnahme!) die Zielsetzung eines ungenau-
en Spiels fehlt. Diese Tatsache muß man besonders unterstreichen; in implizierter
Form ist das Spielziel weiterhin ein "Matt", nur bei Erreichen des Matts wird die Zugfolge vor dem Erreichen der maximalen Länge abgebrochen, "Matt" ist das Ziel eines ungenauen Spiels.

In der Tat sehen wir, daß C. Shannon nicht sehr konsequent war, als er 1949 den Vorschlag machte, einen Rechner mit Hilfe eines Programms auf der Basis des beschränkten
Spielbaumes Schach spielen zu lassen. Es war ein wichtiger Schritt nach vorne, aber
durch seine Definition des exakten Ziels und ohne eine konkrete Definition des Zwischenziels verurteilte Shannon, Kraft seiner Autorität, einige Mathematiker zu einer,
im wahrsten Sinne des Wortes, sinnlosen Arbeit. Der einzige Nutzen solcher mathemati-
scher Untersuchungen bestand darin, daß man feststellte, daß die Lösung ungenaueer
Probleme ohne Angabe eines Zwischenziels nicht möglich ist!

Was ist nun der Zweck der Bewertungsfunktion? Die Bewertungsfunktion dient zur Bewertung beendeter Zugfolgen, wenn kein Zwischenziel existiert. Ist ein Zwischenziel gegeben, benutzen wir die Bewertungsfunktion, um die Frage bezüglich des Abbruchs der Zugfolge zu klären, und (wie wir noch sehen werden) allgemein für die Formierung eines schmalen und tiefen Spielbaumes, wobei die Bewertungsfunktion jedoch auch weiterhin ihre ursprüngliche und wichtigste Funktion erfüllt; mit ihrer Hilfe bestimmt man den Wert der bereits abgeschlossenen Zugfolge, welcher beim Minimaxing verwendet wird.

Wir möchten an dieser Stelle noch einmal unterstreichen, daß wenn kein Zwischenziel benannt ist, die Bewertungsfunktion nur für die Bewertung der beschränkten Zugfolge verwendet wird.

Die Bewertungsfunktion ermöglicht ein Urteil darüber, inwieweit das Spielziel realisiert werden kann.

Im Shannonschen Spielalgorithmus existiert zwar eine Bewertungsfunktion, aber kein Spielziel; deshalb kann man mit Hilfe der Shannon-Methode zwar eine Zugfolge bewerten und sie mit einer anderen Zugfolge vergleichen, man ist jedoch nicht in der Lage, die Zugfolge vernünftig zu beenden, da ein Ziel fehlt. Von diesem Standpunkt aus gesehen sind das Spielziel und die Bewertungsfunktion im Grunde genommen völlig verschiedene Begriffe und für eine vollwertige Lösung eines ungenauen Problems muß man sowohl das eine als auch das andere formalisieren und anwenden können.

1.5 Bestimmung der optimalen Zugfolge

Eine optimale Zugfolge erhält man, indem man auf den beschränkten Spielbaum das Minimax-Verfahren anwendet.

Insofern muß die so erhaltene Zugfolge als Prognose dafür betrachtet werden, in welchem Maße das Ziel des Spiels realisiert werden kann. Weder die so erhaltene Zugfolge, noch ihre Bewertung sind oder können Ziel des Spiels sein. Die optimale Zugfolge stellt lediglich die Prognose, ob und wenn ja wie das Spielziel in der jeweiligen Situation erreicht werden kann.

Diese Prognose kann sich auf Grund der eingehenden Information in Abhängigkeit von der jeweiligen Situation verändern.

Die Veränderung dieser Zugfolge kann in erster Linie mit der Beschränkung des Spielbaumes zusammenhängen.

Ein Teil der Zugfolgen im Spielbaum weist eine maximale Länge auf, so daß sie nicht logisch, sondern zwangsläufig enden. Zwar sind uns in diesem Fall die Bewertungen dieser Zugfolgen bekannt, es fragt sich nur, ob sie auch sicher sind?

Im Prozeß des Aufbaus bewegen wir uns auf der optimalen Zugfolge vorwärts, und wenn die maximale Länge der Zugfolge konstant ist, müssen wir die Bewertung der optimalen Zugfolge ständig kontrollieren, wobei wir dann eventuell feststellen, daß die Zugfolge nicht mehr optimal ist...

Darin liegt einer der Mängel des Problems, die Ungenauigkeit der Prognose.

Das Ziel selbst ist ein konstanter Begriff; seine Bewertung und die Prognose sind hingegen veränderliche Größen.

Die Bewertung einer optimalen Zugfolge kann man als eine Art "vorausschauende Rück-kopplungsfunktion" betrachten.

Nehmen wir an, das Steuerungssystem arbeitet auf einer optimalen Zugfolge, die rela-tiv genau ermittelt werden konnte.

Dann wird die Bewertung der realisierten optimalen Zugfolge zu einem Rückkopplungs-signal. Wenn wir uns jedoch noch in der Ausgangsposition befinden, in der die opti-male Zugfolge gerade erst ermittelt wurde und das Steuerungssystem noch nicht in Ak-tion trat, dann stellt die Bewertung der Zugfolge im Grunde genommen eine "voraus-schauende Rückkopplung" dar.

Wir möchten noch einmal unterstreichen, daß die Bewertung der optimalen Zugfolge in keinem Fall zur Zielsetzung des Spiels äquivalent ist.

Die Bewertung kann sowohl positiv als auch negativ sein und eine negative Bewertung kann man kaum als Ziel eines Steuerungssystems betrachten.

1.6 Mehrstufige Steuerungssysteme

Ein Steuerungssystem kann zu gleicher Zeit ein Komplex verschiedener Steuerungssyste-me darstellen; solche komplexen Systeme können ihrerseits wiederum zu anderen komple-xen Steuerungssystemen führen.

In der Abbildung 4 wird ein dreistufiges Steuerungssystem dargestellt.

Jede Stufe eines solchen Steuerungssystems muß im Spiel ihr individuelles Ziel ver-

folgen, wobei alle Ziele jedoch typengleich sein müssen. Nur in diesem Fall wird
ein mehrstufiges Steuerungssystem befriedigend funktionieren.

Wenn sich bei irgendeiner Stufe des Systems das Spielziel dem Typ nach von den Zielen der anderen Stufen unterscheidet, dann ist diese Stufe ein Fremdelement innerhalb des mehrstufigen Steuerungssystems.

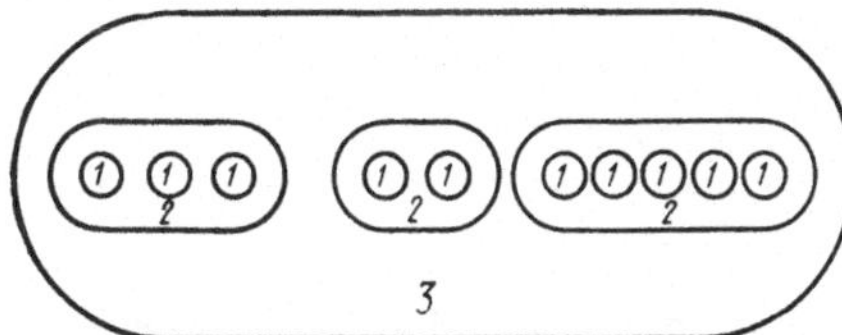

Abb. 4
Dreistufiges Steuerungssystem:
1, 2, 3 - sind entsprechend jeweils die 1.,
2. und 3. Stufen des Systems.

Der Begriff "Stufe" eines mehrstufigen Steuerungssystems kann und muß formalisiert
werden. Als Stufe bezeichnen wir ein Element eines Steuerungssystems, das sich durch
eine individuelle (jedoch typengleiche) Zielsetzung im Spiel kennzeichnet und in dem
bei Erreichen dieses Ziels die Generierung abgebrochen wird.

Diese Definition ist bei der Formierung der einzelnen Stufen äußerst wichtig.

Gleichzeitig weist sie auf eine wesentliche Eigenschaft der Zielsetzung bei der Formierung eines mehrstufigen Steuerungssystems.

Will man einen schmalen und tiefen Spielbaum aufbauen, so bietet ein mehrstufiges
System, im Vergleich zu einem einstufigen, wesentliche Vorteile.

Der Grund dafür ist folgender:
Wenn während des Aufbaus des Spielbaumes in irgendeiner Stufe entweder das Ziel bereits erreicht ist oder es feststeht, daß es nicht mehr erreicht werden kann, so
wird der Aufbau innerhalb dieser Stufe abgebrochen. In den anderen Stufen kann er
aber fortgesetzt werden.

Dies führt dann zu einer Verkleinerung des Spielbaumes.

Im weiteren wollen wir noch einige andere Vorteile eines mehrstufigen Steuerungssystems untersuchen.

Mehrstufige Systeme findet man in vielen verschiedenen Bereichen.

So kann man zum Beispiel ein Industrieunternehmen als ein vierstufiges Steuerungssystem betrachten, das die folgenden Stufen besitzt:

Arbeiter, Brigade, Abteilung und Fabrik. Wenn eine Brigade in einer halben Schicht
alle Teile montiert hat und nun keine Arbeit mehr hat, ist entweder das Ziel bereits
erreicht oder es kann aus Mangel an Teilen nicht erreicht werden. In diesem Fall wird
der Abteilungsleiter in Wahrnehmung seiner Vollmachten nach einer optimalen Lösung
suchen, wobei er diese Stufe des Systems, die betreffende Brigade, aus seinen Überlegungen ausschließt.

1.7 Typenmodelle mehrstufiger Systeme

Mehrstufige Steuerungssysteme unterscheiden sich voneinander vor allem auf Grund der
Verteilung der Informationsauswertungssysteme in den einzelnen Stufen.

Mit anderen Worten, sie unterscheiden sich dadurch, auf welcher Stufe des Systems die
Entscheidung getroffen wird.

Es gibt also die folgenden Typen.

Typ A - die Steuerung des Systems erfolgt zentral durch ein Informationsauswertungs-
         system.

Ein typisches Beispiel für ein solches Steuerungssystem ist das Schachspiel.

Wir werden im weiteren sehen, daß man das Schachspiel als ein dreistufiges System betrachten kann, bei dem die Steuerung aller drei Stufen in einem Zentrum erfolgt - dem
Hirn des Schachspielers.

Typ B - bei diesem System verfügt jedes Untersystem über ihr eigenes Steuerungszen-
         trum und über ein eigenes Informationsauswertungssystem.

Das beste Beispiel für ein System dieses Typs ist das eingangs erläuterte vierstufige
Steuerungssystem einer Fabrik, das aber vom Standpunkt der Steuerung betrachtet wesentlich komplizierter ist.

Typ F - bei diesem System verfügen nur die unteren Stufen über Steuerungszentralen,
         haben aber keine gemeinsame zentrale Steuerung.

Dieser Typ ist offensichtlich das Gegenteil von Typ A, er ist vor allem für die Pflan-
zenwelt charakteristisch.

Man kann sagen, daß die unteren Stufen in diesem Fall keine Gesamtheit, sondern lediglich eine Menge von Stufen bilden. Hierbei sind dann die "egoistischen" Ziele entscheidend, das heißt es existiert kein gemeinsames Ziel.

Der Unterschied zwischen den Systemtypen A und B ist nicht nur logischer Natur, sondern beruht auch auf den physikalisch vorhandenen Möglichkeiten für das System. Die verschiedenen Steuerungszentren beim Typ B können beispielswiese auf einer Multiprozessor-Anlage realisiert werden.

Bei den Anwendungen, in denen es möglich ist, das Problem in parallel lösbare Teilprobleme zu zerlegen, bewirkt eine Vielzahl von Steuerungszentren eine Steigerung von Speicherkapazität und Rechengeschwindigkeit. Dabei kann die Steigerung der Leistungsfähigkeit sehr beträchtlich sein - und das ist ein klarer Vorteil eines mehrstufigen Steuerungssystems vom Typ B.

Arbeiten nun mehrere Informationsauswertungssysteme an der Lösung eines Problems, dann kann das Problem nur so schnell und so genau gelöst werden, wie es die Leistungsfähigkeit der stärksten Einheit des Systems erlaubt.

Es ist klar, daß auch die übrigen Einheiten des Systems nicht umsonst arbeiten, da durch ihre Arbeit etwaige Fehler verhindert werden können, aber das ist auch alles!

Wird nun ein Problem logisch in verschiedene Teilprobleme zerlegt, die jeweils von einem Informationsauswertungssystem gelöst werden, so erfolgt die Lösung des Gesamtproblems physikalisch wie folgt:
Ein Rechner, der das Problem lösen soll, muß über die Speicherkapazität und die Rechengeschwindigkeit verfügen, die der Summe der Faktoren aller an der Lösung des Problems beteiligten Teile entspricht. Insofern besteht der Vorteil eines mehrstufigen Steuerungssystems nicht nur in der Möglichkeit des Abbruchs des Aufbaus innerhalb einer Stufe, sondern auch darin, daß ein mehrstufiges System auf einem Rechnernetz realisiert werden kann. Hierdurch wird sowohl die Rechengeschwindigkeit gesteigert als auch eine bessere Lösung des Problems erreicht.

Verfügt ein mehrstufiges System nur über ein einziges Steuerungszentrum - nehmen wir als Beispiel das Schachspiel - dann wird auch nur die Leistungsfähigkeit eines einzigen Informationsauswertungssystems genutzt. Im Schach ist es schwierig, ein System mit mehreren Steuerungszentren zu schaffen, da sich die einzelnen Stufen im Schachspiel (wie wir später noch sehen werden) ständig verändern.

In anderen mehrstufigen Systemen hingegen (nehmen wir wieder die Fabrik als Beispiel) kann man für die Steuerung des Gesamtsystems die Leistungsfähigkeit mehrerer Informationsauswertungssysteme nutzen, da die einzelnen Stufen eines solchen Systems beständig sind. Wie bereits eingangs erwähnt wurde, müssen die einzelnen Systeme zwar über typengleiche, aber individuelle Ziele verfügen. Bei der Anwendung der Informationsauswertungssysteme in den einzelnen Stufen des Gesamtsystems ist die Autonomie

der einzelnen Steuerungszentren ebenfalls von großer Bedeutung. Die Funktion der
Steuerungszentren muß dem gemeinsamen Spielziel dienen; dieser Grundsatz muß im Pro-
gramm festgelegt sein und auch den Interessen der jeweiligen Stufe dienen; in allem
anderen muß die Stufe vollkommen autonom handeln können. Nur in diesem Fall kann die
Verwendung mehrstufiger Systeme nützlich sein und zu einer Steigerung von Speicherkapazität und Rechengeschwindigkeit führen. Wird die in der autonomen Stufe getroffene
Entscheidung nicht auf dem Niveau der übergeordneten Stufe verwertet, dann werden die
Möglichkeiten des Systems unwirtschaftlich genutzt. Wir haben bisher drei Typen von
mehrstufigen Steuerungssystemen (die Typen A, B und F) untersucht, die sich durch
die Art der Anordnung der Steuerungszentren in den einzelnen Stufen unterscheiden.

Nun wollen wir ein mehrstufiges System vom Typ B bezüglich der Priorität der Spiel-
ziele in den einzelnen Stufen untersuchen.

Jede einzelne Stufe des Systems hat ihr eigenes "egoistisches" Ziel; das lokale Ziel
einer Stufe, die eine Gesamtheit aller Stufen bildet, ist gleichzeitig auch gemeinsames Ziel aller untergeordneten Stufen.

Nur das lokale Ziel der letzten, höchsten Stufe ist gemeinsames Ziel des gesamten
mehrstufigen Systems.

Trifft man die Entscheidung auf Grund der lokalen Zielsetzung, entscheidet man sich
letztlich für die optimale Zugfolge, die den lokalen Interessen der einzelnen Stufen
genügt. Trifft man die Entscheidung auf der Basis der lokalen Interessen, so bedeutet dies aber noch keinesfalls, daß dabei die gemeinsamen Interessen vernachlässigt
werden, da diese sehr wohl mit den lokalen Interessen übereinstimmen können.

Geht man nun umgekehrt von den gemeinsamen Interessen aus, bedeutet das noch lange
nicht, daß dabei die lokalen Interessen immer vernachlässigt werden, da diese ihrerseits mit den gemeinsamen Interessen übereinstimmen können.

Alles hängt davon ab, welchen Interessen, den lokalen oder den gemeinsamen, bei der
Wahl der Entscheidung der Vorzug gegeben wird. Also muß die Zielsetzung in den Programmen der einzelnen Stufen sowohl dem Interesse der lokalen als auch der übergeordneten Stufe entsprechen.

Entsprechend der Priorität der Ziele unterscheiden wir bei den mehrstufigen Systemen
vom Typ B zwei Klassen:

<u>Klasse C</u> - das sind die Systeme, bei denen sich die Steuerungsprogramme vorwiegend
        nach den lokalen Interessen orientieren.

Die Interessen der übergeordneten Stufen werden nur dann berücksichtigt, wenn die gemeinsame Zielsetzung nicht im Widerspruch zu den lokalen Zielen steht.

<u>Klasse E</u> - das sind Systeme, bei denen sich die Steuerungsprogramme der einzelnen Stufen vorwiegend nach den gemeinsamen Interessen orientieren.

Die lokale Zielsetzung wird nur dann berücksichtigt, wenn sie nicht im Widerspruch zu der gemeinsamen Zielsetzung steht.

1.8 Die Vorteile einer gemeinsamen Zielsetzung

Der Einfachheit halber wollen wir von einem zweistufigen Steuerungssystem vom Typ B ausgehen.

Wir werden zeigen, daß, wenn man von der Steuerung eines Systems der Klasse C zur Steuerung eines Systems der Klasse E übergeht, nicht nur die Werte der optimalen Zugfolgen der Stufen der Klasse C erreicht werden, sondern auch ein zusätzlicher Gewinn erreicht werden kann.

Wir bezeichnen die k Stufen durch die Indizes $1,\ldots,\ i,\ldots,k$ und das Gesamtsystem mit S. Die Werte der optimalen Zugfolgen von S der Klasse C werden durch D' und diejenigen der Klasse E durch D" gekennzeichnet. Allgemein ist die Bewertung der optimalen Zugfolge eines Systems der Klasse E höher als die Bewertung der gleichen Zugfolge eines Systems der Klasse C. Es gilt demnach D" > D' und die Differenz zwischen den Werten soll mit

$$\Delta D = D" - D' \text{ bezeichnet werden.}$$

Bei einer Steuerung des Systems S nach dem Prinzip C sollen die Werte der optimalen Zugfolgen der Stufen 1 bis k den Größen $d_1',\ldots,\ d_n',\ldots,\ d_m',\ldots,d_k'$ entsprechen und die Summe der Werte entspricht der Größe

$$d_1' +\ldots+ d_n' +\ldots+ d_m' +\ldots+ d_k' \ = \ D'.$$

Nun wollen wir das System S nach dem Prinzip E steuern:

In diesem Fall erhalten wir eine optimale Zugfolge für das Gesamtsystem mit dem Wert D", der der Summe der Werte der optimalen Zugfolgen der einzelnen Stufen entspricht $(d_1",\ldots,\ d_n",\ldots,d_m",\ldots,d_k")$:

$$d_1" +\ldots+ d_n" +\ldots+ d_m" +\ldots+ d_k" = D".$$

Nehmen wir an, die Werte $d_1",\ldots,d_n"$ sind größer als die entsprechenden Werte $d_1',\ldots,d_n'$; die Werte $d_{n+1}",\ldots,d_m"$ sind identisch mit den Werten $d_{n+1}',\ldots,d_m'$ und die

16

Werte $d_{m+1}'',\ldots,d_k''$ sind kleiner als die Werte $d_{m+1}',\ldots,d_k'$.

Wir lassen die Werte $d_{n+1}'',\ldots,d_m''$ unverändert, reduzieren die Werte $d_1'',\ldots,d_n''$ auf die Größe von $d_1',\ldots,d_n'$ und vergrößern $d_{m+1}'',\ldots,d_k''$ entsprechend auf die Werte $d_{m+1}',\ldots,d_k'$. Bei Steuerung des Systems unter Außerachtlassung der lokalen Interessen erhalten wir:

$$D'' = D' + \Delta D = d_1' + \ldots + d_k' + \Delta D.$$

Wir betrachten den Fall, daß die optimale Zugfolge exakt bestimmt wurde; mit Hilfe der Methode E erzielen wir einen Gewinn, der der Größe D'' entspricht.

Nach Verbrauch eines Teils dieses Gewinns

$$D' = d_1' + \ldots + d_k'$$

als Gewinnanteil der Stufen $1,\ldots,k$ verbleibt uns ein Rest ΔD als zusätzlicher Gewinnanteil für die einzelnen Stufen.

Somit kann bei Steuerung des Systems mit Hilfe der Methode E ein, bezogen auf die einzelnen Stufen, höherer Wert der Zugfolge erzielt werden.

Dabei braucht innerhalb des Systems, wie wir gleich sehen werden, mit Ausnahme der Art der Steuerung, nichts verändert zu werden.

1.9 Ein Verfahren zur Annäherung der optimalen Zugfolge

In diesem Abschnitt soll ein Verfahren zur Bestimmung der optimalen Zugfolge bei Steuerung des Systems nach dem Prinzip E und C vorgestellt werden.

Wer setzen dazu unsere Untersuchungen an einem zweistufigen Steuerungssystem S fort. Wir nehmen eine der ersten Stufen i; bei einer Steuerung nach dem Prinzip C entspricht der Wert der optimalen Zugfolge dieser Stufe der Größe d_i'; bei Steuerung nach dem Prinzip E der Größe d_i''.
Nehmen wir an, es gilt $d_i' \neq d_i''$.
Wir untersuchen zuerst den Fall $d_i' > d_i''$. Es ist klar, daß das Programm der Steuerung auf Grund der Bevorzugung der lokalen Interessen eine Steuerung vom Typ E und die damit verbundene Bewertung d_i'' nicht akzeptieren wird, da in diesem Fall der Gewinn der Stufe i kleiner ist.

Welche Änderungen am Programm der Steuerung der Stufe i und des Systems S können zu dem gewünschten Erfolg führen?

Da nach der Bestimmung des Gewinns d_i' mit Hilfe der Methode C im Programm der Steuerung der Stufe i keinerlei Beschränkungen bezüglich des möglichen Gewinns existieren, muß man in das Programm der Stufe i zusätzliche Gewinnbeschränkungen mit Hilfe der Größe d_i' einführen; dieser Gewinn muß maximal sein. Anschließend kann man zu einer Steuerung nach dem Prinzip E übergehen. Dabei muß man, damit die Stufe i keinen Verlust der Größe $d_i' - d_i''$ erleidet, eine Neubewertung (in diesem Fall eine Erhöhung) des Materialwertes pro Einheit dieser Stufe vornehmen.

Im Schach würde das eine Erhöhung des Mittelwertes jener Figuren bedeuten, die im Bereich dieses Steuerungssystems (z.B. in der jeweiligen Spielzone) gewonnen werden könnten. Die Vergrößerung dieses Wertes muß so sein, daß bei einer Neuberechnung der Gewinn d_i'' der Größe des Gewinns d_i' vor der Erhöhung entspricht. Bei diesen Veränderungen (der Beschränkung des Gewinns d_i' und der Erhöhung des Materialwertes) steht das Spielziel des Programms der Stufe i nicht im Widerspruch zum Gesamtziel des Systems S.

Die erste Änderung (Beschränkung des Gewinns) bezieht sich auf die Stufe i; die zweite Änderung (Änderung des Materialwertes) bezieht sich auf das System S.

Im Fall $d_i' < d_i''$ muß die Änderung des Materialwertes umgekehrt erfolgen und im Fall $d_i'' < 0$ muß zusätzlich das Vorzeichen verändert werden.

Bei all diesen Veränderungen kann also in den lokalen Programmen und im Gesamtprogramm der Steuerung bei Anwendung des Verfahrens E ein Gewinn ΔD ohne Änderung der Programme der Stufen erzielt werden.

1.1o Vergleich zwischen Mensch und Rechner?

Bis jetzt gingen wir in unseren Betrachtungen davon aus, daß als Steuerungssystem eine EDV-Anlage verwendet wird.

Wir wissen jedoch, daß in unseren Tagen vor allem der Mensch für die vielen Steuerungsfunktionen eingesetzt wird. Was sind nun die Vorteile, durch die sich der Mensch bei der Lösung von Steuerungsproblemen im Vergleich zu einem Rechner auszeichnet? Der Unterschied zwischen einem Rechner und einem Menschen läßt sich vom kybernetischen Standpunkt aus betrachtet leicht formalisieren. Ein von einem Programmierer erstelltes EDV-Programm kann (im Rahmen der Möglichkeiten des Rechners) von verschiedenster Art sein.

Der Mensch hingegen ist nicht in der Lage, sich ein Programm auf diese elementare Weise anzueignen; sein Programm formiert sich allmählich, im Prozeß der Kommunikation mit der Umwelt, mit Hilfe des Lernprogramms.

Insofern fällt es dem Menschen sehr schwer, sein Programm zu ändern; trotzdem ist es
möglich, das Programm zu beeinflussen, indem man unter Anwendung der Rückkopplung
und des Lernprogramms die Reaktion der Umwelt verändert.

Beispiele dafür gibt es mehr als genug:
Nehmen wir zum Beispiel einen jungen Burschen, einen Faulpelz von Natur aus, der zum
Militärdienst eingezogen wird. Niemand von uns wird annehmen, daß sich an seiner Faul-
heit viel ändert, nur wird er versuchen, sie zu überwinden. Das liegt aber daran, daß
er weiß, daß es ihn teuer zu stehen kommt, wenn er seine Pflichten nicht gewissenhaft
erfüllt. Oder nehmen wir einen Kraftfahrer, der ab und zu gerne einen über den Durst
trinkt - zum Dienst wird er trotzdem stets nüchtern erscheinen, denn er will nicht
seinen Führerschein und damit auch seinen Job verlieren.

Eine junge Mutter verzichtet auf ihr liebstes Hobby - einen Theaterbesuch - der Grund
dafür ist, die Oma ist erkrankt und sie hat niemanden, dem sie ihr Kind anvertrauen
kann.

Nehmen wir ein letztes Beispiel:
Ein Ingenieur ist überzeugt, daß sein Chef eine falsche Entscheidung getroffen hat;
trotzdem wird er sich hüten, mit ihm darüber lange zu diskutieren, weil er einfach
Angst hat, dadurch eine interessante Arbeit zu verlieren.

Man könnte noch viele weitere Beispiele anführen. Ein EDV-Programm hingegen kann vom
Standpunkt des Rechners aus betrachtet nicht egoistisch sein.

Das Programm eines Menschen aber kann eigene, egoistische Interessen beinhalten, die
im Widerspruch zu den Interessen des Systems stehen, das der Mensch steuert, und dieser Umstand kann sich auf die Steuerung des Systems negativ auswirken. Sind bei einem
Rechner die Suche nach einer Lösung und das Treffen der Entscheidung im Grunde genommen identische Begriffe, so können sie beim Menschen von verschiedener Bedeutung sein.

Der Mensch kann von den Interessen des Systems ausgehend eine Entscheidung treffen,
auf Grund seiner egoistischen Interessen jedoch letztlich einen völlig anderen Entschluß realisieren. Insofern ist der künstliche Intellekt vom kybernetischen Standpunkt aus betrachtet einem natürlichen vorzuziehen.

Das Problem ist nur, daß bis zum heutigen Tag noch kein leistungsfähiger künstlicher
Intellekt existiert...

2. Verfahren zur Beschränkung des Spielbaumes

2.1 Beschränkung des Spielbaumes

Ist ein Spielbaum groß, so kommt man auf Grund der in Kapitel 1 beschriebenen Probleme nicht umhin, ihn zu beschränken. Dabei kann die Beschränkung sowohl in der Nähe der Ausgangsposition als auch weit davon entfernt vorgenommen werden. Letzteres ist genau dann möglich, wenn der Spielbaum schmal ist (s. Abb. 5); bei einem breiten Spielbaum ist man gezwungen, die Beschränkung in der Nähe der Ausgangsposition vorzunehmen, so daß in diesem Fall die maximale Länge der Zugfolge gering ist. Die maximale Länge der Zugfolge beeinflußt die Genauigkeit der Lösung in einem wesentlichen Maße.

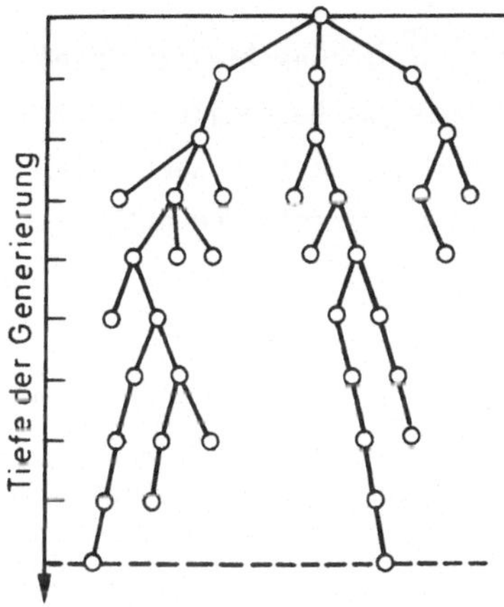

Abb. 5
Schmaler und tiefer beschränkter Spielbaum

Was erwaret uns jenseits der maximalen Länge der Zugfolgen?

Das festzustellen ist sehr schwer, deshalb wollen wir auf dieses Problem später zurückkommen.

Wir sind solange imstande, eine genaue Analyse der Möglichkeiten vorzunehmen, wie eine Bewertung der Zugfolgen möglich ist:
Unsere Analyse ist um so genauer, je länger die Zugfolge ist.

Je länger die optimale Zugfolge ist, desto langsamer bewegen wir uns auf ihr Ende zu und sind somit in der Lage, unsere bisher als optimal angesehene Zugfolge zu korrigieren, falls es erforderlich ist.

Nehmen wir folgendes Beispiel:
Ein guter Schachspieler hat eine optimale Zugfolge auf 1o Halbzüge berechnet.

Der erste Zug auf der Zugfolge ist realisiert; bei gleichbleibender Länge der Zugfolge kann man diese um einen Halbzug verlängern.

Die Zugfolgen unterscheiden sich lediglich um lo % voneinander, wir befinden uns jedoch relativ weit weg von dem Bereich, wo überhaupt keine Zugfolgen existieren (weil
sie nicht berechnet wurden) und wo uns manche Überraschung erwarten kann.

Hat ein Rechner nun eine Zugfolge auf eine Tiefe von nur drei Halbzügen berechnet,
dann vermindert ein Halbzug die Länge der Zugfolge um 33 %.

In diesem Fall sind wir unserer unbekannten Zukunft bedeutend näher und ein Fehler
ist in einer solchen Position viel wahrscheinlicher.

2.2 Die Zielsetzung im Spiel

Sobald ein beschränkter Spielbaum verwendet wird, verliert ein genaues Ziel im Spiel
jegliche Bedeutung. Man muß dann gleichzeitig ein Zwischenziel (siehe Kapitel 1) einführen, da anderenfalls das Spiel ziellos ist und insofern nicht gut sein kann. Dieses Zwischenziel des nun "ungenauen" Spiels trägt zum Aufbau eines schmalen und tiefen Spielbaumes bei.

Im Schach besteht das Zwischenziel im Materialgewinn.

Ein ähnliches Ziel muß für ein beliebiges anderes Spiel existieren, das ein Steuerungssystem in einem beliebigen, ungenauen Problem darstellt.

Ein Versuch, ein ungenaues Problem zu lösen, ohne vorher das Zwischenziel der Aufgabe
zu formalisieren, ist reine Zeitverschwendung. Ein Zwischenziel ist die Grundlage für
einen guten Algorithmus zur Lösung eines ungenauen Problems; ohne dies ist es unmöglich, einen sinnvollen und tiefen Spielbaum zu konstruieren.

Warum dies so ist, wird aus dem weiteren ersichtlich. Das Spielziel erlaubt es festzustellen, wonach man streben soll; speziell kann man in diesem Fall klären, welche
Möglichkeiten von vornherein nicht dem Erreichen des Ziels dienen und diese aus dem
weiteren Aufbau des Spielbaumes ausschließen. Das Spielziel hilft uns, die Richtung
des Baumaufbaus zu bestimmen.

2.3 Die Bewertungsfunktion

So wie wir mit Hilfe des Spielziels die Richtung des Baumaufbaus bestimmen können,
hilft uns die Bewertungsfunktion den Aufbau abzuschließen und Zugfolgen zu bewerten.

Das Spielziel hilft uns den Spielbaum zu formieren; die Bewertungsfunktion ermöglicht,
eine Bilanz über das Erreichte zu ziehen.

Die Bewertungsfunktion wirkt mit der Zielsetzung im Spiel zusammen, insofern ist auch sie keine exakte Größe.

Im Gegensatz zum Spielziel, das für alle Stufen des Systems einheitlich sein muß, besteht die Bewertungsfunktion aus zwei Komponenten:

Die erste Komponente ermöglicht eine Abschätzung der Ergebnisse, die bei der Realisierung des Ziels im Bereich eines beschränkten Spielbaumes erreicht wurden.

Die zweite Komponente ermöglicht eine Prognose über ein mögliches Erreichen des Ziels jenseits der Grenzen des beschränkten Spielbaumes. Die erste Komponente gibt eine exakte Antwort auf die Frage, welche Ziele erreicht wurden (natürlich nur im Rahmen der dem System zugrundeliegenden beschränkten Genauigkeit); die zweite (die Positionsbewertung) erlaubt eine Prognose, was geschehen kann, wenn die Grenzen der Beschränkung des Spielbaumes verschoben werden.

Die Summe der beiden Komponenten bestimmt den Wert der abgeschlossenen Zugfolge.

2.4 Der Abbruch der Zugfolge

Das Verhältnis zwischen dem Wert des Ziels und dem Wert der Zugfolge erlaubt es, eine Entscheidung bezüglich eines Abbruchs der Zugfolge zu treffen, bevor sie ihre maximale Länge erreicht hat.

Wir wiederholen: dieses ist nur dann möglich, wenn der Spielalgorithmus sowohl ein Spielziel als auch eine Bewertungsfunktion enthält. Wenn ein Teil der Zugfolgen vor dem Erreichen der maximalen Länge endet, wird der Spielbaum vermindert. Wie bereits eingangs gesagt wurde, fehlt in allen bekannten Schachprogrammen ein Zwischenziel und somit auch Zugfolgen, die kürzer sind als die maximale Länge der Zugfolgen.

2.5 Der Abbruch von Ästen

Die bekannte Methode der α-β-Heuristik ist in der Form, wie sie normalerweise angewandt wird, in unserem Falle nicht verwendbar.

Wir wenden ein Verfahren an, das mit der Existenz des Spielziels untrennbar zusammenhängt.

Ist beim Aufstieg über die Zugfolge der Wert der laufenden optimalen Zugfolge (LOZ) in den darüberliegenden Knoten nicht kleiner als die Summe der laufenden Bewertung, und der Wert der Ziele der gleichen Farbe nicht kleiner als der Wert der jeweiligen

Knoten, dann ist eine weitere Konstruktion des Hilfsbaumes überflüssig, da auf diese
Weise keine LOZ erhalten werden kann, deren Wert höher ist.

2.6 Der Horizont

Die Methode des Horizontes für die Beschränkung des Spielbaumes wurde vom Verfasser
bereits im Jahre 1969 eingeführt [1].

Nach diesem Prinzip verfährt der Mensch in der Regel bei all seinen Entscheidungen.
Will ein Fußgänger eine Straße überqueren, vergewissert er sich zuerst stets, in welcher Entfernung sich ihm ein Auto von links oder rechts nähert. Ist ein Auto weit
entfernt (d.h. außerhalb des "Horizontes"), dann weiß er, daß er die Straße überqueren kann. Ist das Auto jedoch nur ca. 5o m von ihm entfernt, dann wartet er, bis es
vorbeigefahren ist und überquert erst dann die Straße.

Ein Ökonom arbeitet an der Projektierung einer neuen Fabrik. Um zu klären, ob das Un-
ternehmen später auch über genügend Arbeitskräfte verfügen wird, muß er die Bevöl-
kerungsstruktur in einem bestimmten Umkreis des geplanten Werkes untersuchen. Dies ist
der Horizont für die Untersuchungen des Ökonomen.

Eine Forschungsexpedition ist mit Schlitten auf dem Weg zum Nordpol; dabei müssen die
Eisverhältnisse auf der Trasse ständig geprüft werden. Dies erfolgt zum Beispiel in
Abschnitten von jeweils einem Kilometer und nicht sofort bis zum Zielpunkt.

Auch hier existiert ein bestimmter Horizont. Dieses Verfahren ist zwar eine grobe,
aber unerläßliche Methode, um ein Problem zu beschränken. Man darf dabei jedoch den
Horizont nicht mit der maximalen Länge der Zugfolgen (vor der Beschränkung des Spielbaumes) verwechseln.

Beides sind zwei völlig verschiedene Begriffe. So können die Polarforscher, wenn sie
den ersten Streckenabschnitt untersucht haben, sich genau um einen Kilometer weiter-
bewegen, wonach der neue Abschnitt erst geprüft werden muß. Jedesmal ist aber ihr
nächster Zielpunkt maximal 1 Kilometer von dem vorausgegangenen Punkt entfernt. Die
maximale Länge der Zugfolgen ist hingegen stets größer als der Horizont.

Deshalb ist die Beschränkung des Spielbaumes ein wesentlich "weicheres" Verfahren zur
Begrenzung des Problems als zum Beispiel die Beschränkung des Horizontes.

Dies gilt jedoch nur für den Fall, wenn ein schmaler und tiefer Spielbaum konstruiert
wird.

Wir führen für den Begriff *Horizont* folgende Definition ein:
Der Horizont ist die maximale Zeit, die zur Verfügung steht, um ein bestimmtes Ziel
zu erreichen.

Insofern liegen Ziele, für deren Erreichen ein größerer Zeitaufwand als der maximal
vorgesehene erforderlich ist, außerhalb des Horizontes, und das Programm löst die
Aufgabe unter Außerachtlassung dieser Ziele.

2.7 Zwei Arten von Spielbäumen

Normalerweise beginnt man die Lösung eines Problems mit der Konstruktion eines Spielbaumes. Wird die Aufgabe jedoch mit Hilfe eines schmalen und tiefen Spielbaumes gelöst, so beginnt man die Prozedur auf andere Weise. In diesem Fall bestimmt man zuerst das Spielziel im Bereich des vorgegebenen Horizontes, und erst wenn dieses Spiel
bekannt ist und feststeht, in welcher Richtung der Aufbau erfolgen soll, und was man
erreichen will, beginnt man mit der Konstruktion des Spielbaumes.

Im Prozeß der Konstruktion können im Bereich des Horizontes neue Ziele auftauchen,
dann entscheidet man sich, in welcher Richtung der Aufbau fortgesetzt werden soll.
Somit wird neben dem eigentlichen Spielbaum ein Spielbaum der zielorientierten Handlungen formiert.

Es ist wichtig festzustellen, daß alles mit der Formierung eines Spielbaumes der
zielorientierten Handlungen beginnt, der die Grundlage für alles Weitere bildet.

Der eigentliche Spielbaum kann sich in die durch den Spielbaum der zielorientierten
Handlungen gewiesenen Richtungen entwickeln, obwohl letzterer sich im Prozeß der Entwicklung des eigentlichen Spielbaumes formiert.

Dies ist, vom Standpunkt der optimalen Nutzung der gegebenen Möglichkeiten aus betrachtet, sehr vorteilhaft, da der wirkliche Spielbaum dadurch zielorientiert wird;
der Spielbaum der Handlungen hingegen im Bereich eines Horizontes formiert wird, der
für die Entwicklung des eigentlichen Spielbaumes erforderlich ist - nicht mehr und
nicht weniger. Den Spielbaum der zielorientierten Handlungen bezeichnen wir als

Der Begriff "Spielbaum" ist ein für viele Arten von Aufgaben gemeinsamer Begriff.

Der Spielbaum der zielorientierten Handlungen (die MP) hingegen ist sehr stark vom
jeweiligen konkreten Problem abhängig. Im Schach stellt die MP den Spielbaum der
Trajektorien einer zielorientierten Bewegung der Figuren dar.

Wenn der Spielbaum während des Aufbaus ständig wächst, muß die MP beschränkt und möglichst klein sein; die MP ist für den gesteuerten Aufbau des Spielbaumes in den jeweiligen Knoten erforderlich.

Je kleiner die MP ist, desto schneller läßt sie sich analysieren und desto schneller läßt sich die Entscheidung treffen, in welcher Richtung der Baumaufbau erfolgen soll.

Deshalb muß der Teil der MP, der seinen Zweck bereits erfüllt hat und nicht mehr benötigt wird, im Speicher des Rechners gelöscht werden. Der Teil der MP hingegen, der in dem jeweiligen Knoten des Spielbaumes nicht erforderlich ist, in Zukunft aber noch von Nutzen sein kann, muß zwar ebenfalls aus der in dem entsprechenden Knoten benutzten MP ausgeschlossen werden, wird aber weiterhin im Rechner gespeichert.

Diese so beschränkte *funktionelle MP* hilft uns, den Spielbaum zu formieren, so wie der Lichtkreis der Autoscheinwerfer dem Kraftfahrer hilft, sein Ziel in der Dunkelheit richtig anzusteuern.

2.8 Mehrstufigkeit des Systems

Eingangs war bereits die Rede davon, daß eine Mehrstufigkeit des Steuerungssystems den Aufbau eines schmalen und tiefen Spielbaumes begünstigt, da die Generierung in der jeweiligen Stufe unterbrochen werden kann, sobald das Ziel in der Stufe erreicht ist oder feststeht, daß das Ziel nicht zu erreichen ist.

Man darf jedoch nicht vergessen, daß eine Mehrstufigkeit des Systems für den Fall, daß die einzelnen Stufen über ein eigenes Steuerungszentrum verfügen und das Problem parallel gelöst werden kann, zu einer Steigerung der Leistungsfähigkeit führt, die für die Lösung des Problems genutzt werden kann.

Dieses wiederum trägt zu einer Formierung eines tieferen Spielbaumes bei.

Ein weiterer Vorteil eines mehrstufigen Systems gegenüber einem einstufigen soll nicht unerwähnt bleiben.

Die Vielfalt der Zielsetzungen erlaubt es, die Einbeziehung bestimmter Steuerungsstufen in den Prozeß des Aufbaus zu vermeiden,falls die Ziele in den jeweiligen Stufen für den Baumaufbau von vornherein uninteressant sind, da sie einer Veränderung der optimalen Zugfolge nicht dienlich sind.

Außerdem kann man auf Grund der Bewertung der Ziele und der Wahrscheinlichkeit, daß diese Ziele auch erreicht werden, die Reihenfolge der Einbeziehung der Stufen in den

Aufbau des Baumes bestimmen, was ebenfalls zu einer rationellen Formierung des Spielbaumes beiträgt.

Insofern dient eine Unterbrechung oder ein Verzicht auf eine Generierung in den ein-
zelnen Stufen sowie eine mögliche Steigerung der Leistungsfähigkeit des Rechners bei
Anwendung eines mehrstufigen Systems einer wesentlich tieferen Lösung des Problems.
Denn damit erreicht man eine größere maximale Länge der Zugfolgen und eine bessere
Beschränkung des Spielbaumes.

2.9 Drei allgemeine Grundregeln der Beschränkung

Mit dem oben gesagten wurden die Methoden zur Beschränkung des Spielbaumes erläutert,
das heißt die Verfahren, mit deren Hilfe ein schmaler und tiefer Spielbaum formiert
wird. Um noch einmal zusammenzufassen, es sind die Beschränkung, das Spielziel, die
Bewertung der Zugfolgen, der Abbruch von Zugfolgen, der Horizont, die MP und die
Mehrstufigkeit des Systems.

Ohne einheitliche Regeln, die die Anwendung dieser Verfahren präzisieren, ist es jedoch unmöglich, einen schmalen und tiefen Spielbaum zu konstruieren.

Welches sind die Prinzipien, die uns helfen, dieses Problem zu lösen?

1. *Das Prinzip der Hoffnung* (richtiger wäre hier wahrscheinlich die Bezeichnung
   "Prinzip der Hoffnungslosigkeit"; da aber bereits im Jahre 1968 hierfür obiger
   Begriff gewählt wurde, wollen wir es dabei lassen):

Dieses Prinzip besagt, daß solange in einer beliebigen Situation eine Hoffnung auf ir-
gendwelchen Erfolg besteht, also ein Ziel erreicht werden kann, solange wird diese
Möglichkeit in die MP oder in den Spielbaum einbezogen. Wichtig ist dabei nicht nur
der Umstand, daß solche Möglichkeiten bei der Lösung des Problems berücksichtigt werden, sondern vor allem, daß die Möglichkeiten, bei denen keine Hoffnung auf etwas Positives besteht, nicht in die MP und den Spielbaum einbezogen werden - vom Standpunkt
der Beschränkung des Problems aus betrachtet ist dies ein sehr effektives Verfahren.
Nach diesem Prinzip handelt der Mensch. Ein Abiturient, der infolge einer Krankheit
sein Gehör verloren hat, wird sich nicht an einem Konservatorium um einen Studienplatz
bewerben, obwohl er vor seiner Erkrankung erfolgreich an einer Musikschule studierte.
Ein Schachspieler wird nicht die Möglichkeit des Gewinns eines Bauern untersuchen,
wenn feststeht, daß er bei diesem Manöver seine Dame verliert.

2. *Das Prinzip des maximalen Gewinns*

Ausgehend von diesem Prinzip wird jede neue Möglichkeit in der MP und im Spielbaum
nur dann untersucht, wenn eine Hoffnung besteht, daß dadurch ein besseres Ergebnis
erzielt werden kann, als das, das in den bereits untersuchten Fällen erreicht wurde.

Nehmen wir zum Beispiel eine Situation, in der ein Schachspieler durch das Opfer
eines Bauern einen Springer gewinnen kann; dann untersucht er die Möglichkeit, wie
ein Bauer zu gewinnen ist. Diese neue Möglichkeit wird verworfen, es besteht jedoch
noch eine andere - ein Angriff auf den König.

Entsprechend des obigen Prinzips muß dieser Angriff unbedingt in die Generierung einbezogen werden.

Nehmen wir ein anderes Beispiel:
Der bereits oben erwähnte Abiturient ist unschlüssig, wo er sich um einen Studien-
platz bewerben soll - im Moskauer Institut für Ingenieurphysik (MIFI) oder im Moskauer
Institut für physikalische Ingenieurtechnik (MIFTI).

Er schickt seine Bewerbungsunterlagen an den "MIFTI", stellt aber danach fest, daß er
auf Grund der geringeren Bewerberzahl im "MIFI" mehr Chancen hat, einen Studienplatz
zu bekommen. Der junge Mann muß entscheiden, ob es nicht zweckmäßiger wäre, seine Be-
werbung im "MIFTI" zurückzuziehen und sich im "MIFI" zu bewerben.

Wäre jedoch die Bewerberzahl im "MIFI" ebenso groß, wäre das Problem gar nicht aktuell! Dieses Prinzip führt ebenfalls zu einer Reduzierung der zu untersuchenden Möglichkeiten.

3. *Das Prinzip der Rechtzeitigkeit*

Untersucht werden nur solche Möglichkeiten, bei denen die "beteiligten Personen" imstande sind, am Spiel teilzunehmen.

Man braucht in die Kontrolle eines Spielfeldes auf dem Schachbrett keine Figur einzubeziehen, die erst dann imstande sein wird, das Feld zu kontrollieren, wenn die gegnerische Figur das betreffende Feld bereits passiert hat. Der Kommandeur eines Luft-
verteidigungsbezirkes wird kaum ein Übungsflugzeug zum Abfangen eines feindlichen
Flugzeuges ausschicken, da der Pilot nicht in der Lage sein wird, das Ziel rechtzeitig abzufangen; einen Abfangjäger wird der Kommandeur von einem Flugplatz starten lassen, von dem aus der Pilot das Ziel erfolgreich angreifen kann.

Das Prinzip der Rechtzeitigkeit (vielleicht wäre auch in diesem Fall der Begriff "Ver-
spätungsprinzip" besser angebracht) ist ebenfalls ein effektives Mittel zur Beschrän-

kung der Möglichkeiten, die von vornherein sinnlos sind oder ihren Sinn bereits verloren haben.

Diese drei Prinzipien stehen in direktem Zusammenhang zueinander: Eine Möglichkeit wird nur dann aus der Generierung ausgeschlossen, wenn keine Hoffnung besteht, daß sie rechtzeitig im Spiel genutzt werden kann oder wenn von vornherein keine Hoffnung besteht, daß die Möglichkeit zu einem wesentlichen Erfolg führt.

2.1o Verbesserung der Generierungsergebnisse

Im Laufe der Entwicklung der MP wird man unweigerlich mit der Frage konfrontiert: Inwieweit ist die jeweilige konkrete Erweiterung der MP nützlich und besteht eine Hoffnung dafür, daß dadurch ein höherer Gewinn oder ein Bestergebnis der Generierung erzielt wird? Ausgehend von den Prinzipien der Hoffnung, des maximalen Gewinns und der Rechtzeitigkeit muß nun eine Entscheidung getroffen werden. Eine allgemeine Antwort auf diese Frage ist nicht möglich; wir erhalten eine Antwort nur für eine konkrete Situation.

Trotzdem kann man einige allgemeine Regeln diesbezüglich aufstellen. Die Mathematiker untersuchen bei der Analyse des Spielbaumes mit Hilfe des Minimaxing eine Zugfolge nach der anderen.

Ist eine Zugfolge untersucht, wird sie im Rechner gespeichert und man geht zur Analyse der nächsten Zugfolge über. Beide Zugfolgen werden anschließend mit Hilfe der Bewertungsfunktion miteinander verglichen, wonach die höher bewertete gespeichert wird (die andere Zugfolge wird dabei gelöscht).

Anschließend geht man zur Untersuchung der nächsten Zugfolge über, die wiederum mit der gespeicherten verglichen wird usw. Es ist leicht zu ersehen, daß in diesem Fall immer nur zwei Zugfolgen gespeichert werden, von denen eine die LOZ darstellt.

Ist dieses Verfahren zur Bestimmung der optimalen Zugfolge unter Einbeziehung aller Möglichkeiten in einem beschränkten Spielbaum anwendbar, so ist es für die Lösung von Problemen, die auf der Formierung eines schmalen und tiefen Spielbaumes basieren, nicht geeignet. Ein schmaler und tiefer Baum kann nur dann konstruiert werden, wenn die MP beschränkt ist, das heißt wenn sie sich nicht weiterentwickelt.

Dieses wird unter Anwendung einer der drei oben beschriebenen Prinzipien erreicht, was jedoch nicht möglich ist, wenn nur zwei Zugfolgen des Spielbaumes gespeichert werden. Der Grund dafür liegt darin, daß für einen Hilfsbaum, der unterhalb des ermittelten Knotens bereits formiert ist, eine Entscheidung bezüglich einer Erweiterung der MP getroffen werden muß. Diese Entscheidung ist aber nur dann möglich, wenn die einzelnen Zugfolgen des Hilfsbaumes bereits untersucht sind.

Erst wenn gewisse Informationen bezüglich der Zugfolgen gesammelt sind, kann man die Frage beantworten, ob eine Hoffnung besteht, daß in dem jeweiligen Knoten eine neue LOZ gefunden wird, die eine höhere Bewertung aufweist.

Da Informationen bezüglich der Zugfolgen des Hilfsbaumes gesammelt werden müssen, muß auch der Hilfsbaum gespeichert werden. Darin liegt einer der wesentlichen Unterschiede des Verfahrens zur Lösung eines Problems durch Konstruktion eines schmalen und tiefen Spielbaumes gegenüber der Methode, die auf der Einbeziehung aller Möglichkeiten beruht.

Es ist hinlänglich bekannt, daß ein guter Schachspieler nicht nur zwei Zugfolgen, sondern den gesamten Spielbaum im Gedächtnis behält. Er merkt sich den endgültig formierten Spielbaum, von dem ausgehend er seine Entscheidung trifft.

Wir haben oben die Methoden untersucht, die eine Beschränkung des Spielbaumes ermöglichen.

Diese Methoden lassen sich in zwei Typen klassifizieren:
Der eine Typ beruht auf dem Spielmaterial (und dem Spielziel), der zweite auf der Spielzeit. In der Tat erfolgt die Beschränkung des Spielbaumes zeitlich bezogen; der Horizont beschränkt die maximale Spielzeit, die für das Erreichen eines Ziels erforderlich ist. Das Prinzip der Rechtzeitigkeit steht bereits seinem Wesen nach in einer direkten Beziehung zum Zeitbegriff.

Das Prinzip des maximalen Gewinns, die Verbesserung des Generierungsergebnisses, der Abbruch der Zugfolge und die Bewertungsfunktion stehen in direkter Beziehung zum Spielmaterial (bzw. dem Spielziel).

Man kann ergänzend hinzufügen, daß auch die Positionsbewertung, die, wie man meinen könnte, nichts mit dem Spielmaterial zu tun hat, in Wirklichkeit von diesem abhängig ist - wie wir noch sehen werden.

3. Die Suche nach einer Lösung

3.1 Die Ausgangssituation

Soll in einer Ausgangssituation die Lösung eines Problems so gefunden werden, daß
ein Programm als Ergebnis eine Entscheidung liefert, so wird zunächst ein schmaler
und tiefer Spielbaum von erforderlicher Größe aufgebaut. Der Aufbau muß wie schon in
den Kapiteln 1 und 2 angesprochen allen entsprechenden Regeln gemäß erfolgen. Es ist
klar, daß gerade diese Prozedur erhebliche Anforderungen an die Kapazität des Rechners stellt, was sowohl Speicher- als auch Zeitkapazität betrifft.

In diesem Fall werden die Erfahrungen der Vergangenheit nur bedingt für den Aufbau
des Spielalgorithmus genutzt und bestimmen so die Struktur des Programms.

Neben diesen Erfahrungen, die einen Einfluß auf die Methode der Problemlösung haben,
existiert normalerweise ein großer Vorrat an Wissen, das sich im Laufe von Jahrhun-
derten angesammelt hat. Dies sind die Erfahrungen, die für die zu lösende Aufgabe
spezifisch sind.

Gerade diese Erfahrungen müssen genutzt werden, denn dies hilft uns, mit den vorhandenen Möglichkeiten wirtschaftlich umzugehen, das heißt eine möglichst schnelle und
möglichst tiefgehende Lösung des Problems zu finden. Wie das geschieht, wollen wir nun
untersuchen.

3.2 Die Suche nach einer Lösung mit Hilfe der Assoziation

Soll der Mensch in einer Sitation, die ihn an eine frühere *ähnliche* Situation erin-
nert, ein Problem lösen, so nutzt er die Erfahrungen der Vergangenheit.

Was ist nun eine "ähnliche" Situation?
Zweifellos ist es keine Situation, die mit einer früheren Situation vollkommen übereinstimmt. Es besteht lediglich eine gewisse Ähnlichkeit zwischen diesen Situationen,
aber diese Ähnlichkeit ist bereits der Schlüssel zu einer einfacheren Lösung des Problems, als diejenige Lösung aus der Originalsituation heraus.

Worin besteht nun diese einfachere Lösung? Nur darin, daß man zum Treffen der notwendigen Entscheidung versuchen muß, einen Teil der MP zu konstruieren.

Im Schachspiel braucht man nur den Teil der MP zu konstruieren, in dem die übereinstimmenden Figuren spielen. Der Grund dafür liegt darin, daß früher in einer ähnlichen
Situation diese Figuren bereits spielten und damit nur zu klären bleibt, ob die Zugfolgen, die früher vorkamen, zu einem Erfolg führen.

Wenn ja, dann ist damit die Suche nach einer Lösung in dem jeweiligen Hilfsbaum bereits abgeschlossen und die übrigen Teile der MP und des Hilfsbaumes, die sonst eventuell noch konstruiert werden müßten, falls dieses *assoziative Verhalten* zu einem negativen Ergebnis führte, werden damit überflüssig.

Da sich das Problem in diesem Fall auf eine Formierung eines Teilbereiches der MP, das heißt auf eine teilweise Formierung des Spielbaumes reduziert, führt dies zu einer wesentlichen Kapazitätseinsparung.

Da die eingesparte Speicher- und Zeitkapazität an anderer Stelle genutzt werden kann, erhält man insgesamt betrachtet eine wesentlich tiefgreifendere Lösung.

3.3 Die Suche nach einer Lösung mit Hilfe des Bibliotheks-Verfahrens

In diesem Fall liegt alles klar auf der Hand: Stimmt die entstandene Situation, in der eine Entscheidung getroffen werden soll, vollkommen mit einer früheren Situation überein, dann ist die Lösung des Problems eindeutig. Da die Situation in der Vergangenheit bereits einmal vorkam, ist uns ihre Bewertung bekannt und eine Verlängerung der Zugfolge ist nicht notwendig.

Wir erhalten in diesem Fall die Bewertung der Zugfolge (von dem Zeitpunkt an, in dem die Situationen übereinstimmen), ohne eine weitere Formierung der MP und des Spielbaumes. Dieses Verfahren ist sehr vorteilhaft!
Das Wesentliche dabei ist, daß man versuchen muß, eine vorteilhafte Übereinstimmung der Situationen zu erreichen. Dies wiederum führt zu einer zielorientierten Formierung der MP und des Spielbaumes; dafür ist aber die Prozedur abgeschlossen, sobald eine Übereinstimmung erreicht wird und die Bewertung der Zugfolge bekannt ist.

Wir haben oben drei verschiedene Typen der Entscheidungsfindung untersucht.

Der erste Typ gilt für die Original-Situation, wenn die Erfahrungen der Vergangenheit keine Hilfe bei der Suche nach einer Lösung bieten, und man gezwungen ist, auf konventionelle Weise eine MP und einen entsprechenden Spielbaum zu konstruieren.

Der zweite Typ gilt für den Fall, daß die jeweilige Situation teilweise mit einer früheren Situation übereinstimmt. In diesem Fall ist der weitere Verlauf der Formierung des Teilbereiches der MP und des entsprechenden Hilfsbaumes bereits bekannt.

Ist dieser Verlauf erfolgreich und führt er zu einer tatsächlichen und nicht nur zu einer formalen Übereinstimmung der Situationen, dann ist eine weitere Formierung der MP überflüssig.

Um dieses Verfahren anwenden zu können, ist eine teilweise Formierung der MP und des entsprechenden Hilfsbaumes erforderlich.

Der Typ drei gilt für den Fall, daß die Situation vollkommen mit einer früheren Situation übereinstimmt. In diesem Fall kann eine zielorientierte Generierung erforderlich sein.

In einer solchen Situation ist die Bewertung der Zugfolge ohne weitere Berechnungen bekannt. Dieses Verfahren bezeichnen wir als "Bibliotheks-Verfahren".

Ein Mensch, der auf einem bestimmten Gebiet Fachmann ist, bedient sich bei der Suche nach einer Lösung eines Problems in seinem Fachgebiet aller drei Verfahren. Man muß davon ausgehen, daß auch ein Schachprogramm auf diese Weise verfahren sollte: In ihm müssen die Erfahrungen der Vergangenheit und ein Spezialwissen gespeichert sein, ferner muß es imstande sein, alle drei Verfahren anwenden zu können.

Soll ein Schachprogramm konzipiert werden, muß die Maschine über ein Spezialwissen auf dem Gebiet des Eröffnungsspiels, des Mittelspiels und des Endspiels verfügen, wobei sie dieses Wissen sowohl bei assoziativer als auch bei informativer Suche nach einer Lösung anwenden können muß.

4. Das Schachspiel als Beispiel für eine Problemlösung

Die allgemeinen Grundsätze, auf denen die Lösung eines Problems beruhen muß, wurden
bereits beschrieben. Wir wollen nun die Anwendung dieser Grundsätze anhand eines konkreten Beispiels - eines Schachprogramms - illustrieren.

Das Schachspiel ist, wie bereits eingangs erwähnt wurde, ein typisches Beispiel für
das Modell eines mehrstufigen Steuerungssystems vom Typ A.

Als wir unseren Algorithmus für das Schachprogramm konzipierten, stellten wir uns das
Ziel, die Denkweise eines guten Schachspielers zu simulieren.

Dabei gingen wir davon aus, daß der Mensch in der über viele Jahrhunderte währenden
Geschichte des Schachs gelernt hat, dieses Problem rationell zu lösen, und so faßten
wir den dreisten Entschluß, die menschlichen Erfahrungen auf einen Rechner zu übertragen.

Ein guter Schachspieler wendet im Spiel zwei verschiedene Methoden an:

1. Einen Algorithmus zur Suche nach einem Zug in der Ausgangsposition und
2. einen Algorithmus zur Suche nach einem Zug in einer Position, mit der andere
    Schachspieler früher bereits zum Teil oder vollkommen konfrontiert wurden.

Das Schachprogramm muß beide Methoden beherrschen, deshalb muß es neben dem Algorithmus zur Bestimmung des Zuges auch über ein Spezialwissen auf dem Gebiet des Eröff-
nungs-, des Mittel- und des Endspiels verfügen.

Fast alle bekannten Schachprogramme verfügen über eine Eröffnungsbibliothek, jedoch
nicht über eine Bibliothek des Mittelspiels und des Endspiels.

Im weiteren wollen wir noch erklären, warum Programme, die auf einer Einbeziehung aller möglichen Züge in den Spielbaum basieren, nicht in der Lage sind, sich einer Mit-
tel- und Endspielbibliothek zu bedienen.

4.1 Die Suche nach einem Zug in der Ausgangsposition

4.1.1 Der beschränkte Spielbaum

Das Schachspiel ist ein komplexes Problem, das man mit Hilfe einer Generierung der
Züge zu lösen versucht.

Theoretisch betrachtet ist eine solche Generierung ein endlicher Prozeß, so daß auch das Schachspiel ein endliches Spiel ist.

In der Praxis ist der Spielbaum der Züge im Schach jedoch so unvergleichlich groß,
daß der Schachspieler nicht umhin kommt, den Spielbaum zu schränken. Es war bereits
die Rede davon, daß wenn man ein Problem auf der Basis der Einbeziehung aller Züge
in den Spielbaum lösen will, der Spielbaum in der Breite exponentiell wächst
(s. Abb. 1) und die Aufgabe dadurch unlösbar wird. Versucht man jedoch die Aufgabe
zu lösen, indem man einen schmalen und tiefen Spielbaum konstruiert (so verfährt ein
guter Schachspieler), dann besteht Hoffnung, daß das Problem einer Bestimmung des Zuges erfolgreich gelöst werden kann. Die Tiefe der Begrenzung des Spielbaumes (d.h.
die maximale Länge der Zugfolgen) ist die erste Beschränkung des Problems. Bei einem
tiefen Spielbaum stellt eine Veränderung der maximalen Länge der Zugfolgen eine exakte Methode zur Beschränkung dar, wobei der Schachspieler mit Hilfe einer Variierung
der Tiefe der Beschränkung die Anzahl der Züge reguliert, die in den Aufbau einbezogen werden.

Die Formierung eines schmalen und tiefen Spielbaumes wurde als Hauptforderung bei der
Konzipierung des Programms gestellt. Der Algorithmus dieses Schachprogramms ähnelt dem
Spielalgorithmus eines guten Schachspielers; der auf diese Weise formierte Spielbaum
muß schmal und tief sein und eine geringe Anzahl von Zügen enthalten.

Womit soll man in einem solchen Fall beginnen?

4.1.2 Das Ziel im Schachspiel

Der früher beschriebenen Gesamttheorie entsprechend muß man mit einer Präzisierung der
Zielsetzung beginnen.

Jeder Schachspieler weiß, was er erlangen will, wenn er das Spielbrett vor sich hat
- er strebt nach Materialgewinn.

Einen Dilettanten würde diese Behauptung schockieren - aber völlig umsonst! Alle Faktoren, die ein Spieler bei seinen Berechnungen berücksichtigt, dienen einzig und allein dem Erreichen dieses prosaischen Ziels.

Nachdem das Spielziel feststeht, erhalten wir sofort das erste Kriterium, mit dessen
Hilfe bereits zu Beginn des Baumaufbaus sinnlose Züge ermittelt werden. Wir wissen
zwar noch nichts über die Position und beginnen erst mit ihrer Analyse, aber schon
hier werden Züge, die nicht zu einem Materialgewinn führen können, aus der Generierung
ausgeschlossen.

Anstelle des primitiven Verfahrens der Einbeziehung aller Züge in den Aufbau beginnt hier alles mit der Bestimmung sinnloser Züge.

Im weiteren werden wir sehen, daß das Schachspiel das Modell eines dreistufigen Steuerungssystems darstellt.

So stellt die angreifende Figur mit der Angriffstrajektorie auf die gegnerische Figur die erste Stufe des Systems dar. Diese Stufe hat ihr konkretes Ziel, die Vernichtung der gegnerischen Figur, d.h. Materialgewinn, der dem Wert der angegriffenen Figur entspricht.

Die zweite Stufe des Systems ist die Spielzone; z.B. die Gesamtheit der Figuren, die die angreifende Figur unterstützen bzw. ihr entgegenwirken. Die Spielzone ist ebenfalls auf verschiedene Weise auf Materialgewinn ausgelegt.

Die dritte Stufe, die mathematische Projektion der Positionen (MP), stellt die Gesamtheit der Spielzonen dar. Charakteristisch für die dritte Stufe ist eine Vielfalt der elementaren Zielsetzungen im Spiel, da in der MP verschiedene Figuren beider Seiten angegriffen werden, das Ergebnis all dieser Operationen jedoch zu Materialgewinn führen soll. Es ist zu bemerken, daß das Ziel im Schachspiel mit dem Ziel des genauen Spiels übereinstimmt.

Man darf nicht vergessen, daß im Schach der König über einen Wert verfügt, der wesentlich höher ist als der aller anderen Figuren. Unabhängig davon, wie groß diese Zahl nun ist, ist der Wert des Königs ein Materialwert, also sind beide Ziele im Schach vom gleichen Typ.

<u>4.1.3 Die Bewertungsfunktion</u>

Wir sagten bereits, daß die Zielsetzung des Spiels es erlaubt, eine Entscheidung darüber zu treffen, was man erlangen will; dabei bedient man sich für die Bewertung sowohl des erreichten als auch des eventuell möglichen Ergebnisses einer Bewertungsfunktion.

Was dient als Bewertungsfunktion im Schachspiel?

Der Leser weiß bereits, daß die Bewertungsfunktion aus zwei Komponenten besteht. Die erste Komponente erlaubt ein Urteil darüber zu treffen, mit welchem Erfolg das Ziel des Materialgewinns im Rahmen des Minimaxing im Spielbaum zu erreichen ist. Komplizierter ist es mit der zweiten Komponente. Diese Komponente soll den Materialgewinn in dem vorläufig noch unbekannten Teil des Spielbaumes voraussagen, der überhaupt noch nicht formiert ist und jenseits der Linie des Abbruchs der Zugfolgen liegt.

Es ist die Rede von der Positionsbewertung. Die Shannonsche Bewertungsfunktion besteht dem Anschein nach aus einer Vielzahl von Komponenten, in Wirklichkeit sind es aber auch hier nur zwei. Die erste Komponente gilt für die Materialbewertung, die zweite für die Positionsbewertung, ist aber mit einer Vielzahl verschiedener mittlerer Positionsfaktoren versehen. Eine solche Art der Positionsbewertung ist im Schachspiel fehl am Platz. Ein Positionsfaktor, der in einer Situation eine positive Bewertung gibt, kann in einer anderen Situation eine negative Bewertung ergeben.

Nehmen wir z.B. einen "Doppelbauern" - ist dies nun gut oder schlecht? Hier hängt alles von der jeweiligen Situation ab. Manchmal stellt ein "Doppelbauer", da eine Figur die andere nicht schützen kann, ein vortreffliches Angriffsziel dar. Es gibt jedoch Fälle, wo ein Doppelbauer zu einer Kontrolle von Spielfeldern führt - Spielfeldern, durch die wichtige Verbindungsbahnen (Bewegungstrajektorien von Figuren) verlaufen. In diesem Fall ist ein Doppelbauer sehr nützlich. Dasselbe kann man auch von anderen Positionsfaktoren sagen, die zum Positionsteil der von Shannon vorgeschlagenen Bewertungsfunktion gehören. In dem hier behandelten Schachprogramm wurde eine prinzipiell andere Entscheidung bezüglich der Positionskomponente der Bewertungsfunktion getroffen. Als Ausgangsbasis für die Positionsbewertung dient in unserem Fall die Kontrolle der Spielfelder, die auf den Trajektorien liegen, die zur jeweiligen MP gehören. Die Seite, die eine größere Anzahl der Felder kontrolliert, ist im Positionsvorteil.

Das Problem der Positionsbewertung wird an gegebener Stelle noch ausführlich behandelt. Hier möchten wir lediglich bemerken, daß die Kontrolle der Felder vom Ergebnis eines möglichen Austausches auf dem jeweiligen Feld abhängig ist, d.h., es ist abhängig von dem Materialverhältnis und die Positionsbewertung dient somit nur dazu, den Materialgewinn vorauszusagen!

4.1.4 Abbruch der Zugfolge und Beendigung des Spiels

Die Zielsetzung des Materialgewinns ermöglicht einen Abbruch der Zugfolge bevor diese ihre maximale Länge erreicht. Wir bezeichnen den Wert des Ziels mit m_μ und m_τ sei der laufende Wert beim Abstieg über die Zugfolge. Betrachten wir eine Spielzone, dann wird im Fall $|m_\mu| > |m_\tau|$ die Zugfolge fortgesetzt; anderenfalls wird sie abgebrochen. Die Ungleichung basiert auf den Prinzipien der Hoffnung und des maximalen Gewinns: Solange Hoffnung besteht, daß das Ziel erreicht werden kann oder solange der Verlust (bzw. Gewinn) kleiner ist als der Wert des Ziels, solange wird das Spiel fortgesetzt. Sobald jedoch der Materialverlust gleich dem Wert des Ziels ist, bzw. der Materialgewinn größer, wird das Spiel beendet und die Zugfolge abgebrochen. Das Entscheidende dabei ist, daß ein Materialopfer nur dann zu vertreten ist, wenn die Hoffnung besteht, daß der Materialgewinn höher sein wird als die Verluste; ein Materialverlust ist ferner dann in Kauf zu nehmen, wenn dadurch ein eventueller, noch größerer Materialverlust vermieden wird.

Ein Abbruch der Zugfolge ist auch aus anderen Gründen möglich, die mit einem Erreichen (bzw. mit einer Verhinderung eines Erreichen) des Ziels zusammenhängen, so z.B., wenn das Ziel oder die angreifende Figur "verschwindet"; hier kommen die Prinzipien der Rechtzeitigkeit und der Hoffnung zur Geltung. Wenn Spielmaterial geopfert wird, und geopfert wird es nur dann, wenn dadurch später ein höherer Gewinn erzielt werden kann, dann geschieht dies wie bereits erwähnt aufgrund der Prinzipien der Hoffnung und des maximalen Gewinns. Im allgemeinen wird die Zugfolge jedoch dann beendet, wenn das Spiel in der übergeordneten Stufe, der Gesamtheit aller Stufen, beendet ist. In den untergeordneten Stufen kann das Spiel auch bereits dann beendet werden, wenn die Zugfolge noch fortgesetzt wird. Das Spiel in diesen Stufen wird beendet, wenn das Spielziel entweder erreicht oder unerreichbar ist, oder wenn keine Möglichkeit mehr besteht, rechtzeitig in den Kampf einzugreifen. Auf diese Probleme wollen wir später noch einmal zurückkommen, wenn wir das mehrstufige System - das Modell des Schachspiels - formalisiert haben. In der Beendigung des Spiels und dem Abbruch der Zugfolgen tritt der Unterschied des hier untersuchten Schachalgorithmus gegenüber den anderen Spielalgorithmen besonders deutlich zum Vorschein. Die Beendigung des Spiels und der Abbruch der Zugfolge tragen zu einer Verminderung der Anzahl der Züge im Spielbaum bei.

Der Abbruch der Äste (s. Seite 56) beruht ebenfalls auf den Prinzipien der Hoffnung und des maximalen Gewinns. Wenn die Summe der Ziele in dem jeweiligen Knoten kleiner ist als die Differenz zwischen der laufenden Bewertung und der Bewertung der LOZ, dann besteht keine Hoffnung, daß die Bewertung der LOZ verbessert werden könnte und die Generierung muß unterhalb des Knotens abgebrochen werden.

Man darf nicht vergessen, daß die Summe der Ziele innerhalb eines Knotens ihre Größe verändern kann, wenn Angriffszonen in das Spiel einbezogen werden; dieser Umstand ist beim Abbruch der Äste zu berücksichtigen. Insofern steht in diesem Algorithmus der Abbruch der Äste in keinem Zusammenhang mit der Methode der Bewertungsbegrenzung, sondern nur im Zusammenhang mit dem Spielziel. Sobald feststeht, daß eine Verbesserung der Ergebnisse der Zielsetzung nicht möglich ist, wird die Konstruktion eines Astes überflüssig.

4.1.5 _Der_Horizont_

Es existiert eine unvorstellbare Anzahl von Angriffsmöglichkeiten der Figuren einer
Farbe auf Figuren der anderen Farbe. Die Zielsetzung eines Spiels ermöglicht es, die
Handlungen der Figuren verständlich zu machen; sie ist jedoch nicht imstande, ihre
Handlungen zu beschränken. Aus diesem Grunde ist es erforderlich, hier eine Beschrän-
kung einzuführen, die auf der bereits erwähnten Methode des Horizontes beruht. Im
Schachprogramm existiert eine solche Beschränkung, es ist die maximale Zeit, die für
die Bewegung der angreifenden Figur auf ihrer Angriffstrajektorie zur Verfügung steht.
Die Methode des Horizontes beruht auf dem Prinzip der Rechtzeitigkeit: Angriffe, die
in der maximal zur Verfügung stehenden Zeit (Horizont) nicht realisiert werden können,
werden aus der Generierung ausgeschlossen.

Wie wir wissen, wird die Zeit im Schach in Halbzügen gemessen. Geht man von einem max-
malen Horizont H_L aus, der einer geraden Anzahl von Halbzügen entspricht, dann beträgt
die maximale Anzahl der Bewegungen der angreifenden Figur auf der Angriffstrajektorie
der Größe $H_L/2$ (dies gilt jedoch nicht für Negationstrajektorien). Der maximale Horizont H_L ist eine grobe Beschränkung, da eine Veränderung des Horizontes zu einer
stärkeren Veränderung der Knotenzahl im Spielbaum führt. Wenn viele Figuren auf dem
Schachbrett stehen, ist der Charakter des Spiels offen; bei einem Horizont $H_L = 4$
nimmt die Anzahl der Angriffe rapide ab und man muß, um bei der Entscheidungswahl ein
gutes Ergebnis zu erzielen, den Horizont H_L vergrößern. Besonders groß ist dieser Horizont bei Bauernendspielen, hier kann die Größe H_L sogar mehr als lo Halbzügen entsprechen.

4.1.6 _Das_Schachspiel_als_dreistufiges_System_

Es steht außer Zweifel, daß ein guter Schachspieler bei all seinen Berechnungen von
einem Angriff ausgeht, der durch einen Horizont begrenzt ist. Zweifellos ist ferner,
daß ein guter Schachspieler nicht das ganze Spielbrett und nicht alle Figuren im Auge
hat, sondern nur die Figuren, die in seinen Berechnungen eine Rolle spielen und sich
auf bestimmten Feldern des Spielbrettes bewegen. Die Menge dieser Figuren und ihrer
Trajektorien bilden ihrerseits die MP - den Spielbaum der Trajektorien, der dem Spielbaum der Züge zugrundeliegt. Somit steht fest, daß zwei Stufen existieren müssen - die
Figuren mit ihren Trajektorien und die MP. Die Frage ist nur, ob nicht noch irgendwelche andere Stufen existieren, und ob das Schachspiel nicht ein dreistufiges System
darstellt?

In der Tat existiert eine solche Zwischenstufe!

Es beginnt alles mit der ersten Stufe - der Figur und ihrer Trajektorie innerhalb des

Horizontes H_L. Die Figur muß ihr individuelles Ziel haben - dann ist diese Figur eine angreifende Figur. Wenn eine Figur mit ihrer Trajektorie, die ebenfalls im Bereich des Horizontes H_L liegt, eine andere Figur beim Erreichen deren individuellen Ziels unterstützt, dann ist diese Figur keine angreifende Figur. Figuren, deren Trajektorien durch den Horizont H_L bestimmt werden, bezeichnen wir als Stammfiguren. Insofern streben die Stammfiguren und die angreifenden Figuren danach, ein bestimmtes Ziel zu erlangen, aber nur die Stammfigur ist bestrebt, das Ergebnis der angreifenden Figur auf ihr Ziel zu verändern. Die Stammfiguren handeln dabei nicht einzeln; jede dieser Figuren hat ihre eigene "Mannschaft", die aus den Figuren der gleichen Farbe besteht, die die Stammfigur unterstützen. Dabei existiert jedoch auch eine gegnerische "Mannschaft" aus Figuren der gegnerischen Farbe, die ihr entgegenwirken. Die Gesamtheit der Stammfiguren beider "Mannschaften" bildet die Spielzone, die zweite Stufe des Steuerungssystems. Da die Stammfiguren von zweierlei Art sind (die angreifenden und die den Angriff unterstützenden Figuren), müssen auch die Spielzonen von zweierlei Art sein - die Angriffszone und die gekoppelte Zone. Insofern kann die zweite Stufe sowohl durch eine Angriffszone als auch durch eine gekoppelte Zone gebildet werden. Als gekoppelte Zone bezeichnen wir die Zone der Kontrolle, die Zone der Blockade, die Zone der Deblockade, die Zone des Rückzuges (wenn das Ziel aus dem Horizont verschwindet) und die Positionszone (bei Veränderung des Vorzeichens des Austausches auf dem kontrollierten Feld).

Die zweite Stufe, die Spielzone, wird mit dem Ziel der Verbesserung der Bewertung der LOZ gebildet.

Stellt die zweite Stufe eine Angriffszone dar, so entstehen neue Ziele und darin besteht noch eine Möglichkeit der zweiten Stufe, die Bewertung der LOZ zu beeinflussen.

1. Stufe - die Figur und ihre Trajektorie

1) Die Figur und ihre Trajektorie sind eine Stammfigur bzw. Stammtrajektorie und liegen der Spielzone zugrunde. Die maximale Länge dieser Trajektorien wird durch die maximale Größe des Horizontes H_L bestimmt. Die erste Stufe dieses Typs wird nur dann formiert, wenn die entstehende zweite Stufe (die Spielzone) in der Lage ist, die Bewertung der LOZ zu verbessern.

2) Im zweiten Fall, wenn die Figur keine Stammtrajektorie besitzt, d.h. wenn die Figur zu einer "Mannschaft" gehört, ist die Sachlage komplizierter. In diesem Fall bezeichnen wir sie als negierende Figur, die auf einer Negationstrajektorie wirkt. Entsprechend dem Prinzip der Rechtzeitigkeit ist der maximale Horizont bei Figuren dieser Art eine veränderliche Größe H_x. Im Endeffekt ist die negierende Figur am

Kampf um die α- und β-Felder der Stammtrajektorie der Spielzone beteiligt. Wie wir wissen, ist ein α-Feld ein Feld, auf dem die Figur während ihrer Bewegung auf der Trajektorie verweilt, im Gegensatz dazu wird das β-Feld von der Figur im Zuge passiert. Je höher der Index des α-Feldes ist, d.h., je weiter das Feld vom α_0-Feld der Stammtrajektorie entfernt ist, desto mehr Zeit steht der negierenden gegnerischen Figur zur Verfügung, um in den Kampf um das α_i-Feld eingreifen zu können und um so höher ist die Bewertung des variablen Horizontes H_x.

Es ist interessant zu wissen, daß die maximale Größe H_x im Falle einer Negationstrajektorie um einen Halbzug größer sein kann als die Größe H_L; dies ist im Falle der Kontrolle des letzten α_k-Feldes der Stammtrajektorie möglich, falls die Stammtrajektorie eine maximale Länge aufweist, aber nur, wenn die kontrollierende Seite am Zuge ist. Die Kompliziertheit der Formierung der Negationstrajektorie liegt darin, daß die maximale Zeit H_x nicht nur für die Formierung der Trajektorie der ersten Negation zur Verfügung steht, die direkt mit dem α-Feld der Stammtrajektorie verknüpft ist, sondern auch für die Formierung aller anderen Negationstrajektorien von der ersten Negation bis zu den Negationen des höheren Grades. Die Negationstrajektorie des n-ten Grades ist mit dem α-Feld der Negationstrajektorie des (n-1)-ten Grades und somit auch mit dem jeweiligen α-Feld der Stammtrajektorie gekoppelt. Die wichtigste Besonderheit bei der Formierung einer Negationstrajektorie besteht im Gegensatz zur Formierung von Stammtrajektorien darin, daß wenn im Bereich von H_x solche Trajektorien möglich sind, sie unbedingt auch formiert werden. Die einzige Bedingung dabei ist, daß das Prinzip der Rechtzeitigkeit gewahrt bleibt.

Im weiteren werden wir sehen, daß in Übereinstimmung mit diesem Prinzip der Ausschluß und die Einbeziehung der bereits formierten Negationstrajektorien in die MP erfolgt. Wenn nun für die Formierung der Stammtrajektorien sowohl das Prinzip der Rechtzeitigkeit (H_L) als auch das Prinzip des maximalen Gewinns (Verbesserung der Bewertung der LOZ) gelten, so ist bei der Formierung der Negationstrajektorie lediglich das Prinzip der Rechtzeitigkeit zu berücksichtigen. Dieses ist vollkommen verständlich: Die Formierung der Spielzone kann nur dann erfolgen, wenn noch keine Informationen bezüglich einer etwaigen absoluten Nutzlosigkeit dieser Spielzone vorliegen; insofern ist die Formierung der Negationstrajektorie notwendig.

Es ist selbstverständlich, daß das Prinzip der Hoffnung bei der Formierung sowohl der Stammtrajektorie als auch der Negationstrajektorie gültig ist - dieses Prinzip gilt immer. Zu berücksichtigen ist, daß nicht alle Figuren und ihre Trajektorien als eine erste Stufe eines Steuerungssystems betrachtet werden können; so sind z.B. eine Stammfigur und ihre Trajektorien zweifellos die erste Stufe eine mehrstufigen Systems.

Für jede Stufe muß ein individuelles Ziel existieren - in unserem Fall ist die Forderung erfüllt. Wirkt auch die kontrollierende Figur auf einer Negationstrajektorie, ist

die Situation bereits komplizierter. Eine Negationstrajektorie kann nur innerhalb
einer Spielzone entstehen, das heißt, daß die jeweilige Trajektorie bereits zur zweiten Stufe eines Steuerungssystems gehört. Gleichzeitig besitzt die kontrollierende
Figur aber auch ihr individuelles Ziel - sie ist bestrebt, aus dem Hinterhalt ihr
"Opfer" zu vernichten. Wenn aber ein solches Ziel existiert, kann man auch die Figur,
die auf einer Trajektorie der Kontrolle wirkt, ebenfalls zur ersten Stufe des Steuerungssystems zählen. Eine Figur, die auf einer Rückzugstrajektorie wirkt, muß man
ebenfalls zur ersten Stufe zählen, da sie ebenfalls ein individuelles Ziel verfolgt
- sie versucht sich selbst zu retten. Im Gegensatz dazu kann man Figuren, die an einer
Blockade oder an einer Deblockade beteiligt sind, nicht zur ersten Stufe eines Steuerungssystems zählen, da sie kein individuelles Ziel verfolgen. Im Falle der Blockade
(mit Ausnahme einer Blockade des Bauern) ist die Figur bereit sich zu opfern, d.h.
sie wirkt in Zusammenarbeit mit ihren "Kameraden"; eine solche Figur gehört zur zweiten Stufe des Steuerungssystems. Im Falle einer Deblockade wirkt die Figur ausgehend
von denselben Interessen - somit gehört die Figur auch in diesem Fall zur zweiten Stufe des Systems.

2. Stufe - die Spielzone

Wie wir sehen, bilden die Stammfigur und die negierenden Figuren die zweite Stufe eines
Steuerungssystems (die Spielzone). Hier kommen sowohl Angriffszonen (mit ihrer Hilfe
werden konkrete Ziele - sogenannte "Zielobjekte" - in das Spiel einbezogen) als auch
gekoppelte Zonen vor, die keine neuen Ziele bilden. Beide Arten von Spielzonen werden
nur dann gebildet, wenn eine Hoffnung besteht, daß mit der Einbeziehung der Spielzone
in das Spiel die Bewertung der LOZ verbessert werden kann. Die Bildung der Spielzonen
erfolgt (übereinstimmend mit der Gültigkeit der drei Hauptprinzipien), wenn die Stammfigur in der Lage ist, einen Vorteil im Bereich des Horizontes H_L zu erzielen, d.h.,
wenn die Möglichkeit einer Verbesserung der Bewertung der LOZ nicht ausgeschlossen ist.

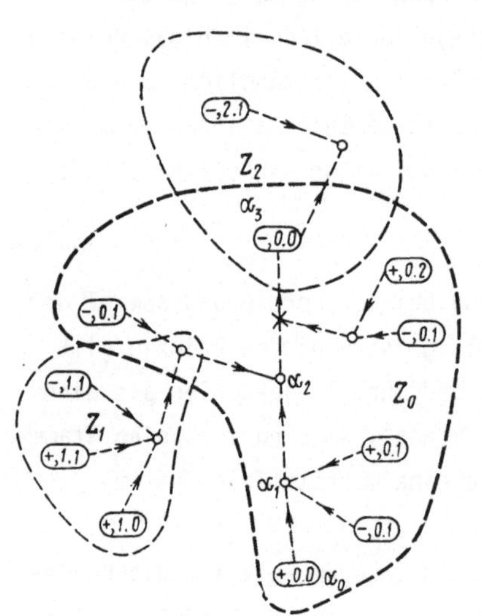

Abb. 6

Die Spielzonen:

0, 1, 2   die Stammtrajektorie und die Trajektorien der 1. und der 2. Negation;

+   die Farbe der Stammfigur in der Spielzone

-   die Farbe des Gegners der Stammfigur in der Spielzone;

0,1   die Figur der ersten Negation in der Null-Zone des Angriffs.

Der variable Horizont H_x charakterisiert eine streng determinierte Struktur der
Spielzone, d.h. in die Spielzone werden nur diejenigen negierenden Figuren einbezogen, die in der durch H_x begrenzten Zeit imstande sind, sich am Spiel zu beteiligen.

Wie bereits eingangs gezeigt wurde, werden alle Negationstrajektorien, die der Bedingung H_x genügen, bedingungslos in das Spiel einbezogen. Die Möglichkeit der Bestimmung aller Negationstrajektorien wurde bei der Lösung von Studien experimentell
erprobt und hat sich dabei als relativ einfach erwiesen.

In der Abbildung 6 werden drei verschiedene Spielzonen dargestellt: die Angriffszone
Z_0 und die mit ihr gekoppelte Zone der Kontrolle (Z_1) und die Zone des Rückzuges (Z_2).

3. Stufe - die Gesamtheit der Spielzonen (die MP)

Die Bedingungen zum Aufbau aller Spielzonen haben wir bereits diskutiert. Wie wir wissen, werden in die MP nur diejenigen Spielzonen, bei denen eine Hoffnung auf eine Verbesserung der Bewertung der LOZ besteht, einbezogen.

Insofern ist die Größe der MP speziell auch vom ersten Zug in der Ausgangsposition
abhängig. Bei einer guten Wahl des ersten Zuges kann eine weitere Einbeziehung von
Spielzonen auf ein Minimum beschränkt werden oder sogar völlig überflüssig sein.

Nachdem wir uns oberflächlich mit dem Schachspiel als dreistufiges Steuerungssystem
vertraut gemacht haben, wollen wir zu einer Analyse dieses Systems übergehen.

4.1.7 Der Spielbaum und das Minimax-Verfahren

Das Vorgehen bei der Konstruktion eines Spielbaumes ist wohl allgemein bekannt. Die Generierung der Zugfolge wird aus der Ausgangsposition bis zur Endposition fortgesetzt;
anschließend beginnt man den Aufstieg über die Zugfolge. Bei der Generierung ist es
völlig belanglos, aus welchem Grund die Zugfolge beendet wird - aufgrund logischer
Schlußfolgerungen oder weil die Zugfolge ihre maximale Länge erreicht hat.

Bereits im ersten unteren Knoten der Zugfolge muß man die Möglichkeit der Bildung neuer
Äste des Baumes untersuchen. Ist eine solche Möglichkeit nicht gegeben, wird der Aufstieg fortgesetzt; existiert eine solche Möglichkeit, wird ein neuer Ast formiert und
der Abstieg im Spielbaum wird bis zum Ende der neuformierten Zugfolge fortgesetzt usw.

Es genügt jedoch nicht, einen Spielbaum zu konstruieren, man muß ihn auch bewerten können, d.h. eine optimale Zugfolge bestimmen. Dies geschieht mit Hilfe des Minimax-Verfahrens (Minimaxing).

Jede Zugfolge wird zum Schluß mit Hilfe einer Bewertungsfunktion bewertet. Beim Aufstieg über die Zugfolge zum nächsten Knoten des Spielbaumes wird auch die Bewertung der Zugfolge mit "übertragen". Wenn im Knoten alle Bewertungen der Zugfolgen gesammelt sind, die mit dem jeweiligen Knoten von unten gekoppelt sind, wählt die Seite, der die Züge gehören, die vom Knoten nach unten verlaufen (denn bei dieser Seite ist hier das Recht, die Zugfolge entsprechend ihrer Bewertung zu wählen), die für sie beste Bewertung, die für den Gegener entsprechend die kleinste ist. Die Zugfolge mit der maximalen Bewertung in dem jeweiligen Knoten ist die gesuchte LOZ. Diese Bewertung wird nach oben zum nächsten Knoten des Spielbaumes übertragen. Im oberen Knoten des Spielbaumes, dem Ausgangsknoten, wird die LOZ zur optimalen Zugfolge, von der ausgehend das Problem der Bestimmung des Zuges in der Ausgangsposition erfolgt. Bei einer gleichen Bewertung von mehreren Zügen im Ausgangsknoten trifft das Programm die Wahl, ähnlich wie der Mensch, durch willkürliche Auswahl. Auf diese Weise erfolgt die Wahl des Zuges im Spielbaum mit Hilfe des Minimaxings.

Ist der Spielbaum sehr groß, so daß die Speicherkapazität des Rechners dafür nicht ausreicht, werden beim Minimaxing nur zwei dem Knoten des Spielbaumes anliegenden Zugfolgen gespeichert. Nach einem Vergleich der Bewertungen der Zugfolgen wird die niedriger bewertete Zugfolge im Speicher gelöscht, wonach der Abstieg über eine neue Zugfolge beginnt. Beim Aufstieg über die neue Zugfolge wird die neue Bewertung zum jeweiligen Knoten übertragen, wonach wiederum ein Vergleich der beiden Bewertungen (der neuen und der alten) vorgenommen wird, usw.

Diese Methode des Vergleichs zweier Bewertungen wird offensichtlich bei allen bekannten Programmen angewandt. Wir möchten an dieser Stelle bemerken, daß dieses Verfahren, falls der Spielbaum sehr groß ist, zwangsläufig zu einem schlechten Ergebnis bei der Bestimmung des Zuges führt.

Der Mensch verfährt in diesem Falle anders: er formiert einen kurzen Spielbaum, den er vollständig im Gedächtnis behält. Insofern ist der Mensch in der Lage, aus der Ausgangsposition einen guten Zug zu bestimmen. Bei der Speicherung des Hilfsbaumes, der vom Knoten, in dem die LOZ zu bestimmen ist, nach unten führt, bietet sich die Möglichkeit einer erfolgreichen Lösung des Problems der Formierung der Zugfolgen, welche über eine gute Bewertung verfügen. Falls die Hoffnung besteht, daß die Bewertung der Zugfolgen (bzw. einer der Zugfolgen) von der Art ist, daß die Bewertung der LOZ in dem jeweiligen Knoten in eine für die jeweilige Seite günstige Richtung verändert werden kann, dann werden zusätzliche Äste des Hilfsbaumes formiert. Die endgültige Bestimmung der LOZ und die Übertragung ihrer Bewertung auf den nächsten Knoten erfolgt nur dann, wenn keine Hoffnung auf eine mögliche Änderung der Ergebnisse des Minimaxing besteht. Wir wollen nun zur Technik der Formierung der MP übergehen.

4.1.8 Technik der Bestimmung der Trajektorien

Die kürzeste Trajektorie der Bewegung einer Figur von einem Feld auf dem Spielbrett
auf ein anderes Feld bestimmt man mit Hilfe eines speziellen Gesamtfeldes der Größe
15x15. Man geht dabei davon aus, daß eine nicht kürzeste Trajektorie aus maximal zwei
kürzesten Trajektorien gebildet wird. Bei weitreichenden Figuren geht man ferner davon aus, daß die kürzeste Trajektorie einer solchen Figur aus zwei Bewegungen (d.h.
drei α-Feldern) besteht.

Aufgrund dieser Annahmen wird die Bestimmung der Trajektorien wesentlich vereinfacht,
wobei die Qualität der Lösung des Problems offensichtlich kaum beeinträchtigt wird.

Das Schachspiel zeichnet sich durch eine Vielfalt von Bewegungen der Figuren aus,
mit Hilfe der Gesamtfelder 15x15 ist es jedoch möglich, die Vielfalt der Trajektorien
einzuschränken. Man kann davon ausgehen, daß ein guter Schachspieler die Trajektorien
ebenfalls mit Hilfe solcher Gesamtfelder bestimmt. Die Lösung des Problems der Formierung der Trajektorien ermöglicht die Formierung der ersten Stufe des Steuerungssystems "Schach" - einer Figur, die sich auf einer eigenen Trajektorie bewegt.

Die Lösung dieser Aufgabe war relativ leicht. Hierzu muß man bemerken, daß bei der
Bestimmung der Bewegung einer Figur von einem Feld auf ein anderes eine einzige Trajektorie nur dann entsteht, wenn die Entfernung zwischen den Feldern auf dem Spielbrett in einer einzigen Bewegung bewältigt werden kann. Bei einer Trajektorie, die
aus einer größeren Anzahl von Bewegungen besteht, haben wir es mit einem Trajektorienbündel zu tun, da sich die Figur von einem Feld zum anderen in der Regel auf verschiedenen Trajektorien bewegen kann. Insofern ist, wenn wir von einer Bestimmung der
Trajektorie sprechen, im Grunde genommen immer die Bestimmung eines Trajektorienbündels gemeint.

4.1.9 Die Technik der Formierung der Spielzone

Die Formierung der zweiten Stufe des Steuerungssystems beim Schachspiel ist bereits
eine relativ schwierige Aufgabe. Es gibt zweierlei Arten von Spielzonen:
1) Wenn z.B. die Stammfigur vom α_0-Feld zum letzten α_k-Feld auf einer der möglichen
   Trajektorien des Bündels der Stammtrajektorien sich bewegt, und
2) wenn die Figur versucht, das α_0-Feld, auf dem sie steht, zu verlassen und in
   einer Bewegung auf beliebiges, ihr am nächsten gelegenes α_k-Feld zu kommen.

Im ersten Fall existiert ein einziges α_k-Feld; im zweiten Fall existiert eine Vielzahl von α_k-Feldern. Zum Fall 1) zählen die Angriffszone, die Zone der Kontrolle und
die Zone der Blockade. Zum 2) Fall zählen die Zone des Rückzuges und die Zone der Deblockade. Die Struktur der Zonen des Rückzuges und der Deblockade ist einfach; die

Struktur der Angriffszone und der Zone der Kontrolle und der Zone der Blockade ist im allgemeinen ziemlich kompliziert. Wie bereits früher erwähnt, liegt der Formierung der Zonen vom Typ 1) das Prinzip der Rechtzeitigkeit zugrunde. Im allgemeinen geht man von der Annahme aus, daß sich von den eigenen Figuren nur die Stammfigur fortbewegen darf; die anderen Figuren dürfen sich nur dann bewegen, wenn eine gegnerische Figur in einer Bewegung geschlagen werden kann, d.h. sie nehmen nur dann am Spiel teil, wenn sie sich bereits im Hinterhalt befinden.

Die gegnerischen Figuren werden nur dann in die Spielzone einbezogen und dort eingesetzt, wenn sie in der Lage sind, rechtzeitig in das Spiel eingreifen zu können; dieses wird mit Hilfe eines variablen Horizontes H_x formalisiert. Je höher die Nummer des α-Feldes der Stammtrajektorie ist, d.h. je größer die Anzahl der Halbzüge ist, die durch die Stammfigur vollzogen werden müssen, damit sie das jeweilige α-Feld erreicht, desto höher ist der Wert H_x dieses Feldes und desto mehr Halbzüge stehen für die Bewegung der gegnerischen Figuren zur Verfügung, die am Kampf um das entsprechende α-Feld der Stammtrajektorie beteiligt sind.

Der Algorithmus für die Bestimmung des Horizontes H_x und für die Verteilung der Zeit in Halbzügen auf die Negationstrajektorien wurde von B. Stillmann ausgearbeitet, der auch den Vorschlag machte, die Formierung der Spielzone mit dem Aufbau des Spielbaumes zu verknüpfen. Dies ist sehr vorteilhaft, da hierbei die Spielzone nicht vollständig, sondern nur teilweise den Erfordernissen entsprechend formiert wird; sobald feststeht, daß die Generierung in der teilweise formierten Spielzone beendet werden soll, wird deren Aufbau sofort beendet.

Das Problem der Bestimmung der Negationstrajektorien ist relativ kompliziert. Diese Trajektorien müssen im Bereich des Horizontes H_x vollständig und ohne irgendwelche Ausnahmen bestimmt werden, da man bis zur endgültigen Generierung nicht sagen kann, welche der Trajektorien eventuell überflüssig sind.Die Bestimmung der Negationstrajektorien erfolgt auf zweierlei Weise.

Wird z.B. im Spielverlauf innerhalb der Spielzone irgendeine Figur auf ein neues α-Feld bewegt, so wird im Bereich des Horizontes H_x geprüft, ob eine andere Figur (bzw. mehrere andere Figuren) diese Figur angreifen können. Ist dies der Fall, dann wird sofort die entsprechende Negationstrajektorie ermittelt. Mit Hilfe dieser Methode ist es jedoch nicht möglich, ausnahmslos alle Negationstrajektorien zu bestimmen, da die Figur, die auf der noch nicht ermittelten Negationstrajektorie wirken soll, im Prozeß der Generierung das α_0-Feld der möglichen Trajektorie eventuell verlassen kann und diese Trajektorie somit ungenutzt bleibt. Um alle ungenutzten Negationstrajektorien bestimmen zu können, wurde ein zusätzliches Verfahren eingeführt. Diese Methode besteht darin, daß für die Bestimmung der "versäumten" Negationstrajektorien, für die in irgendeinem Knoten irgendein α-Feld ein α-Endfeld sein kann, ein neuer Aufstieg über die Zugfolge (wie auf einem bereits verlegten "Gleis") vorgenommen wird. Dabei werden die Figuren, die die ursprünglichen α-Felder der möglichen Negationstrajektorien bereits verlassen haben, auf diese Felder zurückbeordert, und da der Horizont H_x bereits bekannt ist, ist das Problem bezüglich der Formierung aller betrachteten Negationstrajektorien lösbar.

Dieser spezielle Aufstieg auf den "Gleisen" erfolgt bis zu dem Knoten, in dem die Entscheidung bezüglich der Formierung (bzw. der Einbeziehung) der jeweiligen Spielzone getroffen wurde. Sobald die Entscheidung bezüglich der Einbeziehung der neuen Negationstrajektorie in das Spiel getroffen ist, beginnt der Algorithmus der Pseudogenerierung zu arbeiten. Man kehrt dabei über die Zugfolge bis zu dem Knoten des Spielbaumes zurück, in dem die neue Negationstrajektorie entstanden war und setzt von hier die Generierung fort.

Bei der Rückkehr über die Zugfolge (im Prozeß der Pseudogenerierung) zum jeweiligen Knoten, in dem die Negationstrajektorie in das Spiel einbezogen wurde, darf der Hilfsbaum, der in diesem Knoten beginnt, nicht gelöscht werden. Gelöscht wird lediglich ein Ast dieses Baumes - s. Abb. 7.

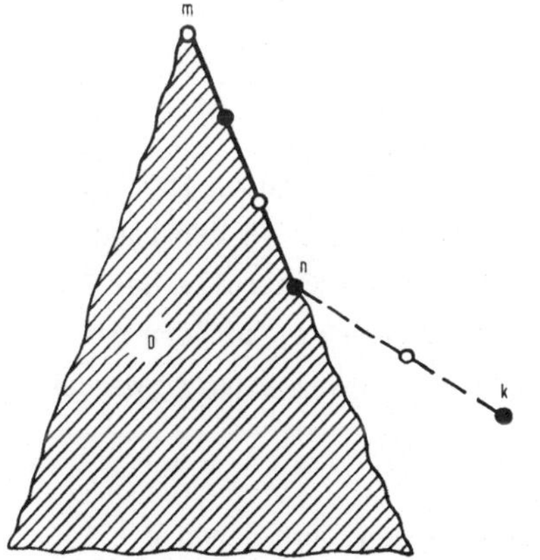

Abb. 7

Der Prozeß der Pseudogenerierung:

D   der formierte Hilfsbaum der Generierung;

k   der Knoten, in dem die Negationstrajektorie ermittelt wurde;

n   der Knoten, in dem der Ast der Generierung aus n nach k (gestrichelte Linie) gelöscht wird;

m   der Knoten, zu dem man zurückkehren muß, um die Generierung fortzusetzen (der Knoten der Einbeziehung der Negationstrajektorie).

Die Möglichkeit eines Verzichtes auf diese kostspielige Prozedur des Löschens des Hilfsbaumes beruht darauf, daß im Gegensatz zu den konventionellen Methoden des Baumaufbaus hier die Möglichkeit besteht, den Zug im Knoten zu wiederholen, wovon später noch die Rede sein soll. Insofern wird die Prozedur der Pseudogenerierung, die damit zusammenhängt, daß man über die Zugfolge zurückkehrt und den Ast des Hilfsbaumes, in dem die Zugfolge nicht bewertet wird, löscht, solange wiederholt, wie neue Negationstrajektorien ermittelt werden, was naturgemäß mit einem entsprechenden Aufwand verbunden ist.

Die Negationstrajektorie wird unbedingt in das Spiel einbezogen, wobei jedoch - wie wir im weiteren sehen werden - bestimmte Prioritäten gelten. Hinzuzufügen wäre, daß früher das Problem bezüglich der Löschung von Ästen bei der Generierung falsch gelöst wurde; es wurde der gesamte Hilfsbaum unterhalb des Knotens m gelöscht. Dies war sozusagen eine zwangsläufige Lösung, da das Programm eine Wiederholung des Zuges im Knoten noch nicht kannte. Im Jahre 1960, bei einem Vortrag in der Humbold-Universität in Berlin, bemerkte der Autor dieser Zeilen, daß ein guter Schachspieler intuitiv bei der Lösung des Problems nach der Methode der sukzessiven Approximation verfährt. Die Prozedur der Pseudogenerierung ist ein ausgezeichnetes Beispiel dafür. Somit haben wir bisher die Technik der Formierung der Spielzone im allgemeinen untersucht und können jetzt zum nächsten Abschnitt übergehen.

4.1.10 Die Positionskomponenten der Bewertungsfunktion

Die Positionsbewertung darf nicht gemittelt sein, sie muß vielmehr für jede konkrete Situation individuell bestimmt werden. Denn anderenfalls kann sie z.B. für 67 % der Positionen zutreffen, für die restlichen 33 % ist sie jedoch falsch und dies gilt eventuell auch für die aktuelle Position. Man muß Capablanca Recht geben, der in seiner Polemik mit dem Autor des Buches "Die Theorie des Mittelspiels im Schach", E. Znosko-Borovski, darauf hinwies, daß die Basis der Positionsbewertung die Kontrolle der Felder ist. Dabei erteilte Capablanca eine deutliche Absage an solche abstrakten Begriffe wie "Raum" und "Zeit".

Heute, wo der Algorithmus, mit dessen Hilfe die Spielmethoden eines guten Schachspielers realisiert werden, im wesentlichen geschaffen ist, ist man auch in der Lage, den Begriff "Kontrolle der Spielfelder" zu formalisieren. Unter einer Kontrolle der Spielfelder ist nicht die Kontrolle aller Felder des Spielbrettes gemeint, sondern die Kontrolle der Felder, die in dem b e v o r s t e h e n d e n Spiel benutzt werden könnten.

Deshalb müssen die Felder jener Trajektorien kontrolliert werden, auf denen die Figuren sich eventuell bewegen könnten, sich aber bisher noch nicht bewegt haben. In dem jeweiligen Knoten des Spielbaumes, in dem wir uns befinden, müssen alle Trajektorienbündel formiert werden, die noch nicht untersucht wurden. Dabei muß man prüfen, welche der Seiten die Mehrzahl der Felder kontrolliert, die die nicht benutzten, aber in das Spiel einbezogenen Trajektorien bilden. Dieses hilft uns, eine Prognose bezüglich des möglichen Spielergebnisses zu machen. Man kann davon ausgehen, das das sogenannte Positionsopfer zwei Materialeinheiten nicht übersteigen darf. Diese Annahme soll jedoch im Experiment noch näher untersucht werden. Insofern könnte man meinen, daß wenn eine der Seiten im jeweiligen Knoten, in dem die Zugfolge abgebrochen wurde, mehr als zwei Materialeinheiten verloren hat, die Positionsbewertung

nichts mehr ändern kann. Dies hätte zur Folge, daß die Zugfolge negativ bewertet
wird.

Diese Annahme ist jedoch falsch, da der Einfluß der Positionsbewertung auf das Minimaxing auch weiterhin bestehen bleibt. Im weiteren werden wir sehen, daß die Positionsbewertung uns hilft, das Problem bezüglich der Priorität der Einbeziehung der
Figuren und Züge (in dem jeweiligen Knoten des Spielbaumes) zu lösen. Deshalb muß parallel zur Entwicklung der Trajektorie in jedem Knoten des Spielbaumes eine Positionsbewertung vorgenommen werden. Man kann behaupten, daß die unter Kontrolle stehenden
Felder die effektive Flexibilität und Manövrierfähigkeit der Figuren bestimmen.

Eine bessere Beweglichkeit der Figuren wiederum bestimmt zum Teil das Übergewicht in
der jeweiligen Position. Man geht davon aus, daß bei der Kontrolle der Felder nur diejenigen Figuren berücksichtigt werden, die sich von dem zu kontrollierenden Feld in
einer Entfernung von nur einer Bewegung befinden. Im Falle der Blockade befindet sich
die Figur bereits auf dem jeweiligen Feld. Das Vorzeichen eines Austausches der Figuren (auf dem Feld), die an der Positionsbewertung beteiligt sind, ist für die Kontrolle des Feldes durch diejenigen Figuren entscheidend, zu deren Gunsten der Austausch erfolgt. Insofern muß die Positionsbewertung in jedem Knoten des Spielbaumes
neu berechnet werden.

Diese Prozedur ist wesentlich komplizierter als die Bestimmung der Bewertung anhand
des Spielmaterials.

Alle in das Spiel einbezogenen Trajektorienbündel, auf denen noch nicht gespielt wurde, werden bei der Bestimmung der Positionsbewertung berücksichtigt. An dieser Stelle
ist es nun notwendig, den Unterschied zwischen der Materialbewertung und der Positionsbewertung zu präzisieren. Die Materialbewertung ist im Knoten immer konstant und
hängt davon ab, wie wir uns dem jeweiligen Knoten genähert haben - von oben oder von
unten. Die Positionsbewertung kann hingegen an ein und derselben Stelle verschieden
sein, da während des Ab- bzw. Aufstiegs über die Zugfolge zusätzliche Spielzonen (bzw.
Trajektorien) in das Spiel einbezogen werden können. Mit der Einbeziehung einer neuen
Spielzone (Trajektorie) entsteht auch ein neues Trajektorienbündel, so daß sich auch
die Positionsbewertung ändert. Insofern ist die Variabilität der Positionsbewertung
der Summe der Werte der Zielobjekte ähnlich.

Man muß jedoch bemerken, daß die Bestimmung der Positionsbewertung wesentlich einfacher ist als die Formierung der Zone, da hier die Größe H_x sowohl für Weiß als auch
für Schwarz gleich 1 oder gleich 0 ist.

Die Positionsbewertung des Feldes der Trajektorie wird nur bis zum ersten Feld (ausschließlich) berücksichtigt, auf dem die Bewertung einen negativen Wert erhält - dadurch wird die Beweglichkeit der Figur auf der Trajektorie bestimmt. All dies scheint vollkommen logisch zu sein. Da die Zugfolge im weiteren nicht berechnet wird, schauen wir, was in der ersten Näherung auf den Trajektorien erreicht werden kann, die die Figur noch nicht benutzt hat. Ausgehend davon ist der Basiskoeffizient der Positionsbewertung proportional der Beziehung K_w/K_b. Dabei ist K_w und K_b die Anzahl der Felder, die entsprechend durch Weiß bzw. durch Schwarz kontrolliert werden.

4.1.11 Die Reihenfolge der Einbeziehung der am Spiel beteiligten Figuren und Spielzonen in die Generierung

Hier muß zunächst die Entscheidung getroffen werden, ob die jeweilige Spielzone in das Spiel einbezogen wird oder nicht. Hat man sich entschlossen, die Spielzone in das Spiel einzubeziehen (wie das geschieht, werden wir später sehen), stellt sich die Frage, in welcher Reihenfolge sie in die Generierung aufgenommen werden sollen.

Diese Frage ist äußerst wichtig, da von der Priorität der Einbeziehung in das Spiel die Größe des Spielbaumes abhängt. Wird die Reihenfolge der Einbeziehung ungünstig gewählt, nimmt die Größe des Spielbaumes zu. Mangelnde Überlegung führt zu einer Verminderung der maximalen Länge der Zugfolge und somit zu einer weniger tiefen Lösung der Aufgabe. Die Priorität der Einbeziehung muß von der Positionsbewertung, d.h. von der Kontrolle der Spielfelder abhängig sein. In diesem Zusammenhang scheint es uns angebracht, hier zwei neue Begriffe einzuführen:

Das **b e d r o h t e   Z i e l**. Werden in der Angriffstrajektorie alle Felder der Trajektorie und die Felder des Rückzugs des Ziels von der angreifenden Seite kontrolliert, bezeichnen wir das entsprechende Ziel als "bedrohtes Ziel". Wir gehen dabei davon aus, daß die Größe des Ziels (dem Materialwert nach) gleich dem minimalen Ergebnis des Austausches auf einem beliebigen Feld der Trajektorie ist, insofern das Ergebnis die Größe des Ziels nicht übertrifft. Wird nicht die Angriffstrajektorie, sondern eine beliebige andere Trajektorie betrachtet, können diese Begriffe ebenfalls angewandt werden, mit dem einzigen Unterschied, daß der Wert des Ziels gleich dem Wert des Ziels in der Angriffszone ist, mit der diese passierbare Trajektorie auf irgendeine Weise gekoppelt ist.

Das **S c h l a g z i e l**. Dieses Ziel entspricht einem bedrohten Ziel (auf der Stammtrajektorie des Angriffs), wobei die Trajektorie jedoch aus einer einzigen Bewegung besteht und das Ziel vernichtet werden kann, sobald die angreifende Seite das Anzugsrecht hat. Unter diesen Bedingungen kann das Ziel geschlagen werden, d.h. die Ergebnisse der Einnahme der Figur können schon im voraus exakt prognostiziert werden.

Wir wollen von folgender Priorität der Einbeziehung der Trajektorien in die Spielzonen ausgehen:
Wenn der Wert des bedrohten Ziels so groß ist, das das Spiel in der betreffenden Spielzone einen Sinn hat, dann muß zuallererst in dieser Zone gespielt werden. Existiert ein anderes bedrohtes Ziel von gleichem Wert, dann muß zuerst in der Zone gespielt werden, wo das Ziel früher erreicht wird.

Bei unterschiedlichem Wert der bedrohten Ziele spielt man zuerst in der Zone, in der das Ziel höher bewertet ist. Die Erfahrungen eines guten Schachspielers bestätigen, daß dieser Weg optimal ist, um bei minimaler Größe des Spielbaumes eine gute Entscheidung treffen zu können.

Der Begriff "Schlagziel" kann ebenfalls der Formierung eines kleinen Spielbaumes dienlich sein. Nehmen wir z.B. an, Weiß ist in der Lage, ein Ziel mit einem solchen Wert zu schlagen, daß die Zugfolge unbedingt abgebrochen wird (bzw. der Wert des Schlagziels entspricht der Differenz der Schlagziele der Weißen und der Schwarzen), dann ist es überflüssig, die Zugfolge fortzusetzen und das Ziel zu schlagen, da ohnehin alles klar ist.

Nehmen wir einen anderen Fall:

Es existiert ein Schlagziel und ein bedrohtes Ziel der gleichen Farbe, dann soll man zuerst auf das bedrohte Ziel hin spielen, da das Schlagziel eventuell noch warten kann. Nicht nur die Verwendung bedrohter Ziele und Schlagziele bezüglich der Stammtrajektorie dient der Beschränkung des Spielbaumes; dieses Verfahren kann bezüglich einer beliebigen Trajektorie angewandt werden.

Nehmen wir an, wir werden nach der Formierung eines Trajektorienbündels mit der Frage konfrontiert, welchem der Trajektorienbündel nun der Vorzug gegeben werden soll?

Die Antwort liegt klar auf der Hand:

Wir wählen die Trajektorie, bei der alle Felder kontrolliert werden; und von diesen Trajektorien diejenige, die am kürzesten ist. Soll eine Entscheidung darüber getroffen werden, in welchem Trajektorienbündel man zuerst spielen soll, verfahren wir auf die gleiche Weise. Die G a b e l f ö r m i g k e i t der Trajektorien entscheidet ebenfalls über die Priorität der Einbeziehung der Trajektorie in die Generierung.

Falls die Trajektorien in irgendeinem Bereich übereinstimmen bedeutet dies, daß die Figur, die sich auf dem übereinstimmenden (gabelförmigen) Teil der Trajektorie bewegt, um so schneller vorwärts kommt, je mehr Trajektorien miteinander übereinstimmen.

Dieser Umstand ist ebenfalls bei der Bestimmung der Priorität der Einbeziehung zu berücksichtigen, jedoch in einem geringeren Maße, als die oben erwähnten Faktoren. Die gewählte Positionsbewertung - sie entspricht der Beziehung zwischen der Summe der Werte der kontrollierten Trajektorienfelder (bis zum ersten nichtkontrollierten Feld) der Weißen und der Schwarzen - gibt Auskunft über die Beweglichkeit der Figuren, d.h. über ihre Manövrierfähigkeit. Dies ist selbstverständlich sehr wichtig, reicht aber für eine (echte) Positionsbewertung noch nicht aus. Es müssen noch weitere Komponenten der Positionsbewertung existieren. Eine dieser Komponenten ist zweifellos das Verhältnis zwischen der Summe der Werte der bedrohten Ziele, da es ebenfalls die Erfolgschancen unterhalb der Wurzel des beschränkten Spielbaumes prognostiziert.

Man muß aber auch die Zeit berücksichtigen, die für die Bewegung der angreifenden Figur auf den bedrohten Trajektorien erforderlich ist. Je kleiner diese Gesamtzeit ist, desto besser ist es. Insofern muß das Verhältnis zwischen diesen Gesamtzeiten ebenfalls berücksichtigt werden. Dies gilt vor allem offensichtlich bei einer Gleichheit des Gesamtwertes der bedrohten Ziele (für Schwarz und Weiß);genaueres darüber wird man jedoch erst nach der Durchführung der entsprechenden Experimente sagen können.

Zusammenfassend kann man sagen, daß bei der Bewertung drei "klassische" Faktoren berücksichtigt werden:
Das Material, der Raum und die Zeit - es sind aber nicht dieselben Faktoren, von denen in den Schachbüchern die Rede ist...

4.1.12 Die Einbeziehung der Spielzone in das Spiel

Das Problem der Einbeziehung der Spielzone in das Spiel muß in der Regel in einem möglichst tiefliegenden Knoten des Hilfsbaumes der Generierung gelöst werden. Das heißt, die Zugfolge wird im Prozeß der Generierung bis zum Ende berechnet, wonach anschließend, beim Aufstieg über die Zugfolge, im ersten Knoten von unten eine Entscheidung bezüglich der Einbeziehung der Spielzone getroffen wird. Insofern müssen in der Regel unterhalb des Knotens, in dem die Frage bezüglich der Einbeziehung der Spielzone gestellt wird, alle früher aufgekommenen Fragen bezüglich der Einbeziehung der Zone bereits geklärt sein.

Das heißt, unterhalb des oben erwähnten Knotens muß alles "klar" sein. Im Prozeß der Generierung der Züge kann im Bereich des Horizontes H_L eine Vielzahl neuer "Sichtungen" entstehen, wobei die Figur einer Farbe eine Figur des Gegners "sichtet" (d.h. es wird eine Trajektorie gesichtet). Dieses führt zur Entstehung eines Bündels von Stammtrajektorien, wonach unweigerlich die Frage auftaucht: Soll man die Zone in das Spiel einbeziehen oder nicht? Die Zone soll dann nicht in das Spiel einbezogen werden, wenn ihre Einbeziehung keine Verbesserung der Bewertung der LOZ verspricht.

Man kann diesbezüglich folgende Regel aufstellen:

Die Zone soll nicht in das Spiel einbezogen werden, wenn eine der beiden Bedingungen erfüllt wird:

1. Es steht von vornherein fest, daß die Figur nicht in der Lage sein wird, das α_k-Feld ihrer Stammtrajektorie zu erreichen.

2. Es steht von vornherein fest, daß eine Einbeziehung der Zone in das Spiel die Bewertung der LOZ nicht verändert.

Ob eine dieser Bedingungen gegeben ist, wird folgendermaßen festgestellt. Nehmen wir an, daß unterhalb des Knotens, in dem die Frage bezüglich der Einbeziehung der Zone zu entscheiden ist, der Hilfsbaum bereits aufgebaut ist. Zuallererst überzeugen wir uns, daß die Zone in die zu untersuchende Zugfolge noch nicht einbezogen ist. Zu diesem Zweck wird eine Prozedur eingeführt, die wir als "Ampelverfahren" bezeichnen: Der Zug, der nur einer Spielzone angehört, wird im Spielbaum mit der Marke dieser Zone gekennzeichnet. Sobald nun bei der Prüfung eine Übereinstimmung der Spielzone mit der Marke festgestellt wird, "leuchtet" ein rotes Licht auf, gehört der Zug mehreren Spielzonen an, erhalten wir grünes Licht.

Wir möchten noch einmal unterstreichen: Da es sich hier um eine Verbesserung der Bewertung der LOZ handelt, ist es, um eine Antwort auf die erste Frage zu erhalten, nicht notwendig, alle Zugfolgen des Hilfsbaumes zu untersuchen. Wenn wir den Hilfsbaum unterhalb des weißen Knotens untersuchen und dabei eine Entscheidung bezüglich der Einbeziehung der weißen Spielzone treffen, müssen wir die Sichtungen berücksichtigen, wobei wir nur die Zugfolgen untersuchen, die in den schwarzen Knoten mit der LOZ übereinstimmen (s. Abb. 8).

Eine Untersuchung der anderen Zugfolgen ist überflüssig, da eine positive Veränderung der Bewertung dieser Zugfolgen nicht in der Lage ist, das Ergebnis des Minimaxing positiv zu beeinflussen. Einigen wir uns darauf, daß die Untersuchung dieses Teiles des Hilfsbaumes ein positives Ergebnis gebracht hat - die Figur ist in der Lage, rechtzeitig zum α_k-Feld zu gelangen. Nun müssen wir eine Antwort auf die zweite Frage finden: Ist eine Einbeziehung der Zone in das Spiel imstande, das Ergebnis des Minimaxing, d.h. die Bewertung der LOZ zu verbessern? Wir untersuchen einen allgemeinen Fall, wie er in der Abb. 9 illustriert wird.

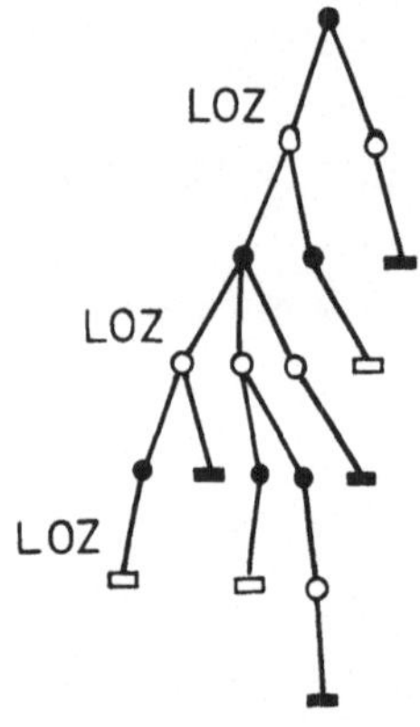

Abb. 8

Welche Zugfolgen sollen
verbessert werden?
(s. fette Linieführung).

  Ende der Zugfolge im weißen Knoten;

  Ende der Zugfolge im schwarzen Knoten.

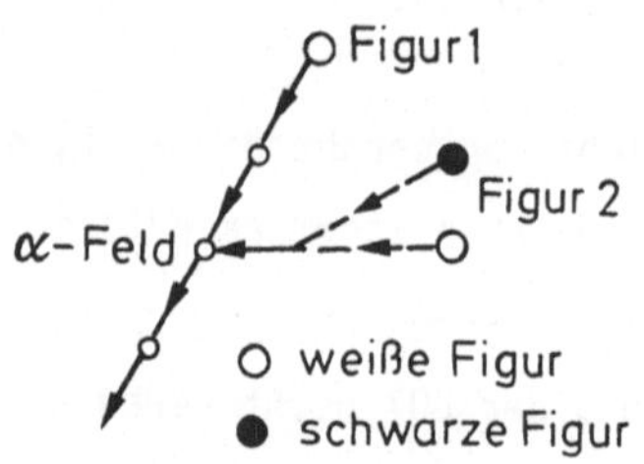

Abb. 9

Zum Problem der Einbeziehung der
Zonen in das Spiel

Die Trajektorie der Figur 1 verläuft durch das α-Feld. Im Prozeß der Generierung kann
es vorkommen, daß diese Figur das Feld passiert oder es findet hier ein Austausch
statt. Wenn die Figur 1 auf das α-Feld kommt, sieht die Figur 2 (sei sie nun derselben oder der gegnerischen Farbe) diese innerhalb des Horizontes H_L; eine Untersuchung
der Zugfolgen muß nun zeigen, ob die Figur 2 imstande ist, das α_k-Feld ihrer Trajektorie (das α-Feld der Trajektorie der Figur 1) rechtzeitig zu erreichen. Mit dieser
Frage werden wir konfrontiert, wenn die Figuren 1 und 2 von unterschiedlicher Farbe
sind; sind die Figuren von derselben Farbe, geht man davon aus, daß die Figur stets in
der Lage ist, das α-Feld rechtzeitig zu erreichen.

Nun muß man entscheiden, ob man die Zone mit der Figur 2 in das Spiel einbeziehen soll
oder nicht? Es kann sich hierbei um eine Zone der Kontrolle, der Blockade oder des Angriffs handeln. Wie soll man das aber feststellen?

Wir untersuchen einen Fall, bei dem es sich um eine Zone der Kontrolle mit der Figur 2
handelt. Dabei gibt es zwei Möglichkeiten:

1) Auf dem α-Feld wurde ein Austausch vorgenommen, an dem die Figur 1 beteiligt war.

2) Die Figur 1 passiert das α-Feld und ist an einem späteren Austausch beteiligt.

Im ersten Fall wird die schwarze Figur 2 in den Austausch auf dem α-Feld einbezogen,
wodurch das Ergebnis des Austausches (für Schwarz) auf dem α-Feld verbessert werden
kann. Ist der Gewinn infolge des Austausches insgesamt größer als die Bewertung der
LOZ, muß die Zone in die MP einbezogen werden, da die Hoffnung besteht, daß dadurch

eine Verbesserung der Bewertung der LOZ erreicht wird.

Im zweiten Fall besteht die maximale Hoffnung darin, daß die weiße Figur 1 aus diesem Austausch ausgeschlossen werden kann, der weiter unten in der Zugfolge vorgenommen wird, nachdem die Figur 1 das α-Feld passiert hat.

Dies kann zu einer Verbesserung des Ergebnisses für Schwarz führen. Ist der Gewinn infolge der Veränderung des Austauschergebnisses zusammen mit der Endbewertung der Zugfolge größer als die Bewertung der LOZ, dann ist es auch in diesem Fall sinnvoll, die Frage bezüglich der Einbeziehung der schwarzen Figur in die MP positiv zu entscheiden. Auf dieselbe Weise trifft man die Entscheidung bezüglich der Einbeziehung anderer Zonen in das Spiel; im obigen Fall war die Rede nur von der Einbeziehung der Zone der Kontrolle in die MP.

Man muß berücksichtigen, daß nach der Untersuchung des Hilfsbaumes eine Vielzahl solcher Zonen - Kandidaten für eine Einbeziehung in die Generierung - existieren kann, und für die Verkleinerung des Spielbaumes ebenfalls die Prioritäten gewählt werden müssen. Die Bestimmung solcher Zonen und die Bestimmung der Priorität ihrer Einbeziehung in die Generierung ist eines der kompliziertesten Probleme des Algorithmus. Ausgehend davon muß man bei einer Sichtung, die beim Abstieg über die Zugfolge gemacht wird, in der Regel den Spielbaum der Generierung unterhalb des Knotens, in dem die Entscheidung bezüglich der Einbeziehung der Spielzone getroffen wurde, weiterkonstruieren, da eine Lösung dieses Problems anderenfalls nicht möglich ist.

In Fällen hingegen, in denen zweifellos feststeht, daß die Figur 2 das α-Feld rechtzeitig erreicht und daß die Bewertung der LOZ höher sein kann als die bereits erhaltene Bewertung, muß die Zone sofort in das Spiel einbezogen werden.

4.1.13 Die Wiederholung des Zuges

Es war bereits die Rede davon, daß entsprechend der allgemein gültigen Regeln bezüglich der Formierung des Spielbaumes eine Wiederholung des Zuges vollkommen sinnlos ist. In der Tat, warum sollte man einen Zug wiederholen, der bereits einmal untersucht wurde? Eine Untersuchung des Zuges ist tatsächlich sinnlos, wenn $H_L < 3$ ist, da in diesem Fall die Trajektorie aus einer einzigen Bewegung besteht. Mit solch einem Horizont arbeiteten alle bisher bekannten Schachprogramme.

Wenn aber der Horizont $H_L \geq 3$ ist und die Trajektorie somit aus mehr als einer Bewegung besteht, kann die Wiederholung eines Zuges nötig sein. Die Wiederholung des Zuges ist dann sinnvoll, da nicht der einzelne Zug, sondern die Bewegung der Figur auf der Trajektorie insgesamt das Wichtigste ist. Wenn die MP sich im Knoten geändert hat und es ist eine neue Trajektorie entstanden, in der der erste Zug mit dem Zug einer Trajektorie übereinstimmt, die bereits früher in die MP einbezogen wurde und auf der sich die Figur bereits bewegt hat, ist eine Wiederholung des Zuges nicht nur sinnvoll, sondern auch notwendig. Dabei wird die MP sich im Knoten, in dem der Zug wiederholt wird, von der früheren MP unterscheiden, die laufende Materialbewertung bleibt dabei jedoch unverändert.

4.1.14 Die Tiefe der Generierung

Zuallererst muß man sich überlegen, auf welche Weise die maximale Tiefe der Zugfolgen bestimmt werden kann. Im Gegensatz zum Horizont H_L kann sich die Tiefe der Generierung von Zug zu Zug verändern; das hängt damit zusammen, daß eine Veränderung des Horizontes ein verhältnismäßig grobes Verfahren der Einflußnahme auf die Effizienz des Programms ist; eine Veränderung der Tiefe der Generierung hingegen ist ein feines Verfahren (da hierbei stets die Beziehung $D_L > H_L$ gilt). Wir bestimmen die Tiefe der Generierung anhand der Zeit, die für Überlegungen in dem vorausgegangen Stadium der Partie erforderlich war, d.h. anhand der "summierten" Zeit; hauptsächlich aber anhand der Zeit, die erforderlich war für die Überlegung des vorausgegangenen Zuges.

In erster Näherung handeln wir lediglich abhängig von der Zeit, die für den vorausgegangenen Zug erforderlich war. Wenn für den vorausgegangenen Zug mehr als drei Minuten erforderlich waren, wird die Größe D_L reduziert; waren für den Zug weniger als 3 Minuten erforderlich, wird D_L vergrößert. Die Größe der Verminderung (bzw. der Vergrößerung) der Tiefe soll experimentell ermittelt werden. Wir gehen davon aus, wie die Größe D_L für die Wahl der Angriffszonen benutzt wird, die in das Spiel, d.h. in die MP einbezogen werden (aus der Menge der Zonen, die in das Spiel bzw. in die MP einbezogen wurden).

Alle anderen Zonen werden "eingefroren". Nehmen wir an, in die Generierung im betreffenden Knoten werden nur die Angriffszonen einbezogen, deren Ziele (auf den Stammtrajektorien) in der Zeit, die für das Erreichen der maximalen Länge übrig geblieben ist, vernichtet werden können.

Entspricht diese Zeit beispielsweise x Halbzügen und zwei beliebige Ziele können jedoch in der minimalen Gesamtzeit t und t ≤ x vernichtet werden, dann können beide Zonen mit diesen beiden Zielen in die Generierung einbezogen werden. Gilt jedoch t > x, dann kann in die Generierung nur eine der beiden Zonen einbezogen werden (bzw. irgendeine andere Zone, die der Bedingung t ≤ x genügt). Da jenseits der maximalen Länge nicht mehr der Materialgewinn, sondern nur die Positionsbewertung wirkt, werden nur diejenigen Zonen einbezogen, bei denen Hoffnung besteht, daß das Ziel innerhalb des beschränkten Spielbaumes geschlagen werden kann.

Ein gutes Beispiel dafür: Ein Windhund wählt aus einer Vielzahl von Hasen denjenigen als Ziel, dem es nicht gelingen wird, im Wald zu verschwinden; hinter denjenigen, die näher zum Wald sind, wird er gar nicht hinterherjagen...

Somit wird, wenn die Generierung die Tiefe D_L erreicht, x naturgemäß zu Null und mit der Formel $t \le x$ stellt man fest, daß keine der Spielzonen weiter analysiert zu werden braucht (genauer betrachtet kann diese Bedingung schon früher erfüllt sein, worauf wir später noch zurückkehren wollen). In unserem Fall wird die Generierung auf der Tiefe D_L, falls eine verwundbare Zone existiert, und in manchen Fällen (so z.B. bei einem Angriff auf den König) auch im Falle, wenn teilweise verwundbare Zonen existieren (so z.B. wenn die Zone des Rückzugs verwundbar oder nur teilweise verwundbar ist), weiter fortgesetzt.

Wir betrachten nun den Fall, wenn die Bedingung $t < x$ nicht erfüllt wird und die bedingte maximale Tiefe noch nicht erreicht ist. In diesem Fall besteht in den Grenzen des beschränkten Spielbaumes keine Hoffnung auf Materialgewinn, wenn das Spiel auf der Stammtrajektorie erfolgt (falls die Zonen unverwundbar sind, wie es eben oben erwähnt wurde); insofern ist es sinnlos, auf der Stammtrajektorie zu spielen. In diesem Fall empfiehlt es sich, auf den Negationstrajektorien zu spielen (bzw. auf den Stammtrajektorien der konjugierten Zonen), welche der Bedingung $t \le x$ genügen.

Obwohl es scheinen mag, daß ein Materialgewinn innerhalb des beschränkten Spielbaumes (mit der Tiefe D_L) nicht zu erzielen ist, kann sich eine solche Schlußfolgerung als ein Fehlschluß erweisen. Dies ist der Fall, wenn das Spiel auf den Negationstrajektorien bzw. auf den Stammtrajektorien der gekoppelten Zonen dazu führt, daß irgendeine Stammtrajektorie verwundbar wird (unter den Bedingungen wie sie eingangs erwähnt wurden) - in diesem Fall kann die Generierung auf die maximale Tiefe fortgesetzt werden. Wenn überhaupt keine verwundbaren Trajektorien existieren und für die übrigen Trajektorien die Bedingung $t \le x$ nicht erfüllt wird, muß die Zugfolge vor dem Erreichen der maximalen Tiefe abgebrochen werden. Im Grunde genommen ist die Tiefe D_L dem Wesen nach nicht die maximale Länge der Zugfolge; sie übt lediglich mittelbar einen Einfluß auf die Länge der Zugfolge aus. Allem Anschein nach verfährt auch ein guter Schachspieler auf diese Weise - auch bei ihm existiert in Wirklichkeit keine feste Länge der Zugfolgen...

Versuchen wir nun eine Antwort auf folgende Frage zu geben: Wie soll man mit einer aufgrund der Materialbewertung abgebrochenen Zugfolge verfahren?

Der Wert welcher Ziele bildet die Summe (Σm) der Ziele, die in der Abbruchsformel enthalten ist?

Zweifellos ist es nur der Wert solcher Ziele, die der Bedingung t ≤ x genügen; sei es nun aufgrund der Stammtrajektorien oder irgendwelcher anderer Trajektorien, die zu der Zone gehören, in der gespielt wird. Dieses ist das größte Material, das zu gewinnen ist, wobei man berücksichtigen muß, daß der Wert der verwundbaren Ziele (ebenso der Wert der teilweise verwundbaren Ziele) zusätzlich zu der Summe Σm addiert wird. Daraus folgt, daß der Abbruch der Generierung aufgrund von drei Faktoren erfolgt - des Materials, der Zeit und der Kontrolle der Felder, d.h. der Verwundbarkeit der Ziele. Auf die gleiche Weise wird die Formel für den Abbruch von Ästen bzw. Zugfolgen überprüft.

Nun muß man noch den Unterschied zwischen einer Partie und einer Studie näher untersuchen.

Bei der Bestimmung des Zuges in einer Position einer Partie wird dem Wert der optimalen Zugfolge keine Beschränkung auferlegt. Insofern übt das Materialverhältnis in der Ausgangsposition keinen Einfluß auf die Bestimmung des Zuges aus. Bei einer Studie hingegen ist es anders; hier wird von vornherein eine konkrete Aufgabe gestellt - Sieg oder Unentschieden. Deshalb muß man bei der Studie das ursprüngliche Materialverhältnis berücksichtigen. Dieses Materialverhältnis hat einen Einfluß auf den Wert der Ziele, die es anzugreifen gilt, und erlaubt den Ausschluß bestimmter Ziele aus der Generierung und damit auch eine Reduzierung der Generierung.

4.1.15 Der Abbruch von Ästen

Beim Aufstieg über die Zugfolgen soll man die Generierung, d.h. die Formierung neuer Äste nicht bedingungslos fortsetzen. Man muß zuerst immer klären, ob es nicht möglich ist, die noch nicht formierten Äste abzubrechen.

Dieser Abbruch der Äste sollte nicht mit dem Abbruch der Zugfolgen verwechselt werden. Der Abbruch der Zugfolgen erfolgt im allgemeinen nach folgender Formel (s. Abb. 1o):

$$- cm_T \geq \Sigma m_w + \Sigma m_b \, ,$$

dabei sind Σm_w und Σm_b die Summen aller Werte der Ziele der weißen und schwarzen Figuren. Befindet man sich an einem Knoten, bei dem Weiß Zugrecht hat, so ist $c = +1$ und beim Zugrecht für Schwarz $c = -1$; m_T ist der laufende Wert beim Abstieg über die Zugfolge. $m_T = M_w - M_b$, dabei sind M_w und M_b die Summen der Werte der weißen und der schwarzen Figuren auf dem Spielbrett in der jeweiligen Situation.

Der Abbruch einer Zugfolge erfolgt unabhängig von der endgültigen Bewertung der anderen Zugfolgen und unabhängig von der Bewertung der LOZ, d.h. unabhängig von dem Ergebnis des Minimaxing.

Der Abbruch der Zugfolge ist mit der Zielsetzung im Spiel und mit dem Wert der Ziele verknüpft.

Der Abbruch von Ästen hat hingegen einen völlig anderen Sinn, obwohl in einem Fall dieser Abbruch äußerlich betrachtet von gleicher Art ist, wie der Abbruch einer Zugfolge: Dieser Abbruch wird lediglich vorgenommen, um beim Minimaxing unnötige Arbeit zu sparen, d.h. der Abbruch steht in einem direkten Zusammenhang mit der Prozedur des Minimaxing. Die Formel des Abbruchs hat in dem Fall, in dem Weiß Zugrecht hat, folgende Form:

$$m_{TOB} \geq m_T + \Sigma m_b \, ,$$

anderenfalls hat sie die Form:

$$- m_{TOB} \geq m_T + \Sigma m_w.$$

Dabei ist m_{TOB} die während des Minimaxing nach oben übertragene endgültige Bewertung der Zugfolge, die wir als laufende optimale Zugfolge bezeichnen.

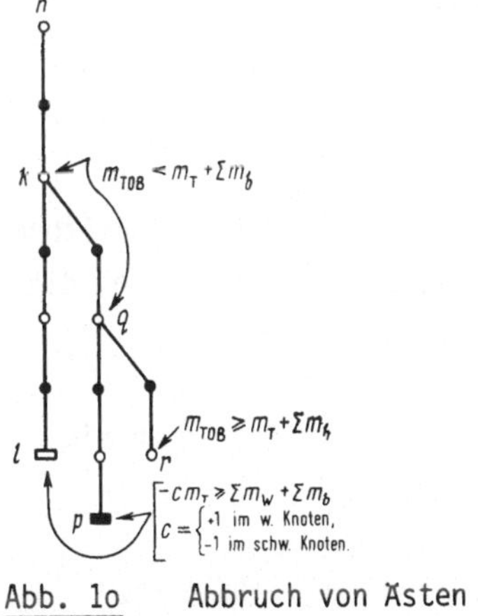

Abb. 1o   Abbruch von Ästen

In dieser Formel wird aufgrund des Prinzips der Hoffnung die Bewertung der bereits erreichten LOZ mit der maximalen Bewertung verglichen, die eventuell noch erreicht werden könnte.
Wenn die Bewertung der neuen LOZ nicht größer ist als die der alten, wird der Ast abgebrochen.
Der Abbruch eines Astes ist zu einem beliebigen Zeitpunkt möglich.

Deshalb kann bereits der erste Ast im Knoten abgebrochen werden - dann scheint es so, als ob der gesamte Knoten bzw. alle Äste in dem jeweiligen Knoten abgebrochen würden, und man kann den Abbruch nach außen hin nicht von einem Abbruch der Zugfolge unterscheiden. Der Abbruch kann auch in einem beliebigen Ast des jeweiligen Knotens beginnen. Im linken Teil der Formel des Abbruchs steht die Bewertung der LOZ. Ihr Wert muß in der Zugfolge maximal gewählt werden, auf diese Weise kann sie sowohl mit der Zugfolge, in der der Abbruch erfolgt, als auch mit dem in der Zugfolge höher liegenden Knoten verknüpft werden.

Wir wollen versuchen, dies anhand eines Beispiels zu illustrieren.

Aus dem Knoten n erfolgt ein Abstieg über die Zugfolge bis zum Knoten 1, in dem die
Zugfolge abgebrochen wird (der Abbruch erfolgt aufgrund der gleichen Formel wie im
Punkt p). Beim Aufstieg zum Knoten k wird festgestellt, daß in der MP in diesem Knoten ein neuer Ast konstruiert werden kann. Wir wenden die Formel des Abbruchs an, wo
bei wir feststellen, daß die Ungleichung ein entgegengesetztes Vorzeichen aufweist,
also muß der Ast konstruiert werden. Wir setzen den Abstieg über die Zugfolge zum
Ast p fort, wo die Zugfolge abgebrochen wird, und kehren zum Knoten q zurück; auch
hier erhalten wir mit Hilfe der Abbruchformel ein negatives Ergebnis. Anschließend
steigen wir zum Knoten r ab, in dem die Abbruchformel eine Beendigung der Formierung
der Äste feststellt. Nun bleibt nur noch, das Glied   im rechten Teil der Abbruchformel zu bestimmen. Diese Aufgabe ist relativ schwierig; offensichtlich können hier sowohl die Werte der bedrohten Ziele (und zwar sowohl der in das Spiel einbezogenen, als
auch der nicht einbezogenen, deren Einbeziehung weiter unten erfolgen kann) als auch
die Werte der Schlagziele enthalten sein.Die endgültige Antwort auf diese Frage kann
aber erst in einem Experimet erhalten werden. Nebenbei sei bemerkt, daß man dasselbe
auch bezüglich der Abbruchformel sagen kann. Im rechten Teil der Ungleichung, in
$\Sigma m_w + \Sigma m_b$, dürfen nicht alle Werte der weißen und der schwarzen Ziele enthalten sein,
aber auch dies zu klären, bleibt einem Experiment vorbehalten.

4.1.16 Die drei Zustandsformen der Spielzone - die funktionelle MP

Im Prozeß der Generierung verändert die MP ihre Form, und es entstehen neue Spielzonen;
die MP wächst und mit ihr wächst auch der Umfang der auszuwertenden Information, dies
wiederum führt zu einer deutlichen Verminderung der Effizienz des Programms.

Aus diesem Grunde muß die Spielzone nur dann in die MP einbezogen werden, wenn sie
tatsächlich notwendig ist und sonst muß sie ausgeschlossen werden.

Von diesem Standpunkt aus betrachtet kann die Spielzone während ihrer "Existenz" folgende Zustandsformen aufweisen:

1. Die Spielzone ist in die MP einbezogen.
   Sie nimmt an allen Vorgängen innerhalb der MP teil - sei es nun die Positionsbewertung, die Bestimmung der Priorität, die Bestimmung der Gabelförmigkeit usw. Die
   Information bezüglich der Einbeziehung der Zone in die MP wird gespeichert und
   ausgewertet.

2. Die Spielzone wird beim Abstieg über die Zugfolge aus der MP ausgeschlossen.
   Dies kann aus folgenden Gründen geschehen:
   Die α_0-Figur wurde entweder vernichtet oder sie hat das α_0-Feld verlassen (ohne das
   α_1-Feld zu besetzen); dasselbe ist auch mit der α_k-Figur geschehen (bzw. mit dem
   α_k-Feld, falls die Rede von einer Stammtrajektorie des Angriffs ist). In diesen

Fällen geht man davon aus, daß die Spielzone eingefroren wird und alle Information bezüglich der Spielzone von der Information bezüglich der MP getrennt werden muß. Man darf nicht vergessen, daß diese eingefrorene Information, die zum gegenwärtigen Zeitpunkt nicht ausgewertet zu werden braucht, beim Aufstieg über die Zugfolge (im Knoten der unmittelbar über dem Knoten liegt, in dem die Zone eingefroren wurde) zum gegebenen Zeitpunkt aufgetaut und in die MP einbezogen werden muß.

3. Bei einem weiteren Aufstieg über die Zugfolge, nach dem Passieren des Knotens, in dem beim Abstieg die Zone erstmals festgestellt wurde, wird diese Zone im Speicher des Rechners gelöscht, da sie in der Regel nicht mehr erforderlich ist.

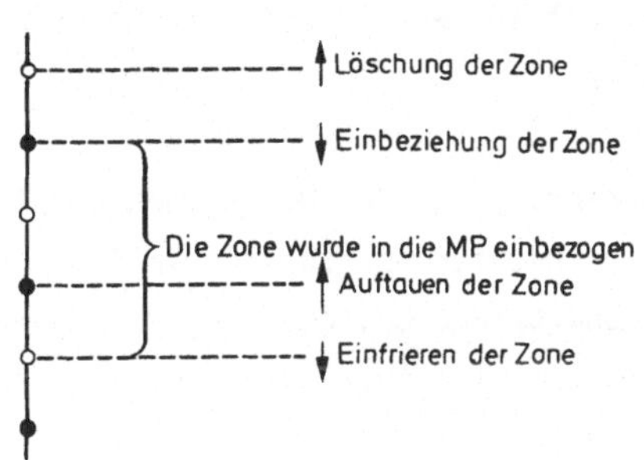

Abb. 11 Zustandsformen einer Spielzone:
beim Abstieg über die Zugfolge;
beim Aufstieg über die Zugfolge

Insofern enthält die MP nur solche Zonen, wie sie im Fall 1. (s. Abb. 11) beschrieben werden.

Dies führt zu einer starken Reduzierung der MP; die MP ist in der Lage, sich sowohl beim Aufstieg als auch beim Abstieg in der Spielzone von Knoten zu Knoten zu verändern. Eine solche MP bezeichnen wir als *funktionelle MP*.

Man muß darauf hinweisen, daß alles, was oben über die eingefrorene Spielzone gesagt wurde, sich auch auf die eingefrorenen Negationstrajektorien bezieht - diese müssen ebenfalls gespeichert werden, wie die ihnen ähnlichen Spielzonen.

Bei der Behandlung der Trajektorien ist die Lage jedoch komplizierter: Bereits eingefrorene Negationstrajektorien einer noch in das Spiel einbezogenen Zone müssen jedesmal, wenn die Frage bezüglich der Formierung einer neuen Negationstrajektorie zu lösen ist, neu betrachtet werden, damit nicht etwa eine bereits früher formierte, später aber eingefrorene Trajektorie neu formiert wird. Insofern müssen die Spielzonen, welche den Fällen 1. und 2. entsprechen, gespeichert werden, analysiert wird jedoch nur die Information, die sich auf den Fall 1. bezieht. Die funktionelle MP verändert sich im Prozeß der Generierung von Knoten zu Knoten. Eine solche MP wird auch bei der Bestimmung der Positionsbewertung und bei der Bestimmung der Priorität der Einbeziehung der Trajektorien in die Generierung angewandt. Eine besonders wichtige Rolle spielt dabei die funktionelle MP in den Knoten, in denen die Zugfolge zwangsweise beendet wird.

Zu diesem Thema wollen wir im nächsten Abschnitt übergehen.

4.1.17 Die Speicherung der MP

Wenn als Ergebnis des Minimaxing die optimale Zugfolge ermittelt wird, auf der der
Zug aus der Ausgangsposition vollzogen wird, braucht man, wenn die Antwort des Gegners
dieser optimalen Zugfolge entspricht, die Generierung nicht aus einer neuen Ausgangsposition zu beginnen.

Wenn wir die Generierung aus der Wurzel des erhalten gebliebenen Hilfsbaumes neu beginnen würden (der andere, überflüssige Teil des Hilfsbaumes wurde gelöscht), wäre
dies eine unwirtschaftliche Entscheidung. Wir überzeugen uns zuerst, daß die früher
erhaltene optimale Zugfolge (bzw. die Menge der Zugfolgen) auch in der neuen Position
optimal ist - was wahrscheinlich ist, da der Gegner ebenfalls auf dieser Zugfolge gespielt hat.

Um dies festzustellen, muß man zum Endknoten zurückkehren und die Generierung in dem
erhalten gebliebenen Hilfsbaum von diesem Knoten aus wiederholen. Um bei der Generierung von eben diesem Knoten "ausgehen" zu können, müssen wir die MP kennen, die früher in diesem Knoten existierte.

Offensichtlich muß man hierfür schon von vornherein die MP in den Endknoten der LOZ
speichern. Im Prozeß der Formierung des Spielbaumes müssen im Speicher diejenigen MP
gespeichert werden, die den Endknoten der optimalen Zugfolgen (falls es mehrere sind)
oder der optimalen Zugfolge (falls es nur eine ist) entsprechen.

4.1.18 Technisches Problem

Wir untersuchen nun eines der technischen Probleme, welches ebenfalls Einfluß auf den
Aufbau eines kleinen Spielbaumes haben kann.

Wird in der Zugfolge eine Position wiederholt, die früher in einer a n d e r e n
Zugfolge bereits bewertet wurde, kann es vorkommen, daß es überflüssig ist, diese Zugfolge fortzusetzen, da ihre Bewertung bereits bekannt ist. Man muß sich jedoch überzeugen, daß nicht nur die Positionen, sondern auch die MP's in diesen Knoten übereinstimmen.

Wir prüfen dies auf indirekte Weise anhand der Übereinstimmung der Priorität der Einbeziehung der Züge in die Generierung. Wird die Position in derselben Zugfolge wiederholt, ist es aufgrund der Spielregeln ebenfalls sinnlos, diese Position zu wiederholen
- in diesem Fall muß die Zugfolge als unentschieden bewertet werden. Ob eine Position

sich wiederholt, stellen wir bei der Formierung der Bibliothek der laufenden Positionen fest. Diese Bibliothek ist verhältnismäßig klein, da die Knotenzahl im Spielbaum gering ist.

4.2. Die Anwendung von Erfahrungswerten

Wenn ein Schachspieler eine Partie spielt, bedient er sich dabei der in der Vergangenheit gesammelten Erfahrungen - sowohl der eigenen als auch fremder - wobei er unterschiedliche Methoden anwendet.

1. Die sogenannte "Papagei"-Methode

Dieses Verfahren ist für die Partie in ihrem Anfangsstadium charakteristisch. Die Eröffnungstheorie ist in einem gewissen Maße über jeden Zweifel erhaben, und ein Schachspieler vollzieht diese Züge bei der Eröffnung ohne sich viel Gedanken darüber zu machen, d.h., er handelt wie ein Papagei bei seinen "Sprachübungen".

2. Die Informationsmethode

Im Verlauf der Partie sucht ein guter Spieler in seinen gesammelten Kenntnissen nach einer Position, die mit der jeweiligen Position im Spielbaum übereinstimmt. Diese Positionen sind bereits bewertet; im Falle einer Übereinstimmung der Positionen kann man die Zugfolge sofort abbrechen, da die Bewertung der Zugfolge bereits bekannt ist. Diese Methode der Anwendung der Erfahrungen aus der Vergangenheit ist vor allem für das Endspiel charakteristisch, kann sich aber auch im Eröffnungsspiel als erfolgreich erweisen, zum Beispiel bei der Umformierung der Züge.

3. Die Methode, die darauf beruht, daß man zu einer Position strebt, wie sie bei
    2. angewandt wird

In diesem Fall sucht der Spieler nach Positionen mit einer guten Bewertung, die der gegebenen Position ähnlich ist. Ist eine solche Position gefunden, formiert er die Generierung so, daß er diese Position nach Möglichkeit auch im Spielbaum erhält. Danach wendet er die Methode 2. an. Insofern ist diese Methode auch für das Endspiel und möglicherweise auch für die Eröffnung charakteristisch.

4. Die assoziative Methode

Diese Methode beruht auf einer teilweisen Übereinstimmung der Position im Spielbaum mit den "Bibliothekspositionen". Der Spieler sucht nach einem "Positionsfragment", d.h. nach einer kleinen Gruppe von Figuren, deren Aktion früher bereits zum Erfolg führte. Wenn in der Spielbaumposition die gleiche Gruppe von Figuren existiert wie im Fragment,

wird der Schachspieler in erster Linie die Figuren aus diesem Fragment in die Generierung einbeziehen, um zu prüfen, ob dies eventuell auch dieses Mal zum Erfolg führt.
Wenn das Fragment bereits früher des öfteren zum Erfolg führte, wird es wahrscheinlich
auch dieses Mal zum Erfolg führen.

Die Methode 4. bestimmt die Richtung der Generierung und erlaubt in der Regel einen
wirtschaftlichen Umgang bei der Formierung des Spielbaumes mit den zur Verfügung stehenden Möglichkeiten.

Die assoziative Methode ist offensichtlich das einzige Verfahren, das die Erfahrungen
der Vergangenheit im Mittelspiel und im komplizierten Endspiel anwendet.

4.2.1 Die Eröffnungsbibliothek

Beim "PIONIER" - so nannten wir unser Schachprogramm, das aufgrund dieses Algorithmus
geschaffen wurde - ist die Eröffnungsbibliothek nicht groß und die für die Anwendung
der Bibliothek typische "Papagei"-Methode, die sonst bei allen Programmen angewandt
wird, welche über eine Eröffnungsbibliothek verfügen, steht somit in einer nur schwa-
chen Beziehung zu unserem Problem.

Die Länge der Eröffnungsvarianten ist bei "PIONIER" auf 12 Halbzüge beschränkt. Man
geht davon aus, daß darüberhinaus bereits die Formierung des Spielbaumes beginnt. Die
Liste der Eröffnungen ist ebenfalls auf ein Minimum beschränkt.

Es ist vorgesehen, die Eröffnungsbibliothek später zu erweitern; im Prinzip ist
"PIONIER" jedoch in der Lage, selbst zu lernen, so daß es auch imstande ist, die Bibliothek aufgrund der in den Partien gesammelten Erfahrungen, und möglicherweise auch fremder Erfahrungen, zu erweitern.

4.2.2 Die Mittelspielbibliothek

Die assoziative Methode ist zweifellos das Schwierigste, was mit der Anwendung der in
der Vergangenheit gesammelten Erfahrungen zusammenhängt.

Das Positionsfragment muß so in die Bibliothek integriert werden, daß es die Richtung
der Generierung anzeigt. Um dies zu gewährleisten, werden die Figuren im Fragment in
zwei Gruppen eingeteilt:

Die fixierten Figuren, die bereits auf bestimmten Feldern des Spielbrettes stehen und
die gekoppelten Figuren, die mit bestimmten Feldern gekoppelt sein müssen, d.h., sie

müssen in einer bestimmten Entfernung von diesen Feldern stehen.

Die fixierten Figuren sind nicht für die Teilnahme an der Generierung bestimmt, da
die Seite, die das Fragment anwendet, daran gar nicht interessiert ist. Die gekoppelten Figuren hingegen müssen zu den Feldern streben, mit denen sie gekoppelt sind. Mit
Hilfe eines Fragmentes kann eine bestimmte Menge von Fragmenten dargestellt werden,
wenn man dieses Fragment im Bereich des Spielbrettes vernünftig bewegt. Dieser Umstand
muß bei der Formierung der Bibliothek berücksichtigt werden. Falls einige Figuren in
der gegebenen Position mit Figuren im Fragment übereinstimmen, bestimmt das Fragment
die Priorität der Einbeziehung der gekoppelten Figuren in die Generierung, d.h. sie
zeigt, in welcher Richtung die Generierung erfolgen soll.

Man darf nicht vergessen, daß sich das komplizierte Endspiel vom Standpunkt der Anwendung der assoziativen Methode aus betrachtet nicht vom Mittelspiel unterscheidet. Hierzu muß jedoch auch die Endspielbibliothek in einer "Fragmentenform" konzipiert sein,
was z.Zt. jedoch nicht der Fall ist.

Die Mittelspielbibliothek des "PIONIER" ist z.Zt. noch relativ klein, sie umfaßt lediglich 7o Fragmente, das sind unter Berücksichtigung der Verschiebung der Fragmente
auf dem Spielbrett 63o Positionen. Auch hier ist eine Ergänzung der Bibliothek nach dem
Lernprinzip möglich.

4.2.3 Die Endspielbibliothek

Der Aufbau dieser Bibliothek ist vom Standpunkt des Schachspiels aus betrachtet relativ leicht, da die Endspieltheorie im Gegensatz zur Mittelspieltheorie jeweils große
Klassen vergleichbarer Positionen enthält, die zudem gut systematisiert werden können.
Vom Standpunkt der Konzipierung des Programms betrachtet ist diese Aufgabe jedoch sehr
kompliziert. Um sie zu vereinfachen, entschloß man sich, für die Endspielbibliothek
nur die 2. und die 3. Methode zu verwenden.

Im Grunde genommen kann man die "Informationsmethode" als einen speziellen und besonders einfachen Fall betrachten, der aus der "Bestrebungsmethode" resultiert. Normalerweise sieht ein durchschnittlicher Schachspieler die Endspieltheorie im Zusammenhang
mit einer Serie von Zugfolgen. Für die Programmierung ist dies kaum von Nutzen, und
auch ein guter Schachspieler sieht das anders.

Man einigte sich darauf, daß die Endspielbibliothek Positionen enthält, wobei die Reihenfolge des Zuges, die Bewertung (Gewinn, Verlust oder Unentschieden) und, falls erforderlich, der empfohlene Zug registriert werden.

Es wurden in das Programm Formeln aufgenommen, die es erlauben, die Bewertung und den
empfohlenen Zug bei einer zulässigen Veränderung der Koordinaten der Position der Kon-

trolle durch die Weißen auf dem Spielbrett zu berechnen, wobei die gegenseitigen Koordinaten der Figuren in der Position jedoch unverändert bleiben. Man könnte alle notwendigen Positionen auch sofort im Rechner speichern; in diesem Falle wären die Formeln überflüssig, es würde dabei jedoch ein großes Speichervolumen beansprucht. Es wurden ca. 7oo Silhouetten gespeichert, die in ungefähr 7 ooo Positionen umgewandelt werden können.

Unter Berücksichtigung des Anzugsrechtes sind es immerhin 14 ooo Positionen!

Dem Autor dieser Zeilen ist höchstens die Hälfte all dieser Positionen bekannt. Wenn wir außerdem die vertikale und die horizontale Symmetrie (und bei Fehlen von Bauern - die diagonale Symmetrie) berücksichtigen, erhalten wir ungefähr 35 ooo Positionen. Diese Positionen gehören zumsogenannten "technischen" Endspiel, dessen Kenntnis ein unabdingbarer Bestandteil der Schachtechnik eines guten Spielers ist.

Es wurden nur Positionen mit maximal acht Figuren berücksichtigt und dem Materialverhältnis entsprechend in insgesamt 31 Klassen unterteilt. Nachdem die Bibliothek komplett war, wurde sie einigen sehr guten Spielern zur Überprüfung vorgelegt. Nach all dem kann man annehmen, daß die Anzahl der "falschen" Positionen darin kaum über 1 % liegt.

Den Bestrebungen in Positionen wurde ebenfalls eine Reihe von Beschränkungen auferlegt:
1. Die Figuren in der Spielbaumposition müssen dem Namen nach mit den Figuren in der Bibliotheksposition übereinstimmen.
2. Die Koordinaten der Figuren dürfen bei höchstens 2 Figuren voneinander abweichen.
3. Die Gesamtzahl der Bewegungen dieser beiden Figuren (damit ihre Positionen übereinstimmen) darf die vorgegebene Zahl der Bewegungen nicht überschreiten.

Die Seite, die nach einer Position strebt, formiert für ihre Figuren Bündel von Stammtrajektorien (Sprosse der Spielzonen) und, falls erforderlich, die Spielzonen selbst. Die Trajektorien der fremden Figuren dürfen nicht zwangsweise formiert werden, sie existieren nur dann, wenn sie aus irgendeinem Grund tatsächlich bereits formiert wurden. Ist dies der Fall, dann ist eine Bestrebung im Prinzip möglich. Dabei sind diese Trajektorien für die gegnerische Figur insofern "anti-gabelförmig", daß der Gegner sie nur im äußersten Fall benutzen darf.

Die Endspielbibliothek muß nicht nur Positionen, sondern auch bestimmte Regeln, wie z.B. die Quadratregel, enthalten. Welche Regeln überhaupt in die Bibliothek aufgenommen werden sollen, das zu klären, bleibt einem langwierigen Experiment vorbehalten.

Die Ergänzung der Endspielbibliothek mit Hilfe der Selbstlernmethode ist zweifellos eine interessante und vielversprechende Aufgabe.

Wird in dieser Richtung ein Ergebnis erzielt, dann wird man sich auch anderen, wesentlich komplizierteren Problemen der Selbstlernmethode zuwenden können. Die Arbeit an der Ergänzung der Positionenbibliothek wurde bereits in Angriff genommen. Ein guter Spieler wendet sowohl in der Eröffnung als auch im Mittel- und Endspiel die Erfahrungen der Vergangenheit an. Mag sein, daß er dies nicht in jedem Knoten des Spielbaumes tut, trotzdem kann man daraus folgern, daß die Anzahl der Knoten nicht allzu groß sein darf, und daß das Programm der Bibliotheksbenutzung so organisiert sein muß, daß die Beanspruchung des Rechners dadurch möglichst gering ist. Betrachten wir das Prioritätenproblem im Zusammenhang mit der Bibliothek des Mittelspiels und des Endspiels.

Wenn man von einer vollkommenen Übereinstimmung der Positionen der Generierung mit den Positionen in der Endspielbibliothek absieht, in dem die Zugfolge abgebrochen wird, kann die Existenz einer Bibliothek zu einer Veränderung der Reihenfolge der Einbeziehung und zur Entstehung neuer Trajektorien in der MP führen. Tatsächlich wurden in unserem Fall die Prioritäten aufgrund der gemittelten Erfahrungen aus der Vergangenheit bestimmt - werden sie angewandt, ist der Spielbaum im Mittel am kleinsten.

Es gibt jedoch auch Ausnahmen von dieser Regel:

Wenn in der Vergangenheit eine Position vorkam, in der der Spielbaum stark gekürzt werden kann, wobei wir die Regel der Priorität vernachlässigen, dann muß diese Position (bzw. dieses Fragment) in die Bibliothek einbezogen werden. Auf diesem Prinzip muß die Selbstergänzung und die einfache Ergänzung der Bibliothek beruhen.

Bei der Anwendung dieser Bibliotheksposition (bzw. dieses Fragmentes) muß die Reihenfolge der Prioritäten so geändert werden, wie sie in der Vergangenheit geändert werden mußte; alle durch diese Veränderung unberührten Prioritäten bleiben jedoch weiterhin erhalten. Jede Position (bzw. jedes Fragment) muß eine Bewertung des Zieles aufweisen, damit diese Information bei der Bestimmung der Priorität verwertet werden kann. Beim Vergleich der Werte der Ziele (darunter auch der Bibliothekswerte) muß man ferner einen bedingten Wert berücksichtigen, den wir als resultierenden Wert bezeichnen. Man kann z.B. davon ausgehen, daß bei einem Positionsgleichgewicht eine Differenz im Material von zwei (bzw. drei) Einheiten bereits für den Ausgang der Partie entscheidend ist. Falls die Möglichkeit besteht, auf einer bedrohten Angriffstrajektorie auf ein Ziel hin zu spielen, dessen Wert zwar kleiner ist als der Wert des in der Bibliothek enthaltenen Ziels, dabei jedoch ein resultierender Wert gewonnen wird, wird die Priorität der Einbeziehung der "Bibliotheksposition" in die Generierung auf den zweiten Plan gerückt.

5. Drei Studien im Experiment

Noch bevor die Arbeit am Hilfsprogramm begonnen wurde, bestimmte der Autor, daß der erste Test des Hilfsprogramms an Studien vorgenommen werden sollte.

Die Lösung einer Studie durch das Programm ist ein sehr vorteilhaftes und dabei gleichzeitig nicht allzu schwieriges Experiment.

Eine der Grundlagen der Spielstärke eines Schachspielers ist die Fähigkeit der Berechnung von Zugfolgen; nachdem diese Fähigkeit im Programm formalisiert werden konnte, drängte sich ein Experiment mit Studien von selbst auf.

Es wurden 11 Kompositionen vorbereitet, alsbald konnte man jedoch feststellen, daß - um die notwendigen Informationen zu erhalten - die Lösung von drei Studien bereits ausreichte. Man ging von der Annahme aus, daß die Lösung von Studien für "PIONIER" eine leichte Sache sein wird, da diese nicht über die positionellen Feinheiten einer Partie verfügen und alle Zugfolgen bis zum Ende berechnet werden. Ferner war zu berücksichtigen, daß dabei weder eine Eröffnungsbibliothek noch eine Mittel- oder Endspielbibliothek erforderlich ist.

In Wirklichkeit erwies sich die Lösung der Studien als wesentlich schwieriger. Bereits bei der ersten Studie von R. Reti (s. Abb. 12) kam "PIONIER" ins Stolpern. Der Spielbaum wuchs und wuchs und die Zugfolgen wurden nicht abgebrochen; "PIONIER" war außerstande zu bestimmen, welchem der Züge die Priorität eingeräumt werden soll. Dabei weiß ein guter Spieler ganz genau, wann er eine Zugfolge abbrechen soll und welchem der Züge die Priorität bei der Einbeziehung in die Generierung einzuräumen ist - auf diese Weise wird der Spielbaum beschränkt.

Man war also gezwungen, bestimmte Regeln in das Programm einzuführen, die im wesentlichen auf der bekannten Quadratregel beruhen. Dadurch wurde der Spielbaum auf insgesamt 54 Knoten beschränkt.

Hätte zu jener Zeit eine Bibliothek der laufenden Positionen existiert, hätte man dadurch eine Wiederholung von Zugfolgen vermeiden können und die Anzahl der Knoten wäre auf 45 vermindert worden (s. Abb. 13).

<u>Abb. 12</u>
Studie von R. Reti;
(Weiß zieht an und er-
reicht Remis.)

Einige der Zugfolgen scheinen dabei nicht abgeschlossen zu sein, in Wirklichkeit wurden sie bis zu ihrem logischen Ende durchgespielt - ihre Bewertung erfolgte entsprechend ihrer Einbeziehung ins Programm mit Hilfe einer Modifikation der Quadratregel.

Als eine für "PIONIER" schwierige Aufgabe erwies sich auch die Lösung der Studie von
M. Botvinnik und S. Kaminer (s. Abb. 14), obwohl diese Studie sehr leicht ist - es
ist tatsächlich eine kindliche Studie, denn als Botvinnik und Kaminer sie komponier-
ten, waren sie gerade 13 und 14 Jahre alt.

Mit dieser Studie war für den Autor ein amüsantes Ereignis verbunden: Als er im Jahre
1925 diese Studie mit Seresta Kaminer komponierte, war er dafür, daß auf g6 ein Bauer
stehen sollte; Seresta bestand jedoch auf einem Läufer. Es gelang ihm auch, Botvinnik
zu überreden.

Als Botvinnik 1977 die Studie rekonstruierte, stellte er auf g6 irrtümlicherweise einen
Bauern und "PIONIER" löste die Studie in der ersten Zugfolge.

Auch bei dieser Studie mußten wir feststellen, daß sich, wenn man die Züge auf den Trajektorien der MP ohne Unterschied in die Generierung einbezieht, der Spielbaum von
"PIONIER" wesentlich von einem Spielbaum eines Schachspielers unterscheidet.

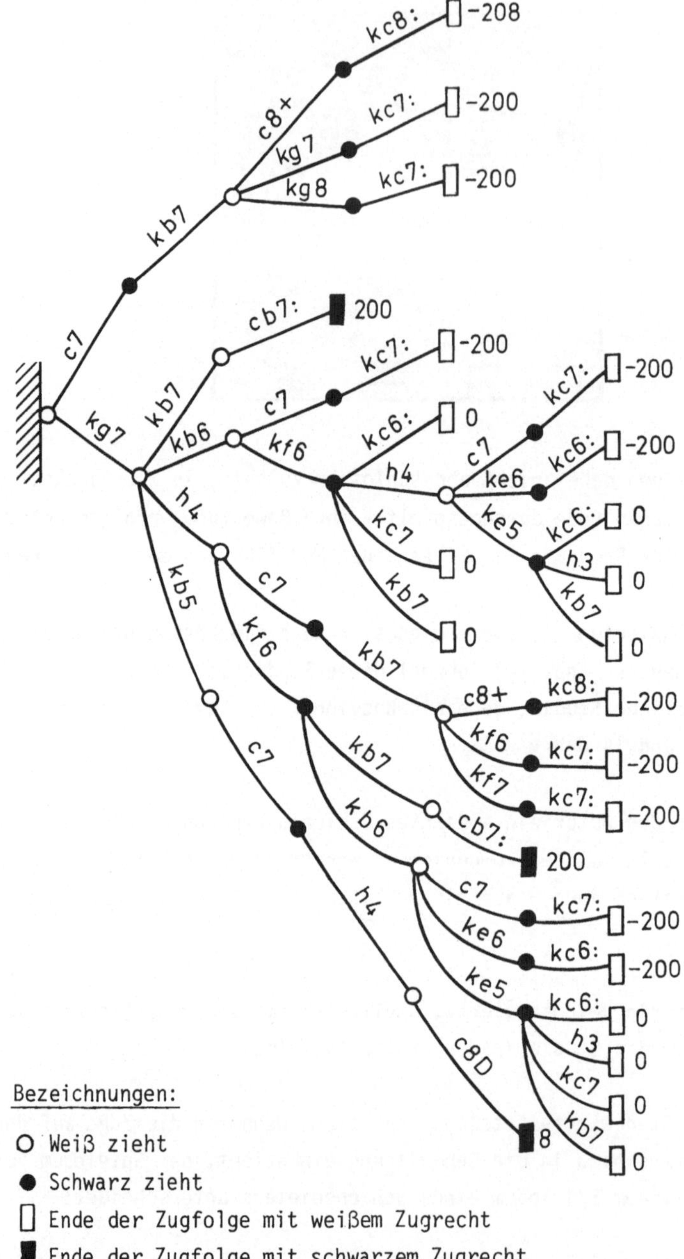

Bezeichnungen:

○ Weiß zieht

● Schwarz zieht

▢ Ende der Zugfolge mit weißem Zugrecht

▮ Ende der Zugfolge mit schwarzem Zugrecht

Abb. 13 Der Spielbaum zur Studie von R. Reti (die Notation der Schachzüge entnehme man bei Bedarf jedem einfachen Schachlehrbuch)

Abb. 14
Studie von M. Botvinnik und S. Kaminer
(Gewinn)

Wir waren gezwungen, das Spiel in den Zonen zu verbieten, in denen der Wert des Zieles
kleiner ist als der Wert des Materialverlustes; außerdem mußten wir einige Regeln einführen, entsprechend derer die Zugfolge abgebrochen wurde. All diese Schwierigkeiten
beruhten offensichtlich auf dem Fehlen einer Positionsbewertung.

Im Endeffekt enthielt der Spielbaum 145 Knoten (s. Abb. 15). Mancher könnte meinen,
wir hätten die weitere Lösung des Problems solange zurückstellen sollen, bis das Programm mit einer Positionsbewertung ausgestattet worden wäre. Wir entschieden uns jedoch anders; der Grund dafür liegt darin, daß in der Reti-Studie wenig Figuren enthalten sind, die zudem noch sehr wenig beweglich sind, so daß die Studie von den stärksten Programmen, die nach dem Prinzip der vollständigen Generierung funktionieren, gelöst werden müßte. In der Studie von Botvinnik und Kaminer sind wesentlich mehr Figuren enthalten, wobei darunter auch weitreichende Figuren existieren. Da aber hier auch
viele Schlagzüge und Schachansagen existieren und da Programme, die auf einer vollständigen Generierung basieren, die Zugfolge nach einem Schlagzug oder nach einer Schachansage über die Standardlänge der Zugfolge hinaus fortsetzen, waren wir der Meinung,
daß auch diese Studie mit Hilfe solcher Programme gelöst werden kann.

Deshalb entschlossen wir uns zu versuchen, die Studie von Nadareischwili von "PIONIER"
lösen zu lassen, da aufgrund der Komplexität der Studie außer Zweifel stand, daß die
anderen Programme diese Studie nicht lösen würden (s. Abb. 16). Bei der Lösung der
Studie fand "PIONIER" folgende Hauptvariante:

1. g6   Kf6   2. g7   Lh7   3. e4!!   Sf3   4. e5 + S : e5
5. K : h7 Sf7   6. g8D   Sg5+   7. D : g5 + K : g5   8. h6   c4
9. Kg7   c3   1o. h7   c2   11. h8D   c1D   12. Dh6 + Kf5   13. D : c1.

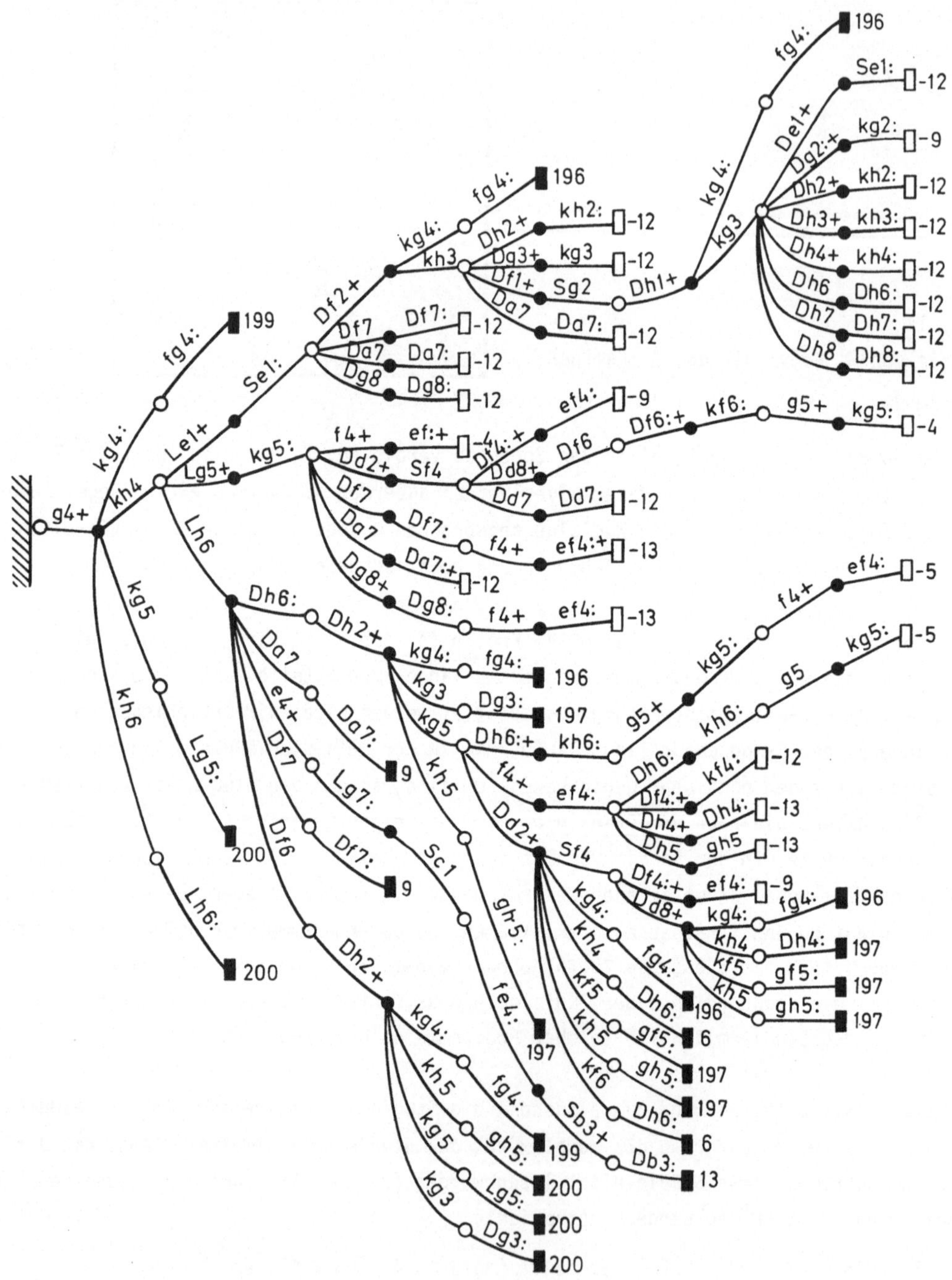

Abb. 15 Der Spielbaum zur Studie von M. Botvinnik und S. Kaminer
(Bezeichnungen s. Abb. 13)

Anfangs war für die Lösung der Studie ein solch großer Zeitaufwand erforderlich, daß es praktisch unmöglich war, eine Lösung zu erhalten.

Das zwang B. Stillman, wie ein Ballonfahrer zu verfahren, bei dem der Ballon immer mehr an Höhe zu verlieren droht. Zusammen mit unnützem Ballast wurde leider auch manches Nützliche über Bord geworfen; so entschloß sich B. Stillman, z.B. auch das Hilfsprogramm der Deblockade der Trajektorien aus dem Programm auszuschließen, wobei nur die Deblockade der Trajektorie des Bauern im Programm belassen wurde. Aus diesem Grunde wird der aufmerksame Leser vielleicht auch eine Variante des Autors in der Lösung vermissen. Es gelang uns jedoch, dadurch die Lösung soweit zu beschleunigen, daß dafür nur noch knapp 4 Stunden erforderlich waren.

Um mit der Spielstärke eines guten Schachspielers arbeiten zu können, benötigt "PIONIER" einen Rechner mit hoher Rechengeschwindigkeit! Es ist klar, daß es uns nicht gelungen war, das Programm gründlich von allen Mängeln zu befreien, es gibt noch mehr als genug technische Mängel, die erst im Laufe langwieriger Experimente ausgeräumt werden können, aber auch dafür ist ein Rechner mit hoher Rechengeschwindigkeit erforderlich.

Abb. 16
Die Studie von Nadareischwili (Gewinn)

Aus diesem Grund ist im Spielbaum auch ein äußerst merkwürdiger Zug (Kd7 - g7) enthalten, aber es wurden noch einige andere Fehler festgestellt.

Doch auch diese vorläufige Variante des Spielbaumes (s. Abb. 17) sagt schon viel; immerhin enthält der Spielbaum nur 2oo Züge. Im Prozeß der Prüfung mußten ebenfalls weitere Positionsregeln in das Programm eingeführt werden. Trotzdem konnten aufgrund dieser Studie einige sehr wichtige Schlußfolgerungen gemacht werden. Im Grunde genommen gelang es uns erst danach, das Problem der Priorität der Einbeziehung der Spielzonen in die Generierung zu lösen.

Die Logik der Studie von Nadareischwili besteht im wesentlichen darin, daß der schwarze König, wenn er auf dem Feld f6 steht, die Rückzugsfelder des weißen Königs kontrolliert - das (und nur das!) ermöglicht Schwarz ein Konterspiel. Solange das nicht erkannt wird, ist es nicht möglich, einen Spielbaum zu konstruieren, der dem eines guten Spielers entspricht. Die Feinheit des Spiels des Weißen besteht zum Teil darin,

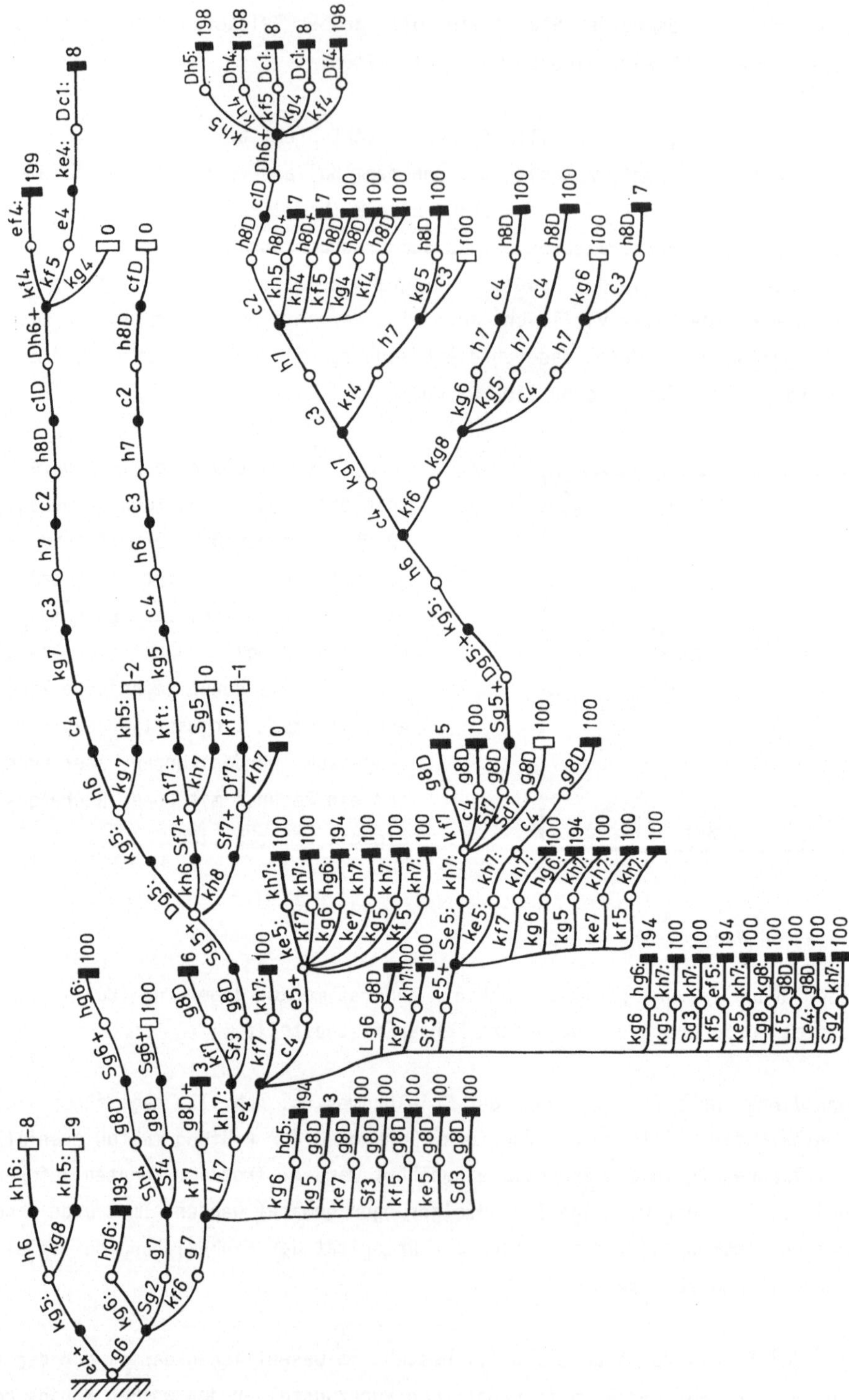

Abb. 17 Der Spielbaum zur Studie von G. Nadareischwili
(Bezeichnungen s. Abb. 13)

den schwarzen König zu zwingen, das Feld f6 zu verlassen. Eine vorher vorgenommene Analyse eines Teils des Hilfsbaumes (unter Ausschluß der entsprechenden Zugfolgen) kann dabei gute Dienste leisten.

Ein Vergleich der Ergebnisse der Analyse zweier Teile des Hilfsbaumes zeigt, welche Rolle die Position des schwarzen Königs auf dem Feld f6 bei der Bewertung der LOZ spielt.

Wir möchten darauf hinweisen, worin bei der Studie von Nadareischwili für einen Schachpraktiker die größten Schwierigkeiten bestehen.

Ein guter Spieler sucht stets nach bedrohten und schlagbaren Zielen; in unserem Fall ist im dritten Zug der Läufer auf h7 ein solches Schlagziel. Nachdem der Läufer auf h7 vernichtet ist, wird die Umwandlung des Bauern g7 zur Dame zu einem bedrohten Ziel. Der Angriff des Bauern e3 auf den König f6 wird auf dem Feld e5 von Schwarz kontrolliert, außerdem besteht für den schwarzen König die Möglichkeit eines Rückzuges.

Darin besteht die psychologische Barriere, die man überwinden muß, um eine erfolgreiche Lösung des Problems zu finden - man darf nicht in den Zonen mit bedrohten und Schlagzielen spielen, sondern man muß in einer anderen Zone spielen! Heute, wo das Programm im wesentlichen fertig ist, müssen vor allem weitere Experimente vorgenommen werden.

6. Die zweiten Weltmeisterschaften im Computerschach

Die ersten Weltmeisterschaften im Computerschach wurden im Jahre 1974 in Stockholm unter der Schirmherrschaft des IFIP-Kongresses durchgeführt. Der Sieger in diesem Wettbewerb war das sowjetische Programm "KAISSA".

Die Geschichte der Computerschach-Turniere beginnt im Jahre 197o, als in New York die ersten nationalen Computerschach-Meisterschaften der USA durchgeführt wurden, die parallel zur alljährlichen Konferenz der ACM veranstaltet wurden. Seitdem werden solche Meisterschaften alljährlich durchgeführt.

Die Weltmeisterschaften im Computerschach werden wie die Schachweltmeisterschaften alle drei Jahre durchgeführt.

Die nächsten, 2. Weltmeisterschaften, wurden im August 1977 in Toronto (Kanada) durchgeführt.

Solche Turniere sind mit großem finanziellen Aufwand verbunden. Aus diesem Grunde werden die Turniere nach dem Schweizer System (jeweils relativ punktgleiche Teilnehmer spielen gegeneinander) durchgeführt; das Zeitlimit beträgt 2o Züge in der Stunde.

Das Programm "KAISSA" (seine Autoren sind G. Adelson-Velskij, V. Arlazarov und M. Donskoj) bediente sich sowohl bei den 1. als auch bei den 2. Weltmeisterschaften der Methode der vollständigen Generierung der Zugfolgen. Ihr Hauptkonkurrent, das amerikanische Programm "CHESS 4.6", versuchte 1974 ohne vollständige Generierung auszukommen und mußte eine Niederlage hinnehmen. Im Jahre 1977 kehrten die Amerikaner D. Slate und L. Atkin zur vollständigen Generierung zurück und gewannen dadurch die 2. Weltmeisterschaften. Beide oben genannten Programme unterscheiden sich von den übrigen Programmen (insgesamt nehmen an den Weltmeisterschaften 16 Programme teil). Untereinander unterscheiden sie sich zwar im Detail, sind aber ansonsten einander sehr ähnlich. Beide Programme berechnen alle Zugfolgen unter Berücksichtigung der α-β-Heuristik bis auf ihre maximale Länge; kommen in der Zugfolge Schlagzüge und Schachs vor, wird die Zugfolge weiter fortgesetzt.

Eine Vergleichspartie, die nach der Beendigung der 2. Weltmeisterschaften zwischen den beiden Programmen ausgetragen wurde, gibt eine klare Vorstellung über die Spielweise dieser stärksten Programme.

<u>6.1</u> <u>Vergleichskampf</u><u>:</u> <u>"KAISSA"</u><u>-</u><u>"CHESS</u> <u>4.6</u>"

1. e2 - e4   Sb8 - c6

Diese wenig bekannte Eröffnung von A. Nimzowitsch wählte Schwarz zweifellos, um dadurch etwaige Schwierigkeiten, die durch die Eröffnungsbibliothek von "KAISSA" entstehen können, vorzubeugen.

2. Sg1 - f3...

Offensichtlich war Weiß auf diese Eröffnung nicht vorbereitet; der theoretische Zug
müßte hier lauten: 2. d4.

2... e7 - e6

Schwarz versucht auch weiterhin, bekannte Eröffnungen zu vermeiden, die nach 2... e5
entstehen könnten.

3. d2 - d4   d7 - d5

4. Lf1 - d3...

Ein Zug, den ein qualifizierter Schachspieler kaum machen würde. Durch eine Fortsetzung
4... Sb4 könnte Schwarz nun den Läufer d3 schlagen, wonach die Eröffnungsschwierigkei-
ten für ihn überwunden wären.

Nach 4. e5 wäre Schwarz in einer schwierigen Situation.

4... d5 : e4

5. Ld3 : e4   Lc8 - d7

6. 0 - 0...

Eine Entwicklung wie nach einer Schablone. Vernünftiger wäre 6. Se5   S : e5
7. d4 : e5 und das positionelle Übergewicht von Weiß ist nicht zu übersehen.

6... Sg8 - f6

7. Tf1 - e1...

Auf diese Weise gelingt es Weiß, das Spiel freier zu gestalten. Durch den Verlust des
Königsläufers werden jedoch seine Aktionsmöglichkeiten begrenzt. Man hätte den Zug
7. Ld3 wählen sollen.

7... Sf6 : e4

8. Te1 : e4   Lf8 - e7

9. c2 - c4   f7 - f5

1o. Te4 - e1   0 - 0

11. Sb1 - c3   f5 - f4

12. Dd1 - d3   Dd8 - e8

13. g2 - g3...

Wenn "KAISSA" außer einigen kleinen "Abenteuern" in der Eröffnung sich bis jetzt auch
gut gehalten hat, so zerstört dieser Zug alle unsere Illusionen. Die Initiative von
Schwarz auf der Linie f nimmt bedrohliche Formen an: Die Schwächung des Feldes f3
macht sich dabei besonders bemerkbar. Nach dem Zug 13. d4 - d5 wäre die Situation
für Schwarz aufgrund der ungünstigen Platzierung der Dame auf dem Feld e8 nicht leicht.

13...   f4 : g3
14. h2 : g3   De8 - f7
15. Lc1 - f4   g7 - g5

Das sieht sehr gefährlich aus, da nach 16. S : g5   L : g5
17. L : g5   D : f2 +   18. Kh1   S : d4   unweigerlich der Zug
19... Lc6 folgt.

16. d4 - d5...

16... e6 : d5

Nach 16... Sb4   17. De4   g5 : f4
18. d5 : e6   L : e6   19. D : e6
f4 : g3 (oder 19... Sc2   2o. D : e7
21. T : e7   S : a1) hat Schwarz ein
Materialübergewicht erreicht.

17. Sc3 : d5   g5 : f4
18. Sd5 : e7+   Sc6 : e7
19. Dd3 : d7   Se7 - g6
2o. Dd7 : f7+   Tf8 : f7

Die kritische Situation ist beendet, und
es beginnt ein ruhiges Endspiel. Bisher
war der Kampf ausgewogen, und das muß besonders unterstrichen werden. Das Problem

Abb. 18   Eine Position aus der Vergleichspartie "KAISSA"-CHESS 4.6"

liegt darin, daß der Rechner, der "KAISSA" zur Verfügung stand, eine Rechengeschwindigkeit von $3 \cdot 10^6$ Operationen pro Sekunde aufweist; der Rechner von "CHESS 4.6" hingegen eine Rechengeschwindigkeit von $12 \cdot 10^6$ Operationen pro Sekunde.

Dieser Umstand erlaubte es "KAISSA", die Zugfolgen auf eine Standardlänge von 5 Halbzügen zu berechnen, "CHESS 4.6" hingegen berechnete die Zugfolgen auf eine Tiefe von
6 Halbzügen; eine kleine Differenz, die sich jedoch als entscheidend erwies. Durch den
Austausch der Figuren wurde die Anzahl der möglichen Züge in der Position und somit
auch im Spielbaum vermindert, folglich konnte die Länge der Zugfolgen vergrößert werden. "KAISSA" konnte in ihrem Spielbaum eine Knotenzahl von 9o ooo Knoten aufrechter-
halten, "CHESS 4.6" hingegen 4oo ooo Knoten.

In der Schlußphase konnte "KAISSA" die Zugfolgen auf 9 Halbzüge ausdehnen, "CHESS 4.6"
aber bereits auf 12 Halbzüge! Damit erwies sich "CHESS 4.6" im Endspiel als der Stär-
kere. Der taktische Fehler von "KAISSA" war, daß es nicht versuchte, einem Austausch
auszuweichen.

21. g3 - g4...

Ein guter Zug. Wie die Autoren von "KAISSA" erklärten, war das Programm bestrebt, die Trennung der schwarzen Bauern f und h aufrechtzuerhalten.

21... Tf7 - d7
22. Ta1 - d1   Ta8 - d8
23. Td1 : d7...

Das war völlig überflüssig. Nach 23. Te8+   T : e8   24. T : d7 Te7   25. T : e7   S : e7   26. Kf1 und den nachfolgenden Zügen Kf1 - e2 - d3 - e4 hätte Weiß ein klares Übergewicht im Springerfinale aufgrund der Schwäche des Bauern f4.

23. Kg1 - g2   Kg8 - g7
25. Sf3 - g5...

Dieser Zug verdient scharfe Kritik - man darf den schwarzen Turm nicht auf die zweite Reihe lassen.

25... Td7 - d2
26. Te1 - b1...

Mag sein, daß auch 26. Se6+   Kf6   27. S : c7   T : b2 schlecht ist und die weißen Figuren nun isoliert sind.

26... Td2 - c2
27. b2 - b3...

Zweifelhaft ist auch der Zug 17. Se6+   Kf6   28. S : c7 T : c4.

27... Sg6 - e5
28. Tb1 - h1   Tc2 : a2
29. Th1 - h4...

Das Endspiel ist hoffnungslos und nach 29. T : h7+   KG6   3o. Te7   Sc6 hat Weiß eine Figur verloren.

29... Se5 - d3
3o. Sg5 - h3   Ta2 - b2
31. g4 - g5   Kg7 - g8

Einfacher wäre 31... a5.

32. Sh3 : f4...

Eine falsche Bewertung des Bauernendspiels. Die letzte Chance bestand in der Fortsetzung 32. Kf3   T : b3   33. S : f4   Se5+. Das Weitere ist klar.

32... Tb2 : f2+
33. Kg2 - g3   Tf2 : f4
34. Th4 : f4   Sd3 : f4
35. Kg3 : f4   Kg8 - f7
36. b3 - b4   Kf7 - e6
37. Kf4 - e4   a7 - a6
38. Ke4 - f4   Ke6 - d6
39. Kf4 - e4   c7 - c5
4o. b4 : c5+   Kd6 : c5
41. Ke4 - d3   a6 - a5

42. Kd3 - c3   a5 - a4
43. Kc3 - d3   Kc5 - b4
44. Kd3 - c2   Kd4 : c4

und Weiß gibt auf.

Von den übrigen Programmen, die an den 2. Weltmeisterschaften teilgenommen haben, verdient vor allem das Programm "OSTRICH" (Strauß), dessen Autor M. Newborn ist, einige Aufmerksamkeit. "OSTRICH" war das einzige Programm, das keine Datenfernübertragung benötigte - der Rechner "Supernova" ist ein Minicomputer.

"Supernova" wurde in der dritten Runde defekt und das Programm "OSTRICH" wurde, obwohl es in einer Gewinnposition spielte, als Verlierer gewertet. In der vierten Runde wurde dann ein in Montreal installierter Rechner verwendet. Obwohl "OSTRICH" einen Minicomputer verwendete, spielte es nicht schlechter als die übrigen Programme. Newborns Ziel ist es, mit Hilfe von "OSTRICH" die Ideen zu bestimmen, die als Grundlage für eine Reihe von Mini- und Microcomputer-Programmen angewandt werden können.

Eine Weltmeisterschaft im Computerschach ist ein außerordentlich interessantes Schauspiel. Vor den Schachbrettern sitzen die Autoren der spielenden Programme. Über Terminals teilen sie mit Hilfe spezieller Leitungen ihrem Rechner den laufenden Zug ihres Gegners mit. Der Gegenzug wird auf einer Anzeigentafel reproduziert und auf das Spielbrett übertragen. In Erwartung des Gegenzuges diskutieren die Autoren der Programme miteinander, analysieren die Position, streiten und kritisieren auch bisweilen die Spielweise ihres Programms.

Die Weltmeisterschaften im Computerschach sind nur der Form nach ein sportlicher Wettkampf, im Grunde genommen dienen sie jedoch wissenschaftlichen Zwecken. Nachdem die Weltmeisterschaften und die anschließende Vergleichspartie zwischen "KAISSA" und "CHESS 4.6" abgeschlossen waren, rief ein Vertreter der Firma "Control Data", deren Rechner stets von den amerikanischen Programmen benutzt werden - in Minneapolis an und gab dem Rechner "Cyber 176" den Auftrag, die Studie von Nadareischwili zu lösen.

Die ersten zwei Züge für Weiß konnte "CHESS 4.6" noch finden, als aber der dritte Zug des Rechners einging, schauten wir auf den Bildschirm und lachten: Das Programm hatte rund eine Million Züge untersucht, konnte aber den richtigen Zug nicht ermitteln.

Die Autoren des Programms "CHESS 4.6" D. Slate und L.Atkins berichteten nach dem Turnier, daß sie sich entschlossen haben, die sogenannte "Brut Force"-Methode - so nennt man in den USA das Verfahren der vollständigen Generierung der Züge - aufzugeben, da sie aussichtslos ist, und ihr Programm auf "evolutionelle" Weise weiterzuentwickeln.

Es fragt sich nur, ob das überhaupt möglich ist?

Und wieviel Zeit werden sie brauchen, um den Weg von "PIONIER" zu wiederholen?

Wenn bei der "Brut-Force"-Methode die hohe Rechengeschwindigkeit eine nur geringfügige Zunahme der Tiefe der Generierung ermöglicht und die Spielstärke nur wenig ansteigt, ist bei Anwendung des Programms "PIONIER" die Rechengeschwindigkeit ungefähr proportional der Tiefe der Generierung.

Zwar spielt "PIONIER" zur Zeit noch sehr langsam, aber auf einem Rechner wie "Cyber 176" würde "PIONIER" für die Lösung der Studie von Nadareischwili weniger als zehn Minuten brauchen.

Nicht jeder Schachspieler ist imstande, diese Aufgabe genau so schnell zu lösen. Nach der Beendigung der Meisterschaften in Toronto wurde ein Symposium der teilnehmenden Autoren der Programme durchgeführt, auf dem der holländische Programmierer, B. Swets, dazu aufrief, eine Internationale Assoziation für Computerschach (ICCA) zu gründen, was im Prinzip von allen Teilnehmern begrüßt wurde - zweifellos ein Zeichen der Zeit!

R e s ü m e e

Von Anfang an (Ende des Jahres 1964!) mußte der Autor dieser Zeilen, wenn er bei anderen um eine Unterstützung für seinen Algorithmus nachsuchte, viele kritische Bemerkungen in Kauf nehmen. Vielleicht ist es angebracht, hier nur einige davon anzuführen: man sagte, all das sei reine Phantasie; es widerspreche den allgemeingültigen Grundsätzen; es werde noch größere Aufwendungen erfordern, als eine Lösung des Problems mit Hilfe der Methode der vollständigen Generierung; um ein solches Programm zu schaffen, sei mindestens ein Team aus 2o Naturwissenschaftlern erforderlich; die Leistungsfähigkeit der modernen Rechner sei für die Realisierung eines solchen Algorithmus nicht ausreichend usw. usf... Seitdem sind gut 15 Jahre vergangen (die Arbeit am Programm wurde sogar erst 1972 begonnen) und wir stehen heute an der Schwelle der Lösung eines großen wissenschaftlichen Problems. Der Algorithmus, der die Denkweise eines Schachmeisters modellieren soll, ist zur Realität geworden (wogegen die konventionellen Methoden immer mehr Zweifel hervorrufen); die Aufgabe wurde mit einer kleinen Mannschaft von Programmierern bewältigt und auch die Leistungsfähigkeit der modernen Rechner hat sich als völlig hinreichend erwiesen.

Wenn Archimedes, dem Begründer der Hebelgesetze, der Ausspruch zugeschrieben wird: "Gebt mir einen Stützpunkt, und ich hebe die ganze Welt aus den Angeln", so wird der Leser nach der Lektüre dieses Buches mir vielleicht recht geben, wenn ich die Worte dieses großen Gelehrten der Antike wie folgt umwandle:
"Gebt "PIONIER" einen leistungsfähigen Rechner und die Theorie der Lösung ungenauer

Probleme wird uns helfen, bessere Entscheidungen zu treffen".

Anhang 1

<u>Die Spielzonen</u> (von B.M. Stilman)

Die höchste Stufe eines Steuerungssystems nach dem Botvinnikschen Spielalgorithmus ist
die mathematische Projektion der Gesamtheit der Spielzonen im Schachspiel. Im Prozeß der
Generierung der Züge beobachten wir dabei eine ständige Veränderung der MP infolge der
Einbeziehung bzw. des Ausschlußes von Spielzonen, wodurch die Generierung gesteuert wird.

In dem vorliegenden Beitrag untersuchen wir das Problem der Formierung der in die Generierung einbezogenen Spielzonen und die Generierung der Züge der in die MP einbezogenen
Zonen, welche aufgrund der darin enthaltenen Zonen unverändert ist. Der Prozeß der Formierung und der ständigen Umformierung der MP werden hier nicht untersucht.

Wir müssen außerdem bemerken, daß viele der hier betrachteten Prozeduren erst im Laufe
der Ausarbeitung des Programms "PIONIER" und der im Zusammenhang damit durchgeführten
Experimente detailliert und präzisiert werden konnten.

1. Die Formierung der Spielzone

Während ihrer Bewegung auf der Trajektorie ist eine Figur stets bestrebt, das α_k-Feld
der Trajektorie zu besetzen. Nehmen wir nun an, daß es dabei erforderlich ist, die auf
diesem Feld stehende Figur des Gegners zu schlagen. Das Untersystem als zweite Stufe des
Steuerungssystems muß so organisiert sein, daß im Prozeß der Bewegung der angreifenden
Figur auf ihr Ziel die gegnerischen Figuren diesem Angriff entgegenwirken, die eigenen
Figuren hingegen den Angriff unterstützen. Da sich alle Figuren auf ihren Trajektorien
bewegen, kann eine solche Übereinstimmung der Handlungen dadurch erreicht werden, daß
man das Spiel auf den einzelnen Trajektorien einer gemeinsamen Zielsetzung in der MP
unterordnet. Die Gesamtheit der Trajektorien der in zwei gegnerische Lager geteilten
und in einer "lokalen Kampfhandlung" beteiligten Figuren bildet ihrerseits die sogenannte S p i e l z o n e.

1.1. Definition des Begriffes Spielzone

Wir gehen dabei davon aus, daß auf den α_0- und α_k-Feldern des Schachbrettes Figuren verschiedener Farbe, (+) und (-), stehen, die wir als α_0- und α_k-Figuren bezeichnen.

Wenn wir sagen, die α_0-Figur greift die α_k-Figur an, dann heißt das, daß für die α_0-
Figur eine Trajektorie existiert, die vom α_0-Feld zum α_k-Feld führt, auf der für die Bewegung der α_0-Figur eine Zeit benötigt wird, die in Halbzügen ausgedrückt eine bestimmte Größe H_L nicht überschreitet. Diese Größe H_L nennen wir
A n g r i f f s h o r i z o n t.

Die oben betrachtete Trajektorie bezeichnen wir als Stammtrajektorie und die ihr entsprechende α_0-Figur als Stammfigur. Wir untersuchen die Gesamtheit der Felder der Stammtrajektorie: Es handelt sich dabei um die Felder, auf denen die Figur verweilt (α-Felder), sowie um Felder, die die Figur lediglich passiert (β-Felder). Die Menge aller Trajektorien der Figuren (+) und (-), die auf diesen Feldern enden, bezeichnen wir als Trajektorien der ersten Negation. Die Gesamtheit der Trajektorien der Figuren (+) und (-), die auf den Feldern der Trajektorien der ersten Negation enden, bezeichnen wir als Trajektorien der zweiten Negation usw. Die Gesamtheit der schwarzen und weißen Figuren und der auf die entsprechende Weise gewählten Trajektorien bezeichnen wir als Spielzone - dabei stimmt die Farbe der Spielzone mit der Farbe der Stammfigur in der jeweiligen Zone überein.

Wir wollen nun die Formierung der Spielzone anhand einer speziell für diesen Zweck ausgewählten künstlichen Position illustrieren (s. dazu Abb. 19). Zuerst möchten wir jedoch untersuchen, wie das Programm "PIONIER" die Generierung der Züge vornimmt.

1.2. Die Bestimmung eines Zuges in der Ausgangsposition

Ziel dieses Abschnittes ist es zu erklären, wie in einer gegebenen Ausgangsposition der nächste auszuführende Zug bestimmt wird.

Dazu wird zunächst der der gegebenen Position entsprechende Spielbaum aufgebaut, was im folgenden stets als Abstieg im Spielbaum bezeichnet wird. Um noch einmal zu wiederholen:

Was ist ein Spielbaum?

Als Spielbaum bezeichnet man einen Graphen, der einen ausgezeichneten Knoten - die Wurzel - besitzt, und der als einziger Knoten keinen Vorgänger hat. Alle anderen Knoten haben genau einen Vorgänger. Knoten, die keine Nachfolger besitzen, bezeichnet man als Blätter. In diesem Baum identifiziert man die Knoten mit Schachstellungen und ein Knoten ist ein Nachfolger seines "Vaterknotens", wenn die ihm zugeordnete Stellung durch genau einen erlaubten Zug aus der Stellung seines Vaterknotens hervorgeht.

Ausgehend von einem nach den Kriterien in den Kapiteln 1-4 bestimmten Spielbaum wird nun mit Hilfe des Minimaxing-Algorithmus auf folgende Weise der Zug bestimmt.

Auf jede im Spielbaum enthaltene Endposition (eines seiner Blätter) wird die Bewertungsfunktion angewandt, anschließend erfolgt im Baum der Aufstieg in Richtung seiner Wurzel. Wichtig ist hierbei, daß bei jedem Schritt von einem Knoten zu seinem Vaterknoten der durch die Bewertungsfunktion erhaltene Wert dem Vaterknoten auf folgende Weise übermittelt wird.

Ist der Vaterknoten einer der Spielpositionen, in der der Gegner am Zug ist, so erhält dieser die Bewertung, die sich aus dem Minimum aller seiner Nachfolgerbewertungen ergibt. Hinter diesem Verfahren steht die Auffassung, dem Gegner stets das "Schlechteste" zuzumuten, ihm nämlich zu unterstellen, den an dieser Stelle für ihn optimalen Zug zu wählen, welcher somit für die eigene Bewertungsfunktion den kleinsten Wert ergab. Wenn auf diese Art und Weise alle Äste des Spielbaums ihre Bewertungen erhalten haben, wird derjenige mit der besten Bewertung ausgewählt.

Das Flußdiagramm zur oben beschriebenen Bestimmung des Zuges ist in der Abbildung 2o dargestellt. Der Abstieg im Spielbaum wird durch die im rechten Teil des Programms dargestellten Prozeduren gesteuert. Die Prozeduren zur Realisierung des Aufstiegs stehen im linken Teil. Dabei bezeichnen wir mit D die laufende Tiefe des Baumes (in Halbzügen). In dem nachfolgend betrachteten Beispiel werden zur Verdeutlichung des Programmablaufs nur die schraffiert dargestellten Prozeduren des Flußdiagramms aktiviert. Sie steuern den Aufbau der Spielzone und werden im weiteren genauer beschrieben. Die übrigen Prozeduren dienen der Bildung der MP.

Abb. 19 Künstliche Position

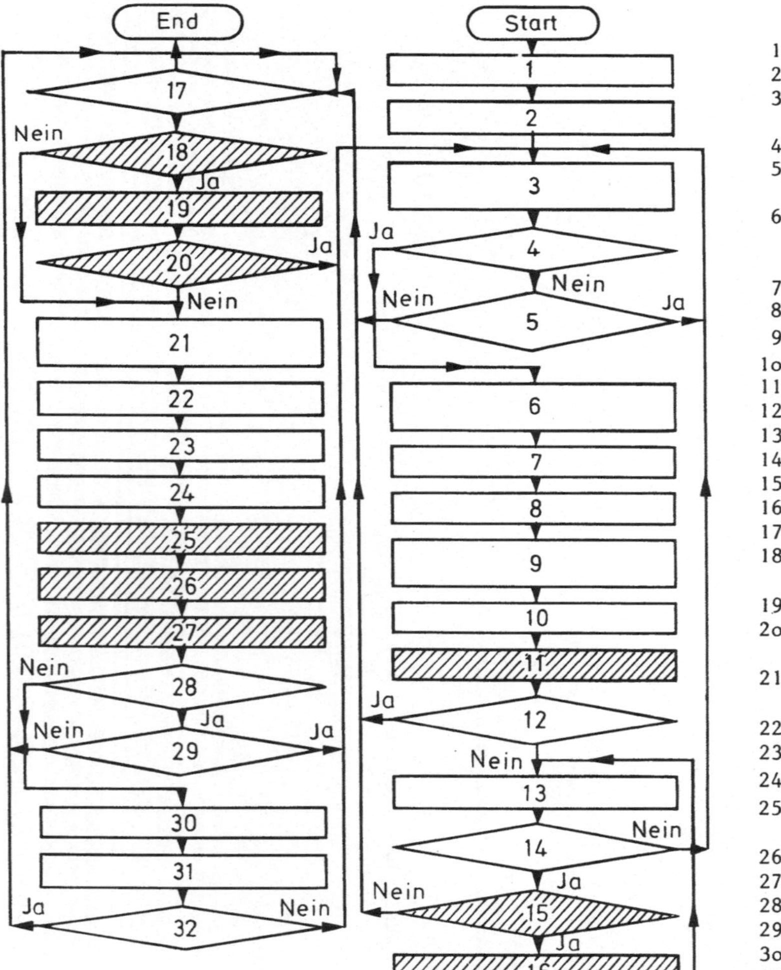

1. Formierung der Ausgangs-MP;
2. $D = 0$;
3. Wahl des nächsten Zuges auf der Trajektorie entsprechend der Priorität;
4. Ist eine Verzweigung im Trajektorienbündel erlaubt?
5. Existieren auf den Trajektorien der Bündel noch weitere erlaubte Züge?
6. Registrierung des Zuges im Spielbaum der Generierung; Änderung der laufenden Position; Bestimmung des Parameters m_T beim Zug "vorwärts". $D = D+1$
7. Einfrieren der Trajektorie;
8. Umrechnung des Parameters T_x beim Zug "vorwärts";
9. Auftauen der Trajektorie bei Rückkehr auf das α_0-Feld;
1o. Bestimmung neuer Negationstrajektorien;
11. Registrierung der Sichtungen beim Abstieg über die Zugfolge;
12. Ist eine Pseudogenerierung erforderlich?
13. Prüfung der Kriterien für einen Abbruch der Zugfolgen?
14. Existiert ein Abbruch der Zugfolge?
15. Darf die neue Spielzone in die Generierung einbezogen werden?
16. Einbeziehung der Spielzone in die Generierung;
17. $D = 0$?
18. Existieren noch weitere in die Generierung nicht einbezogene Spielzonen?
19. Gleisbewegung;
2o. Wurde wenigstens eine Spielzone in die Generierung einbezogen?
21. Änderung der Position; Berechnung des Parameters m_T beim Zug "zurück". $D = D-1$;
22. Auftauen der Trajektorien;
23. Neuberechnung des Parameters T_x beim Zug "zurück";
24. Einfrieren der Trajektorie beim Verlassen des α_0-Feldes;
25. Registrierung der Sichtungen während des Aufstiegs über die Zugfolge;
26. Umschaltung der Spielzonen;
27. Löschung;
28. Erfolgt eine Pseudogenerierung?
29. Wurde die erforderliche Tiefe der Generierung erreicht?
3o. Minimaxing der Bewertungen;
31. Prüfung der Constrictions-Kriterien?
32. Wurde eine Constriction vorgenommen?

Abb. 2o
Flußdiagramm des Programms zur Bestimmung des Zuges in der Ausgangsposition.

1.3 Ein Beispiel für die Formierung einer Spielzone

Betrachten wir nun etwas näher die Position, wie sie in Abb. 19 (s. Seite 83) dargestellt wird.

In dieser Position haben wir dem Programm einen kleinen Horizont von zwei Bewegungen
vorgegeben, so daß das Programm hier nur eine einzige Angriffszone des weißen Läufers
f2 auf den Bauern e5 konstruieren kann. Alle anderen möglichen Spielzonen liegen außerhalb des vorgegebenen Horizontes, so daß das Programm, als es dieses feststellt, auf eine Konstruktion der entsprechenden Zonen verzichtete. Somit werden in der Ausgangsposition die Trajektorien f2 - g3 - e5 und f2 - d4 - e5 des Läufers berechnet, die wir
als Trajektorien des Stammbündels bezeichnen. Danach beginnt das Programm mit der Generierung der Züge (s. Seite 83 , Abb. 21). Eine genaue Beschreibung der in diesem Beispiel angeführten Prozeduren wird in den nachfolgenden Punkten vorgenommen. Da in der
gegebenen Position Schwarz am Zuge ist, seine Trajektorien jedoch noch nicht bestimmt
sind, existiert für Schwarz noch kein Zug, so daß wir diesen Zug auslassen.

Jetzt ist Weiß am Zuge:

Er wählt den Zug 2. 1.f2 - g3 auf der Stammtrajektorie. Danach beginnt das Programm mit
der Bestimmung der entsprechenden Verteidigungstrajektorien des Schwarzen und der Trajektorien der Unterstützung für Weiß, d.h. der Trajektorien der Kontrolle des Feldes
g3, wobei für Schwarz nach Trajektorien gesucht wird, die ihrer Länge nach Schwarz erlauben würden, rechtzeitig in den Kampf um das Feld g3 (in diesem Fall in zwei Bewegungen) eingreifen zu können.

In der Spielzone von Weiß haben alle Trajektorien zur Unterstützung der weißen Figuren
eine Länge von einer Bewegung. Das Programm ermittelt das Bündel der Trajektorien des
Springers g7 - f5 - g3 und g7 - h5 - g3 sowie des Bauern h2 - g3. Da neue Trajektorien des Springers gefunden wurden, auf denen eine Bewegung zu dem gegebenen Zeitpunkt
bereits sinnlos (da verspätet) ist, ist eine Fortsetzung der laufenden Variante ebenfalls sinnlos. In diesem Fall muß man auf der Zugfolge so viele Halbzüge zurückkehren,
bis die ermittelten Trajektorien des Springers in die Generierung einbezogen werden können, das heißt man muß im Spielbaum bis zur Ausgangsposition zurückkehren. Also bricht
das Programm die Zugfolge ohne Bewertung ab und vollzieht alle Züge in umgekehrter Richtung, wobei die Zahl ohne Bewertung erfolgt.

Wir möchten hier bemerken, daß in der maschinellen Schreibweise des Spielbaumes in der
Abbildung 21 die Entfernung vom linken Rand bis zur Notierung des Zuges proportional
zur Tiefe der Zugfolge im Spielbaum ist; das heißt sie ist proportional zur Anzahl der
Halbzüge in der Zugfolge, die aus der Ausgangsposition in die jeweilige Position füh-

```
WHITE  *KB1,  BF2,  PG4,  PH2

BLACK  *KAB,  NG7,  PE5,

BLACK TO PLAY

******
     BF2 - G3
     BF2 - G3   500
******  500
NG7 - F5
        PG4 * F5
        PG4 * F5   3
NG7 - F5        3
NG7 - H5
        PG4 * H5
        PG4 * H5   3
NG7 - H5        3
******
     BF2 - G3
               ******
                    BG3 * E5
                    BG3 * E5   500
               ******  500
     BF2 - G3  500
******  500
NG7 - H5
     PG4 * H5
     PG4 * H5      3
NG7 - H5 3
NG7 - F5
     PG4 * F5
     PG4 * F5   3
NG7 - F5  3
NG7 - E6
     BF2 - G3
          NE6 - F4 ·
               BG3 *  F4
                    PE5 * F4
                    PE5 * F4      0
               BG3 *  F4
          NE6 - F4      0
     BF2 - G3      0
     BF2 - D4
          PE5 * D4
          PE5 * D4   -3
     BF2 - D4      -3
NG7 - E6      0

SIZE OF THE TREE    13
SIZE OF THE MAP     26
TOTAL NUMBER OF MOVES CONSIDERED  18

CPU TIME IS  25 SECONDS
```

<u>Abb. 21</u>

Die Generierung der Züge wie sie vom Programm "PIONIER" bei der Formierung der Spielzonen benutzt wird.

Der erste Buchstabe bezeichnet die Figur, der zweite das Feld, von dem aus der Zug

erfolgt.

ren. Nun ist das Programm zur Ausgangsposition zurückgekehrt. Beim Aufstieg über die Zugfolge ohne Bewertung wird der gesamte früher konstruierte Spielbaum gelöscht. Das Programm beginnt einen neuen Abstieg im Spielbaum, wobei im Gegensatz zu früher für Schwarz bereits Züge in den Trajektorien existieren.

Jetzt wird der Zug ...Sg7 - f5 auf der Trajektorie der Kontrolle vollzogen.

Sofort findet das Programm die Trajektorie des Bauern g4 - f5. Da ein Spiel auf dieser Trajektorie zum gegenwärtigen Zeitpunkt der Generierung sinnvoll ist, erfolgt keine Rückkehr über die Zugfolge. Zuerst realisiert das Programm den in dieser Zugfolge vorteilhaftesten Schlagzug - deshalb lautet der nächste Zuge 2.g4 : f5. Hier wird die Zugfolge abgebrochen, da Schwarz drei Punkte verliert (der Materialwert des Springers) - das ist mehr als er zu schützen hoffte (einen Punkt, der Materialwert des Bauern e5). Das Verhältnis zwischen dem Spielmaterial von Weiß und Schwarz, das nach dieser Zugfolge weniger auf dem Spielbrett ist, entspricht der Zahl 3; dies ist auch die Bewertung der Zugfolge.

Das Programm beginnt einen Aufstieg im Spielbaum mit dieser einen Bewertung (in Abb. 21 rechts neben der Bezeichnung des Zuges ausgedruckt). In der Position, die nach dem Zug zurück entsteht, der dem Schlagzug 2.g4 : f5 entspricht, existieren für Weiß auf den Trajektorien noch weitere nicht untersuchte Züge (die Züge des Läufers).

Das Programm stellt fest:

Die nach oben übertragene Bewertung 3 ist für Schwarz so ungünstig, daß er seinen vorausgegangenen Zug 1... Sg7 - f5 im Prozeß des Minimaxing verwerfen wird. Deshalb ist es zwecklos, in der gegebenen Position andere Züge von Weiß zu untersuchen, so daß das Programm seinen Aufstieg über die Zugfolge fortsetzt und wir in die Ausgangsposition zurückkehren.

Nun wird eine neue Zugfolge untersucht, mit dem ersten Zug 1... Sg7 - h5 auf der Trajektorie g7 - h5 - g3. Analog zum vorhergegangenen Fall kommen wir wieder in die Ausgangsposition zurück.

Wir stellen fest, daß in der Ausgangsposition alle Züge von Weiß, die dem Angriff des Läufers auf den Bauern entgegenwirken, zugunsten von Weiß bewertet werden, d.h. daß bis jetzt keine befriedigende Verteidigung gefunden werden konnte.

Wir setzen die Generierung fort:

Schwarz läßt einen Zug aus; Weiß antwortet mit 2. Lf2 - g3. Es wurde keine neue Trajek-

torie gefunden, doch es existieren noch die alten Trajektorien des Springers von g7
nach g3. Das Programm stellt fest, daß die Zeit, die für die Bewegung des Springers
auf diesen Trajektorien zur Verfügung steht, ausgeschöpft ist; insofern ist dieser Zug
sinnlos, da der Springer nicht imstande ist, das Feld g3 rechtzeitig zu kontrollieren.
Da für Schwarz keine erlaubten Züge existieren, läßt er wieder einen Zug aus und Weiß
antwortet mit 3. Lg3 : e5. In der erhaltenen Position ermittelt das Programm die Trajektorien der Blockade des Feldes f4 durch den Springer g7 (g7 - h5 - f4 und g7 - e6 -
f4). Das Feld f4 ist ein sogenanntes β-Feld der Trajektorie des Läufers f2 - g3 - e5,
das heißt ein Feld, das während des Zuges passiert wird. Die Suche nach einer Trajektorie der Kontrolle des Feldes e5 durch Schwarz bleibt erfolglos; das Programm findet
keine einzige Trajektorie dieser Art, die aus maximal drei Bewegungen besteht.

In diesem Zusammenhang müssen wir feststellen, daß in einer Position, die sich von der
in der Abb. 19 dargestellten Position durch die Platzierung des schwarzen Königs unterscheidet, der dort auf b7 steht, das Programm zu diesem Zeitpunkt Trajektorien des Königs von b7 nach e5 ermittelt, die es später in die Generierung einbezieht.

Da neue Trajektorien der Blockade des β-Feldes gefunden sind, muß man nun so viele Züge im Spielbaum zurückkehren, bis eine Bewegung der Figur auf diesen Trajektorien sinnvoll ist. Das Programm stellt fest, daß es in diesem Fall notwendig ist, in die Ausgangsposition zurückzukehren. Es erfolgt ein Aufstieg über die Zugfolge ohne Bewertung,
wobei alle Züge zurück, die nicht bewertet werden, durch die Zahl 5oo gekennzeichnet
sind (s. Abb. 21). Bei diesem Aufstieg über die Zugfolge wird der gesamte bisher konstruierte Spielbaum gelöscht. Obwohl das Programm mit der Rückkehr in die Ausgangsposition noch keine befriedigende Verteidigung finden konnte, hat sich sein Wissen wesentlich erweitert: Es wurden Trajektorien von Spielzonen formiert, die mit der Trajektorie des Läufers f2 - g3 - e5 gekoppelt sind.

Die Generierung der Züge beginnt jetzt im Grunde genommen von Neuem, doch werden alle
bisher ermittelten Trajektorien in das Spiel einbezogen. Analog zu dem Vorausgegangenen werden die Züge 1... Sg7 - h5 und 1... Sg7 - f5 wieder untersucht, wobei die Reihenfolge der Untersuchung jedoch anders ist, da der Zug 1... Sg7 - h5 als Zug auf einer "gabelförmigen" Trajektorie eine höhere Priorität aufweist (durch das Feld h5 verlaufen zwei Trajektorien des Springers - die Trajektorien g7 - h5 - g3 und g7 - h5 -
f4). Nachdem das Programm schließlich keine neuen Trajektorien ermitteln konnte, geht
es zur Untersuchung des Zuges 1... Sg7 - e6 auf der Trajektorie der Blockade g 7 - e6 -
f4 über. Weiß setzt das Spiel mit dem Zug 2. Lf2 - g3 fort, worauf Schwarz mit der
Blockade 2... Se6 - f4 antwortet. In dieser Position findet das Programm die Trajektorie des Läufers g3 - f4 und des Bauern e5 - f4. Um diese Trajektorie in das Spiel einzubeziehen, ist es nicht erforderlich, im Spielbaum zurückzukehren. Als vorteilhafte

Schlagzüge werden die Züge 3. Lg3 : f4 und e5 : f4 zuerst untersucht.

Damit wird die Zugfolge abgebrochen, da die wichtigste Figur in dieser Spielzone (ihre Stammfigur), der Läufer, geschlagen wird und somit der Austausch beendet ist. Diese Zugfolge wird mit Null bewertet, da das Materialverhältnis der vom Spielbrett genommenen Figuren gleich Null ist. Es beginnt ein Aufstieg über die Zugfolge mit Bewertung. Da die Bewertung des Zuges 2. Lf2 - g3 mit Null Weiß nicht befriedigt, wählt das Programm an seiner Stelle den Zug 2. Lf2 - d4 auf der Trajektorie f2 - d4 - e5. Zu diesem Zeitpunkt muß man beachten, daß der schwarze Springer auf dem Feld e6 steht. Nach dem Zug mit dem Läufer nach e4 ermittelt das Programm die Trajektorie des Bauern e5 - d4 und die des Springers e6 - d4, die sofort in das Spiel einbezogen werden. Vorgezogen wird jedoch der Schlagzug mit dem Bauern.

Die Zugfolge wird mit der Bewertung -3 abgebrochen, da hier die Stammfigur - der Läufer - geschlagen wurde. Es erfolgt ein Aufstieg über die Zugfolge mit Bewertung, wobei bei der Bewertung des Zuges 1... Sg7 - e6 das Programm ein Minimaxing der Bewertungen vornimmt. Es wählt von den beiden Bewertungen 0 und -3 die höchste, da diese für Weiß vorteilhafter ist.

1.4. Die Formierung der Spielzone

Nachdem im vorhergegangenen Abschnitt in der Ausgangsposition nur die Stammtrajektorie formiert wurde, wollen wir im weiteren die Generierung der Spielzone so vornehmen, daß die Figuren auf den zum jeweiligen Zeitpunkt konstruierten Trajektorien der Spielzone bewegt werden. Dabei geht man davon aus, daß die Trajektorie einer beliebigen Figur vom α_0-Feld zum α_k-Feld nur dann konstruiert werden kann, wenn während des Aufbaus der Spielzone auf dem α_k-Feld eine gegnerische Figur auftaucht.

Falls im Prozeß der Generierung keine Figur auf irgendeinem Intervall der Trajektorie auftaucht, so wird dieses Intervall der Trajektorie auch nicht angegriffen, und es entstehen somit keine Trajektorien eines höheren Negationsgrades. Der Vorschlag, die wichtigsten Operationen des Botvinnikschen Spielalgorithmus mit der Generierung der Züge zu verknüpfen und dadurch die Formierung der Spielzone zu steuern, stammt vom Autor dieses Beitrages. Diese Prozedur führt zu einer Verminderung des Informationsumfangs, der das Modell charakterisiert, und somit auch zu einer wesentlichen Reduzierung des Spielbaums.

Einige Etappen der Formierung der Spielzone werden in der Abbildung 22, a-c illustriert, wobei die Bereiche der Trajektorien, die im Prozeß der Generierung von den entsprechenden Figuren nicht benutzt werden, gestrichelt dargestellt sind. Die Formierung der Spielzone erfolgt mit Hilfe der Prozedur zur Bestimmung neuer Negationstrajektorien (s. Abb. 2o), die wir unten näher betrachten wollen.

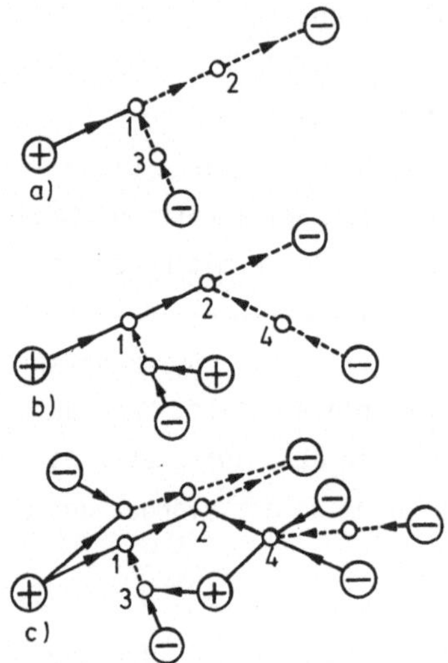

Abb. 22

Einige Etappen der Formierung der Spielzone

1	Nr. der Figur
2	α_k-Feld.des Bündels
3	Länge d.kürzest.Trajektorie d.Bünd.
4	Blockade oder Kontrolle
5	Nr. der angegriffenen Figur
6	Tiefe des Einfrierens
7	α_i
8	α_{i+1}
9	α_0-Feld des Bündels
10	0-Negationstra-jektorie / 1....5-Typ der Spielzone (Stammzone)
11	Adresse d.Sprosses der Zone / Tiefe d.Einbe.ziehung d.Spielzone(i.Sproß)
12	Parameter des Verbots einer Ver-zweigung i.Bündel
13	Die Zeit T_x für das Spiel in der Spielzone

Abb. 23

Struktur eines Standard-
kästchens der Kettenliste
(Spur des Trajektorien-
bündels).

Wichtig ist, daß bei Verwendung des Begriffs "Trajektorie" stets ein "Trajektorienbündel" gemeint ist. Denn eine Figur auf einem α_0-Feld hat in der Regel verschiedene
Wege zum α_k-Feld zur Auswahl. Man kann also beispielsweise nicht von "der" Stammtrajektorie sprechen.

Um aber Wege auszuschließen, die überflüssige Züge (zum Beispiel Züge, die sich gegenseitig wieder aufheben) enthalten, wird die zulässige Anzahl von Bewegungen auf
einer Trajektorie beschränkt.

1.5. Das Einfrieren von Trajektorien

Bei der Untersuchung einer kompletten Spielzone kann die folgende Situation eintreten.

Um die Effizienz der Spielzone zu untersuchen, vollzieht man mit einer Figur versuchsweise einen Zug und überprüft die mit der nun geänderten Trajektorie gekoppelten Zonen. Dabei kann es vorkommen, daß man Züge oder sogar ganze Trajektorien findet, die
in der geänderten Spielsituation sinnlos sind. Beispielswiese kann eine Figur der gegnerischen Mannschaft vorhanden sein, die nun aus Zeitgründen nicht mehr in das Spiel-
geschehen eingreifen kann. Solche Trajektorien können in dieser Situation "vergessen"
werden.

Falls aber nach der vollständigen Analyse der Spielzone festgestellt wird, daß der
vorher versuchsweise vollzogene Zug zu keinem positiven Ergebnis führt, muß die Situation vor diesem Zug wiederhergestellt werden. Aus diesem Grund dürfen Trajektorien oder

sogar ganze gekoppelte Zonen, die vorhin "vergessen" werden konnten, nicht vollständig gelöscht werden; denn sie werden ja noch benötigt. Diesen Vorgang des kurzfristi-
gen Vergessens von Trajektorien oder Zonen bezeichnet man als Einfrieren.

1.6. Das Auftauen von Trajektorien

Das Auftauen ist der dem Einfrieren entgegengesetzte Vorgang.

Muß eine schon einmal konstruierte Spielzone, die sich aufgrund der Analyse verändert
hat, wiederhergestellt werden, so braucht sie, dank der eingefrorenen Trajektorien und
Zonen, nicht neu konstruiert werden. Sie wird durch das Auftauen, also das Hinzuziehen
der vorher vergessenen Teile der Spielzone rekonstruiert.

2. <u>Die Generierung der Züge innerhalb der Gesamtheit der Spielzonen (MP).</u>

Wir wollen nun untersuchen, auf welche Weise die Generierung der Züge mit Hilfe der
MP erfolgt.

Wie wir wissen, ist das Ziel beider Spieler im Schach, den König des Gegners matt zu
setzen. In unserem Modell ist dieses Ziel durch ein anderes ersetzt und besteht im Materialgewinn. Jede Seite ist bestrebt, für sich die beste Strategie, das heißt die
beste Spielvariante zu finden. Die Gesamtheit der Varianten (Strategien) bildet ihrerseits den Spielbaum. Insofern stellt die Bestimmung der optimalen Variante im Spielbaum
mit Hilfe des Minimaxing eine Bestimmung der optimalen Strategie dar. Im Punkt 2 untersuchen wir die Probleme der Formierung des Spielbaumes; die Kriterien für den Abbruch
und die Bewertung der Zugfolge, den Abbruch der Äste im Prozeß des Minimaxing und die
Technik der Generierung im Programm "PIONIER".

2.1. <u>Das Ziel des Spiels und der Abbruch der Zugfolgen</u>

Bei der Ausarbeitung eines Schachprogramms liegt eines der größten Probleme in der Bestimmung der Kriterien für den Abbruch der Zugfolgen und ihre Bewertung. In der Regel
werden in allen bekannten Programmen die Zugfolgen auf einer bestimmten Tiefe abgebrochen, sofern sie in einer Position enden, die man als "Ruheposition" bezeichnet. Das
heißt in einer Position, die keinen Materialgewinn, keine Schachansagen oder Erwiderun-
gen auf Schachansagen enthält. Anderenfalls wird die Zugfolge bis zum Erreichen einer
"Ruheposition" fortgesetzt. Die Schlußpositionen der Zugfolgen werden mit Hilfe einer
linearen Funktion bewertet, welche neben dem Materialverhältnis auf dem Spielbrett eine Vielzahl anderer Positionsfaktoren berücksichtigt.

Diese Methode zur Formierung des Spielbaumes erlaubt es nicht, im Ergebnis einen guten
Zug aus der Ausgangsposition heraus zu wählen. Auch die Praxis der Schachspieler kennt
keine solche Methodik des Abbruchs der Zugfolgen und ihrer Bewertung.

In unserem Modell, und somit auch im Programm "PIONIER", wird der Abbruch der Zugfolgen
durch die Zielsetzung des Spiels bestimmt. Als allgemeines Kriterium für einen Abbruch
der Zugfolge dient das Kriterium über ein mögliches Erreichen des Ziels bzw. der Hoffnungslosigkeit des Erreichens des Ziels bei einer Fortsetzung der Zugfolge. Da das betrachtete Steuerungssystem mehrstufig ist, wobei die Zielsetzung der einzelnen Stufen
verschieden sein kann, werden die Kriterien für den Abbruch der Zugfolge, das heißt die
Beendigung des Spiels, für jede Stufe anders formuliert.

2.2. <u>Die Kriterien des Abbruchs der Zugfolgen</u>

Die Zielsetzung des Spiels in einer Spielzone ist der Gewinn der α_k-Figur des Gegners,
das heißt jener Figur, die von der Stammfigur auf der Stammtrajektorie angegriffen wird.

Der Wert der α_k-Figur ist der Materialgewinn, den die Seite (+) innerhalb der Zone anstrebt. Die Seite (-) versucht, diesem entgegenzuwirken; ihr Ziel ist es, nach Möglichkeit ohne Verlust oder mit einem Verlust, der dem Wert nach kleiner ist als der Wert der α_k-Figur, zu spielen. Dementsprechend sind die Kriterien des Abbruchs der Zugfolgen im Grunde genommen Kriterien der Hoffnung der Seiten (+) und (-). Sie erhoffen, bei einer Fortsetzung ihrer Zugfolge ihr Spielziel zu erreichen. Insofern wird die Zugfolge in der Spielzone abgebrochen, wenn eine der folgenden Bedingungen erfüllt ist:

1. Die α_0-Figur wird geschlagen oder in einer Weise blockiert, daß eine Durchbrechung der Blockade nicht möglich ist.

2. Die α_k-Figur wird geschlagen oder zieht sich vom α_k-Feld zurück.

3. Der während der Realisierung der Zugfolge erlittene Material-Gesamtverlust m_G ist größer, als vom Standpunkt der Seite (+) gewonnen bzw. vom Standpunkt der Seite (-) verteidigt werden kann; das heißt wenn $-cm_G \geq m_k$ ist, dabei ist m_k der Wert der α_k-Figur.

Liegt das Anzugsrecht in der entsprechenden Position bei Weiß, gilt $c = -1$; bei Anzugsrecht für Schwarz gilt $c = 1$.

Untersuchen wir nun eine MP, die aus mehreren in das Spiel einbezogene Angriffszonen besteht. In einer solchen MP existieren mehrere α_0- und α_k-Figuren, die von unterschiedlicher Farbe sein können. Um die Kriterien für den Abbruch der Zugfolge in der MP formulieren zu können, muß man zuerst die Summen Σm_w und Σm_b der Gesamtwerte der weißen und schwarzen α_k-Figuren bestimmen, die zur Gesamtheit der Spielzonen gehören. In diesem Fall nimmt das Kriterium der Hoffnung folgende Form an:

4. $-cm_G \geq \Sigma m_w + \Sigma m_b$ (hierbei gilt für c dasselbe wie im Fall 3).

Somit wird das Spiel innerhalb der MP in der jeweiligen Zugfolge in denjenigen Spielzonen unterbrochen, in denen die Bedingungen 1. oder 2. erfüllt sind; in den anderen Spielzonen wird das Spiel fortgesetzt. In der Gesamtheit der Spielzonen wird die Zugfolge abgebrochen, wenn die Bedingung 4. erfüllt wird. Besteht keine Hoffnung, daß die Zielsetzung der übergeordneten Stufe des Steuerungssystems erreicht wird, so wird das Spiel in allen untergeordneten Stufen des Systems abgebrochen, unabhängig davon, ob hier noch Hoffnung auf ein Erreichen der lokalen Ziele besteht oder nicht. In diesem Fall wird keine Überprüfung der Bedingung 3. (für die einzelne Spielzone) vorgenommen. Ausgehend davon muß die Prüfung der Bedingungen für den Abbruch der Zugfolge und somit auch die Berechnung der Werte aufgrund der Bedingung 4. innerhalb der MP während der Generierung nach jedem einzelnen Zug vorgenommen werden.

2.3 <u>Die Prüfung der Kriterien für einen Abbruch der Zugfolgen.</u>

Die Erfüllung der Bedingungen 1. und 2. wird durch die Prozedur des Einfrierens (bzw.
Auftauen) der Zugfolge gewährleistet (s. dazu Abschnitt 1). Wird in irgendeiner Spielzone der MP eine der Bedingungen 1. oder 2. erfüllt, so werden die Trajektorien des
Stammbündels eingefroren, und damit auch die Negationstrajektorien. In diesem Fall
wird die Generierung innerhalb der jeweiligen Spielzone abgebrochen und in den nicht
eingefrorenen Zonen fortgesetzt.

Wir wollen nun zeigen, wie die Berechung der Summen Σm_w und Σm_b aufgrund der Bedingung
4. erfolgt.

Wir nehmen eine beliebige Stammfigur innerhalb der Gesamtheit der Spielzonen, z.B. die
Figur 1 (s. Abb. 24). Wir gehen davon aus, daß wir bei der Analyse der Informationen
über die Bündel der Stammtrajektorien, die mit dem je-
weiligen Feld auf dem Spielbrett gekoppelt sind, auf
dem die Figur 1 steht, feststellen, daß die Angriffs-
trajektorien auf die Figuren 3, 4 und 5 nicht eingefroren sind. Mit Hilfe der Prozedur zur Bestimmung der
Trajektorien [3] konstruieren wir die Trajektorien
dieser Bündel. Untersuchen wir nun eine der erhaltenen
Trajektorien, z.B. die Trajektorie 1-2-4-5-7. Nach
einer Analyse der α- und β-Felder dieser Trajektorie
stellen wir fest, daß auf dem α-Feld 4 die Figur 3
der Seite (-) steht, wobei gleichzeitig eine nicht
eingefrorene Angriffstrajektorie der Figur 1 (1-2-4)
auf die zuerst genannte Figur existiert. Also ist bei
einer Bewertung der Figur 1 auf der Stammtrajektorie

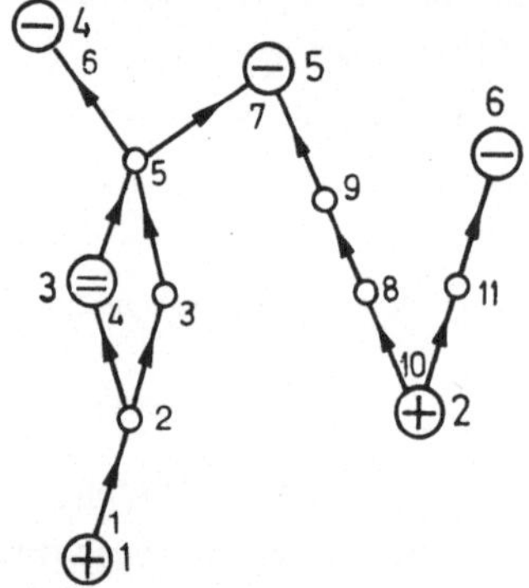

Abb. 24

Stammtrajektorien
einer Gesamtheit
von Spielzonen

1-2-4-5-7 ein maximaler Gewinn der Größe $m_3{+}m_5$ möglich, hierbei sind m_3 und m_5 entsprechend die Werte der Figuren 3 bzw. 5. Bei der Untersuchung der anderen Trajektorien der Stammbündel der Figur 1 stellen wir fest, daß für die Trajektorie 1-2-3-5-7
der Gewinn der Größe m_5 entspricht; für die Trajektorie 1-2-4-5-6 entspricht er der
Größe $m_3{+}m_4$ und für die Trajektorie 1-2-3-5-6 der Größe m_4. Also entspricht der maximale Gewinn innerhalb der Spielzone der Figur 1 der Größe $\max(m_3{+}m_5,\ m_5,\ m_3{+}m_4,\ m_4)$.
Nehmen wir an, daß dieses Maximum auf der Trajektorie 1-2-4-5-7 erzielt wird und der
Größe $m_3{+}m_5$ entspricht. Wir kennzeichnen auf einem speziellen 8x8-Hilfsfeld die Felder,
auf denen die Figuren 3 und 5 stehen. Anschließend gehen wir zur nächsten Stammfigur
in der Gesamtheit der Spielzonen, der Figur 2, über (s. Abb. 24). Nachdem wir hier wie
im Fall der Figur 1 verfahren haben, stellen wir fest, daß der maximale Gewinn innerhalb der Spielzone mit der Stammfigur 2 der Größe $\max(m_5,\ m_6)$ entspricht. Wenn man jedoch berücksichtigt, daß das Feld, auf dem die Figur 5 steht, in dem spezialen 8x8-
Hilfsfeld gekennzeichnet ist und die Figur somit aus der Betrachtung ausgeschlossen

ist, entspricht der tatsächliche Gewinn der Größe m_6. Somit entspricht in dem betrachteten Fall die Gesamtheit der Spielzonen der Größe $\Sigma_{m(-)}=(m_3+m_5)+m_6$, $\Sigma m_{(+)}=0$.
Die Bestimmung der laufenden Größe des Parameters m_G erfolgt im Prozeß der Generierung ebenfalls bei jedem Zug und entspricht der Größe $m_G = (M_b-M_w) + m_0$; dabei ist M_w (M_b) die Summe der Werte aller weißen (bzw. schwarzen) Figuren, die in der jeweiligen Zugfolge der Generierung von der Ausgangsposition bis zur laufenden Position das Spielbrett verlassen mußten; m_0 ist das Materialverhältnis in der Ausgangsposition. Wird die Zugfolge abgebrochen, dann ist die Größe m_G in der Endposition der Zugfolge mit der Bewertung m_k der Zugfolge identisch.

Man sieht nun, daß das hier diskutierte Modell durch das Fehlen einer statistischen Bewertungsfunktion charakterisiert wird ; die Funktion m_k ist nur in einigen Knoten des Spielbaumes definiert, und zwar in der Schlußposition der Zugfolgen. Folglich besteht eine der Hauptaufgaben des hier betrachteten Modells in der Formierung des Definitionsbereiches der Bewertungsfunktion.

Es ist wichtig zu bemerken, daß die Bewertungsfunktion in diesem Fall nicht einfach eine Bewertung der Schlußposition der Zugfolge, sondern eine Bewertung der jeweiligen Zugfolge der Generierung und somit eine Strategie des Steuerungssystems darstellt, das heißt sie ist ein Gradmesser dafür, inwieweit mit Hilfe der angewandten Strategie das Spielziel erreicht wird. Losgelöst von der Zugfolge, das heißt als einfache Bewertung des Materialverhältnisses in der jeweiligen Position, ist diese Bewertungsfunktion völlig wertlos.

Wir müssen hier ferner feststellen, daß die Bewertungsfunktion des Programms "PIONIER" auch über eine Positionskomponente verfügt, die eng mit der MP verknüpft ist, doch würde die Diskussion dieses Problems den Rahmen des vorliegenden Beitrags sprengen.

2.4 Die Beschränkung der Äste im Prozeß des Minimaxing.

Entsprechend der geltenden Terminologie bezeichnen wir die Konstruktion eines schmalen Spielbaumes mit Hilfe einer a' priorie-Beschränkung bestimmter Züge in der jeweiligen Position (in diesem Fall der Züge, die nicht auf einer Trajektorie liegen) als "Abbruch der Zugfolge im Prozeß der Vorwärtsbewegung". Dabei kann jedoch während des Aufstiegs im Spielbaum im Prozeß des Minimaxing in einigen Knoten eine solche Situation entstehen, daß ein späterer Abstieg aus diesen Knoten, das heißt eine weitere Verzweigung des Spielbaumes, das Ergebnis des Minimaxing nicht verändert. In diesem Fall kann auf eine weitere Verzweigung in den jeweiligen Knoten verzichtet werden und man setzt den Aufstieg über die Zugfolge fort. Auf diese Weise werden in der gegebenen Position bestimmte Züge, die dem jeweiligen Knoten entspringen, aus der Generierung ausgeschlossen. Diese Art der Beschränkung von Ästen während des Minimaxing bezeichnen wir als "Abbruch der Zugfolge im Prozeß der Rückwärtsbewegung".

Wir wollen nun zeigen, wie die Beschränkung der Äste während des Minimaxing in unserem Spielmodell vorgenommen wird.

Nehmen wir an, die Generierung erfolgt innerhalb der Gesamtheit der Spielzonen. Wird nun während des Minimaxing in einem bestimmten Knoten von Weiß die Endbewertung m_k der Zugfolge übertragen, die so groß ist, daß der Gegner in jedem Fall den Ast, der von oben zu diesem Knoten führt, abbrechen würde, dann ist eine Berechnung der anderen, aus diesem Knoten führenden Äste, wenig sinnvoll.

Wir untersuchen zwei Verfahren, mit deren Hilfe in unserem Modell eine Beschränkung der Äste vorgenommen wird.

Die erste Methode basiert auf folgenden Überlegungen.

Nehmen wir an, daß oberhalb des jeweiligen Knoten N von Weiß bereits eine Verzweigung und ein Minimaxing vorgenommen wurde, so daß in einigen Knoten bereits laufende Bewertungen existieren. Dann muß nach dem jeweiligen Aufstieg zum Knoten von Weiß und nach der Bestimmung der laufenden Größe m_1 in allen auf dem jeweiligen Ast darüberliegenden Knoten von Schwarz, in denen bereits laufende Bewertungen existieren, sukzessiv geprüft werden, ob unter ihnen nicht solche existieren, die der Bedingung $m_2 \leq m_1$ genügen. Ist dies der Fall, dann werden aus dem Knoten M keine weiteren Äste formiert. Diese Überlegung liegt auch der Methode der α-β-Heuristik zugrunde, die in den meisten Schachprogrammen und auch anderen Zwei-Personen-Nullsummenspielen angewandt wird. Offensichtlich ist im Falle der Anwendung heuristischer Methoden die Reihenfolge der Untersuchung der Züge von entscheidender Bedeutung. Es wurde bewiesen [8], daß im Falle einer theoretisch besten Reihenfolge der Generierung und bei einer Größe des Spielbaumes gleich a^n (dabei ist a die feste Anzahl der Züge in jeder Position und n die Tiefe der Generierung in Halbzügen) die Methode der α-β-Heuristik die Generierung auf eine Größe reduziert, die etwa $a^{(n+1)/2}$ entspricht. In Wirklichkeit überschreitet in den bekannten Schachprogrammen bei einer vollständigen Generierung auf eine vorher vorgegebene Tiefe die tatsächliche Größe des Spielbaumes bei weitem das theoretische Minimum und erreicht bei einer Tiefe der Generierung n = 5 Halbzüge eine Größe von 10^5 Halbzügen. Bei einer Vergrößerung der Tiefe der Generierung um einen Halbzug wächst der Spielbaum der Generierung praktisch um das 7-fache an (in der Mitte der Partie). Programme mit einem solchen Spielbaum stellen besonders hohe Anforderungen an die Rechengeschwindigkeit, wobei eine Befriedigung dieser Forderungen durch die Entwicklung noch leistungsfähigerer Rechner kaum zu einer wesentlichen Steigerung der Spielstärke führen kann. Es wäre falsch anzunehmen, daß eine Vergrößerung der Tiefe der Generierung a l l e r Zugfolgen um 1-2 Halbzüge die Spielstärke eines Programms auf das Niveau eines guten Schachspielers steigern kann. Hier schweifen wir ein wenig von den Eigenschaften der Bewertungsfunktion und von der

Zielsetzung des Spiels ab. Im Falle von Generierungsaufgaben, bei denen in jeder Situation die Anzahl A der Möglichkeiten wesentlich größer ist als die Anzahl der Züge in einer Schachposition (A $\gg$ a), ist der praktische Wert einer vollständigen Generierung auf eine vorgegebene Tiefe sogar im Falle einer Anwendung der α-β-Heuristik aufgrund der wahrlich astronomischen Größe des Spielbaumes außerordentlich gering.

Kehren wir nun zur Beschreibung unseres Spielmodells zurück.

Die Methode der α-β-Heuristik als solche wird hier nicht angewandt, da die Bestimmung der Variationsbereiche der Bewertungsfunktion vor dem Beginn der Generierung die Formierung der MP verfälschen würden. Trotzdem sind die oben dargelegten Überlegungen, die der α-β-Heuristik zugrundeliegen, auch in unserem Fall gültig. Im Prozeß der Generierung wird die laufende Tiefe des (im Spielbaum am höchsten gelegenen) Knotens gespeichert, der bereits über eine laufende Bewertung verfügt. Bei jedem Aufstieg in irgendeinen Knoten und bei der Bestimmung der laufenden Bewertung nimmt das Programm einen Aufstieg über die Zugfolge und einen Vergleich der Bewertungen nur auf die bereits erwähnte laufende Tiefe vor.

Wir gehen nun zur Betrachtung der zweiten Methode der Beschränkung der Äste über, wie sie in unserem Programm angewandt wird.

2.5 Die Beschränkung der Äste aufgrund der Kriterien des schlechtesten Ergebnisses.

In jedem Knoten des Spielbaumes sind wir in der Lage, zwei verschiedene Werte zu bestimmen: den Wert des Ziels und den Wert der Zugfolge; ein Vergleich dieser beiden Werte hilft uns darüber zu entscheiden, ob eine Formierung oder ein Abbruch von Ästen in dem jeweiligen Knoten vorzunehmen ist. Da es sich hier um die Gesamtheit der Spielzonen handelt, kann der Wert der Zielsetzung von Weiß und Schwarz unterschiedlich sein, insofern kann auch die Entscheidung über eine Formierung neuer Äste davon abhängig sein, welche der Seiten in dem jeweiligen Knoten das Anzugsrecht hat.

Nehmen wir an, in dem gegebenen Knoten liegt das Anzugsrecht bei Weiß. Wir führen hier den Begriff des "schlechtesten Ergebnisses" ein: Als schlechtestes Ergebnis im jeweiligen Knoten bezeichnen wir ein solches m_k, bei dem eine der Seiten in der laufenden optimalen Zugfolge in der Gesamtheit der Spielzonen keinen Gewinn erzielt und alles verliert, was zu verlieren war. Für Schwarz ist dies der Verlust aller Gesamtwerte der α_k-Figuren, das heißt der Summe Σm_b.

Wird also im weißen Knoten eine Schlußbewertung

$$m_k \geq m_G + \Sigma m_b$$

erhalten, ist es sinnlos, die anderen Äste aus dem weißen Knoten zu berechnen, da das

Minimaxing sowieso zu einem Ausschluß dieses Knotens aus der optimalen Zugfolge führen wird. Analog dazu gilt für Schwarz die Abbruchbedingung

$$-m_k \geq m_G + m_W.$$

Die Prüfung der Abbruchbedingungen ist verhältnismäßig leicht. Zu diesem Zweck braucht nach jedem Zug "zurück" beim Aufstieg über die Zugfolge nur die Prozedur zur Bestimmung der Werte Σm_W und Σm_b in der Gesamtheit der Spielzonen angewandt werden, wie wir sie bereits bei der Prüfung der Kriterien für den Abbruch der Zugfolgen anwandten.

Es ist interessant, daß die Möglichkeit einer solchen Beschränkung der Äste während des Minimaxing in der Praxis der Schachspieler sowie die Notwendigkeit ihrer Realisierung im Modell erst im Laufe eines Experimentes mit einem funktionierenden Programm zur Generierung der Züge innerhalb der Spielzone - der ersten Variante des Programms "PIONIER" - ermittelt wurde.

Das Modell enthält noch andere Möglichkeiten einer Beschränkung im Prozeß der "Rückwärtsbewegung", die nicht unbedingt zu einer Unterbrechung der Verzweigung in dem jeweiligen Knoten führen, die Anzahl der zu untersuchenden Züge jedoch erheblich begrenzen. Hier ist die Rede von einer Beschränkung der Spielzonen und einer Unterbrechung der Verzweigung im jeweiligen Knoten (s. dazu Abschnitt 2.1o).

2.6 Die Bestimmung der Priorität der Züge

Ein Vorteil durch die Beschränkung der Äste während des Minimaxing, das heißt eine deutliche Verminderung des Spielbaumes, ist nur dann möglich, wenn man beim Abstieg über die Zugfolge bereits vorher weiß, welcher Ast aus dem jeweiligen Knoten zuerst formiert werden muß, um nach dem Aufstieg über die Zugfolge entscheiden zu können, ob die anderen Äste abgebrochen werden müssen. Ausgehend davon wurde folgende Reihenfolge der Untersuchung der in das Spiel innerhalb einer Spielzone einbezogenen Züge festgelegt:

1. Das Hauptziel unseres Spielmodells ist Materialgewinn; deshalb wird darin den
   Schlagzügen die höchste Priorität eingeräumt.

Je größer der Materialgewinn ist, desto wahrscheinlicher ist auch die Möglichkeit eines Abbruchs der Zugfolge; deshalb werden in erster Linie Schlagzüge untersucht, in denen der Wert der gewonnenen Figur (und im Falle einer Gleichheit der Werte, die Differenz zwischen dem Wert der gewonnenen Figur und dem Wert der Figur, die den Schlagzug realisiert) maximal ist. Um dieses Prinzip realisieren zu können, muß man in der Lage sein, die Schlagzüge von den anderen Zügen auf den Trajektorien der MP möglichst schnell unterscheiden zu können. Es sind stets bestimmte Trajektorien in den Spielzo-

nen für Schlagzüge typisch. Die Erkennung der Schlagzüge erfolgt mit Hilfe der Prozedur des sogenannten "Zuges außerhalb der MP", mit deren Hilfe die Formierung aller Züge der jeweiligen Figur (entsprechend den Schachregeln), und nicht nur der Züge auf
den Trajaktorien der MP vorgenommen wird. Diese Prozedur basiert auf einer Abdeckung
des jeweiligen 15x15-Gesamtfeldes [3] durch ein 8x8-Hilfsfeld und der Bestimmung der
Felder auf dem 8x8-Feld, die durch den Index "1" gekennzeichnet sind.

Wir wollen an dieser Stelle die Prozedur zur Bestimmung des größten Gewinns etwas näher beschreiben.

Wir betrachten eine bestimmte Figur der Seite, die in dem gegebenen Knoten des Spielbaumes das Anzugsrecht besitzt. Dabei gehen wir davon aus, daß die Figur zur Spielzone gehört, in der die Generierung erfolgt. Mit Hilfe der Prozedur des Zuges außerhalb
der MP bestimmen wir zunächst alle Schlagzüge dieser Figur. Wir nehmen einen der
Schlagzüge, das heißt ein Figurenpaar mit der Bewertung m_1 (gewonnene Figur) und m_2
(angreifende Figur) und die Koordination dieser Figuren. Anschließend prüfen wir, ob
dieser Zug (Schlagzug) früher bereits in dem betreffenden Knoten im Prozeß der Generierung vollzogen wurde (s. dazu unten). Ist dies der Fall, dann gehen wir zum nächsten Schlagzug über; anderenfalls ordnen wir den Variablen X_1 und Y_1 die Koordinaten
der angreifenden bzw. der angegriffenen Figur zu und der Variablen D_{max} ordnen wir
die Differenz $300m_1-m_2$ zu. Danach gehen wir zum nächsten Schlagzug über und bestimmen
hier die Parameter m_1 und m_2. Im Falle $300m_1-m_2>D_{max}$ werden die erhaltenen neuen Werte der Parameter X_1, Y_1 und D_{max} gespeichert; ist dies nicht der Fall, gehen wir zum
nächsten Schlagzug über usw. Nach der Durchsicht aller Schlagzüge in der Spielzone
erhalten wir den vorteilhaftesten Schlagzug - den Zug $X_1 - Y_1$.

2. Die Formierung der Spielzone, das heißt die Formierung neuer Negationstrajektorien
   ist nur sinnvoll in größeren Bereichen, da im Falle, wenn hier eine Antwort be-
   treffs des Spielergebnisses in der Spielzone erhalten wird, eine weitere Formierung
   der anderen Bereiche der Spielzone (aufgrund des Abbruchs der Zugfolge und ihrer
   Constriction im Prozeß des Minimaxing) unterbleibt.

Auf diese Weise erfolgt eine Beschränkung der Generierung und der MP.

Dadurch wird den Zügen auf solchen Trajektorien die zweite Priorität erteilt, die zuletzt in die MP einbezogen wurden. Dieses Prinzip läßt sich verwirklichen, indem man
die neu konstruierten Trajektorien kennzeichnet und nach der Rückkehr über die Zugfolge während der Pseudogenerierung diese Kennzeichnung bei der Entscheidung benutzt,
die bestimmt, auf welchen Trajektorienbündeln eine Bewegung vorzuziehen ist. Nach der
Bestimmung der neuen Trajektorien muß die alte Kennzeichnung gelöscht werden.

3. Nehmen wir an, daß mit Hilfe der Pseudogenerierung neue Negationstrajektorien bestimmt werden konnten.

In diesem Fall kehren wir im Spielbaum zu einem bestimmten Knoten zurück, wobei die
anderen Äste des Baumes gelöscht werden und die Generierung aus diesem Knoten sowie
die Untersuchung neuer Trajektorien beginnt. Nehmen wir an, die Züge der Figur, die
im Prozeß der Generierung angegriffen wurde, sind die gleichen wie in der vorausgegangenen Variante der Generierung, das heißt wie in der Variante, die bereits als vorläufige Variante gelöscht wurde. Dann wird die Rückwärtsbewegung der angegriffenen Figur auf den entsprechenden Spuren, die mit den α_k-Feldern gekoppelt sind, welche die
Figur während ihrer Rückwärtsbewegung passiert, gespeichert. Deshalb besteht im Prozeß der Generierung (vorwärts) die Möglichkeit, diese Bewegungen zu wiederholen, da
den Zügen der Figur auf den gekennzeichneten Feldern eine Priorität eingeräumt wird.

4. Die Zeitmessung (in Halbzügen) spielt in dem hier betrachteten Modell eine große
   Rolle, so daß ein möglichst schnelles Erreichen des Ziels infolge der Bewegung der
   Figur auf der kürzesten Trajektorie gewährleistet werden kann.

Den Zügen auf solchen Trajektorien wird die vierte Priorität eingeräumt. Bei gleicher
Länge der Trajektorien sind gabelförmige Trajektorien (das heißt Trajektorien, bei
denen ein bestimmtes Intervall mehreren Trajektorien angehört) anderen vorzuziehen.
Als ein Beispiel für eine gabelförmige Trajektorie kann man die Trajektorien 1-2-3-5-7
und 1-2-4-5-6 in der Abbildung 24 betrachten.

Zum gegenwärtigen Zeitpunkt ist dieses Prinzip im Gesamtprogramm von "PIONIER" noch
nicht verwirklicht, ein Sonderfall ist jedoch im Programm vorhanden. Hat das Programm
eine Entscheidung bezüglich der Bewegung der Figur auf einem bestimmten Trajektorienbündel zu treffen, dann werden zuerst die Bewegungen auf den kürzesten (gabelförmigen)
Trajektorien untersucht (s. unten). Ein Vergleich der Gabelförmigkeit der Trajektorien
verschiedener Figuren wird bereits in der nächsten Variante des Programms "PIONIER"
möglich sein.

Im Verlauf der Experimente mit "PIONIER" mußten wir feststellen, daß das hier angeführ-
te Prioritätensystem einer Präzisierung bedarf. Es ist vor allem zu bemerken, daß in
diesem Prioritätensystem der "Grad der Wichtigkeit" der jeweiligen Spielzone unberück-
sichtigt bleibt. Gemeint ist dabei der Wert des Spielziels in der jeweiligen Spielzone; die Entfernung zwischen der angreifenden und der angegriffenen Figur auf der Trajektorie sowie die "Passierbarkeit" der Trajektorie.Unter Passierbarkeit der Trajektorie verstehen wir dabei folgendes: Wir betrachten alle α-Felder einer bestimmten Trajektorie und bestimmen die Figuren, die in einer Bewegung von dem betrachteten α-Feld
stehen. Für jedes α-Feld bestimmen wir das Resultat des optimalen Austausches der be-

treffenden Figuren unter Berücksichtigung der Tatsache, daß die Figur während ihrer Bewegung auf der Trajektorie dieses Feld erreicht. Die α-Felder, auf denen der Austausch zugunsten der Seite entschieden wird, der die jeweilige Trajektorie gehört, bezeichnen wir als "passierbar". Die Spielzone mit einer Stammtrajektorie, deren sämtliche α-Felder passierbar sind, bezeichnen wir als bedrohte Zone. Es steht außer Zweifel, daß dem Spiel in einer solchen Zone eine hohe Priorität eingeräumt werden muß und die Priorität der Schlagzüge somit auf den zweiten Platz rückt. Diese Prinzipien sollen in der nächsten Variante des Programms "PIONIER" berücksichtigt werden (s. dazu auch Anhang 2 zu diesem Buch: M.A. Cfasman u.a. "Pozicionnaja ocenka i prioritety").

2.7 Untersuchung der Trajektorien bezüglich der Einbeziehung

Wie bereits eingangs erwähnt wurde, werden die Züge auf den kürzesten (gabelförmigen) Trajektorien untersucht, wenn das Programm im Prozeß der Generierung der Zugfolgen einer bestimmten Figur die Auswahl der Trajektorien für die Einbeziehung in die Generierung zu treffen hat. Zu diesem Zweck werden aus der entsprechenden Spur, die mit dem Feld gekoppelt ist, auf dem die Figur steht, Informationen über das jeweilige Bündel abgerufen, wobei geklärt wird, ob das entsprechende Trajektorienbündel eingefroren wurde. Ist dies nicht der Fall, dann wird mit Hilfe der Prozedur zur Bestimmung der Trajektorienbündel eine Entwicklung dieses Bündels vorgenommen, das heißt alle Trajektorien des Bündels werden in expliziter Form auf einem leeren Spielbrett konstruiert. Anschließend wird jede Trajektorie nacheinander auf das reale Spielbrett übertragen, alle ihre α- und β-Felder ermittelt und ihre tatsächliche Lage bestimmt. Dabei wird auch die Frage geklärt, ob genügend Zeit für die Bewegung der entsprechenden Figur auf der jeweiligen Trajektorie der Spielzone zur Verfügung steht. Wird die Trajektorie durch ihre eigene Figur blockiert, dann prüft man, ob die Möglichkeit und Notwendigkeit einer Deblockade besteht. Falls das Intervall $[\alpha_0,\alpha_1]$ der Trajektorie blockiert, ist es klar, daß die Trajektorie nicht in die Generierung einbezogen wird; trotzdem wird das Feld, auf dem die blockierende Figur steht, mit der Information über die Notwendigkeit einer Deblockade verknüpft.

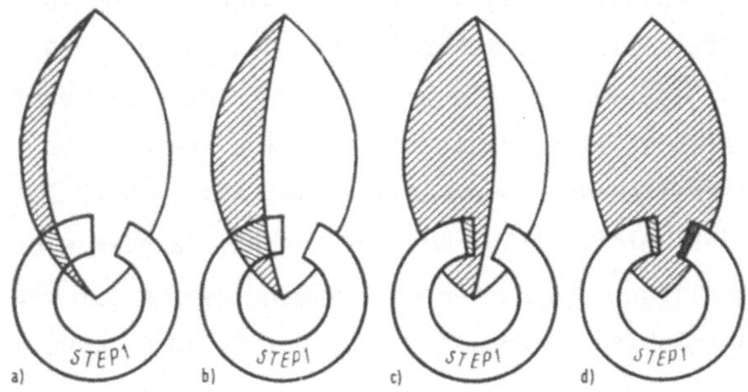

__Abb. 25__   Analyse der Trajektorien eines Bündels aufgrund ihrer Länge.

In der Abbildung 25 wird das Gesamtfeld STEP 1 der Felder auf dem Spielbrett dargestellt, welche die Figur in einer Bewegung erreicht. Das Gesamtfeld STEP 1 ist in Form
eines offenen Ringes dargestellt; dies bedeutet, daß einige Züge der jeweiligen Figur
im laufenden Knoten während der Generierung der Zugfolgen bereits realisiert wurden.
Das Problem der Bestimmung solcher Züge wollen wir zu einem späteren Zeitpunkt untersuchen. Nehmen wir an, wir haben eine bestimmte Trajektorie des Bündels untersucht und
stellen dabei fest, daß die Trajektorie aufgrund aller Parameter in die Generierung
einbezogen werden kann. In diesem Fall markieren wir das α-Feld der Trajektorie auf dem
Gesamtfeld STEP 1 (das offensichtlich darin enthalten ist) und speichern die Länge (A)
der Trajektorie. Nehmen wir nun an, daß einige nachfolgende Trajektorien ebenfalls in
die Generierung einbezogen werden können, wobei diese Trajektorien die gleiche Länge
aufweisen. Wir kennzeichnen die α-Felder dieser Trajektorien auf dem Gesamtfeld STEP 1.
Dieser Vorgang wird in Abbildung 25, a - b illustriert. Auf diese Weise kommen wir, von
einer Trajektorie zur anderen übergehend, zu einer Trajektorie, deren Länge auf dem realen Spielbrett kleiner als A ist. Dann werden alle früher auf dem Gesamtfeld STEP 1
gekennzeichneten α_1-Felder der Trajektorien gelöscht und das α_1-Feld der neu ermittelten Trajektorie markiert (s. Abb. 25, c). Wir ordnen der Variablen A den neuen Wert
der Länge der laufenden Trajektorie zu, und setzen anschließend die Prozedur fort, wobei wir die α_1-Felder der Trajektorien, deren Länge größer als A ist, nicht auf dem
Gesamtfeld STEP 1 kennzeichnen; ist die Länge der neu ermittelten Trajektorien kürzer
als A, dann wird das Gesamtfeld STEP 1 wie bereits gehabt umformiert und die laufende Größe des Parameters A geändert. Auf diese Weise werden im Prozeß einer einmaligen
Untersuchung des Trajektorienbündels im Gesamtfeld STEP 1 alle α_1-Felder der kürzesten
Trajektorien des Bündels gekennzeichnet, die gleich lang sind (s. Abb. 25, d). Nun
müssen nur noch die gabelförmigen Trajektorien bestimmt werden.

2.8 Analyse der Trajektorien bezüglich ihrer Gabelförmigkeit

Wenden wir uns nun der Analyse der übrigen Trajektorien der gegebenen Figur zu, die
innerhalb der Spielzone liegen. Wir betrachten in diesem Fall nur solche Trajektorien,
deren α_1-Felder nach der Untersuchung des Hauptbündels, das für die Einbeziehung in
die Generierung gewählt wurde, im Gesamtfeld STEP 1 gekennzeichnet wurde. Wir gehen
also davon aus, daß nach der Analyse des Hauptbündels die markierten Felder des Gesamtfeldes STEP 1 mit dem Index "1" gekennzeichnet sind. Besitzt irgendeine Trajektorie
eines anderen Trajektorienbündels der betreffenden Figur ein α_1-Feld, das in STEP 1
markiert ist, dann wird dieses Element des Feldes STEP 1 um Eins erhöht. Nachdem wir
alle anderen Trajektorienbündel der jeweiligen Figur untersucht haben, werden auf den
Feldern von STEP 1 verschiedene natürlich Zahlen stehen, die Auskunft darüber geben,

wieviele Trajektorienbündel der jeweiligen Figur durch das betreffende Feld verlaufen, das heißt sie charakterisieren den Grad der "Gabelförmigkeit" des jeweiligen α_1-Feldes des Hauptbündels. Als nächstes untersuchen wir alle Elemente von STEP 1 und bestimmen das Größte von ihnen. Die Nummer dieses Elementes ist die Koordinate des "gabelförmigsten" α_1-Feldes der kürzesten Trajektorie des Hauptbündels. Somit wird in der Generierung der Zug $\alpha_0 - \alpha_1$ realisiert, wie er in der Abbildung 26 dargestellt wird.

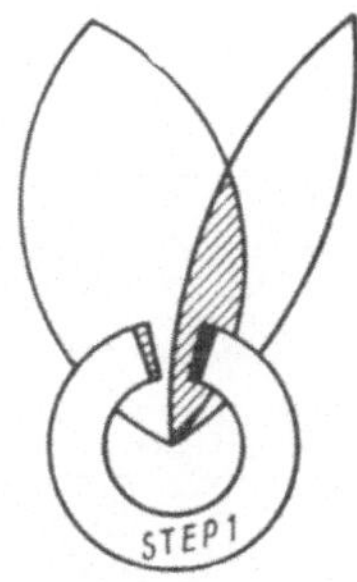

Abb. 26

Analyse der Trajektorien des Bündels anhand ihrer Gabelförmigkeit

2.9 Rückzug und Deblockade

In dieser Arbeit bezeichnen wir überall als Trajektorienbündel die Gesamtheit der Trajektorien einer bestimmten Figur, die mindestens zwei gemeinsame Felder - das Ausgangsfeld und das Endfeld - besitzen. In dem hier diskutierten Modell wird noch ein weiterer Typ eines Trajektorienbündels definiert, das wir als "Rückzugtrajektorie" (bzw. als "Trajektorie der Deblockade") bezeichnen. Es handelt sich dabei um die Gesamtheit aller Trajektorien in einer Bewegung, die als gemeinsames Ausgangsfeld ein α_0-Feld besitzen, deren Endfelder jedoch ein beliebiges Feld auf dem Spielbrett sein kann, das die betreffende Figur entsprechend der Spielregeln in einer Bewegung vom α_0-Feld erreichen kann. Die Kriterien für die Einbeziehung solcher Bündel in die Generierung, sowie die Formierung der entsprechenden Spielzonen lassen wir in dem vorliegenden Beitrag außer Acht. Die Liste der Parameter eines Bündels von Rückzugstrajektorien unterscheidet sich in mancherlei Hinsicht von der Standardliste.

Betrachten wir einmal die Abbildung 27.

Hier wird die Spur des Trajektorienbündels des Rückzugs vom α_0-Feld mit dem betreffenden Feld gekoppelt. In der zweiten Position wird anstelle des α_0-Feldes eine "Null" notiert; in der dritten Position eine "Eins"; in der vierten Position - der Typ des Trajektorienbündels (Rückzug oder Deblockade). In der fünften Position, die hauptsächlich für die Prozedur des Einfrierens bzw. des Auftauens verwendet wird, wird die Nummer der Figur angegeben, mit deren Trajektorien das jeweilige Bündel zum Zeitpunkt seiner Entstehung gekoppelt war. In der siebenten und achten Position der Spur des Trajektorienbündels des Rückzugs werden "Nullen eingetragen.

1	Nummer der Figur
2	0
3	1
4	Rückzug oder Deblockade?
5	Nr. der angreifenden (bzw. de-blockierenden) Figur
6	Tiefe des Einfrierens
7	das dem blockier. F. am nächsten gelegene Feld
8	Felder, auf denen eine Deblockade verboten ist

Abb. 27

Die Spur eines Trajektorienbündels des Rückzugs (bzw.
der Deblockade).

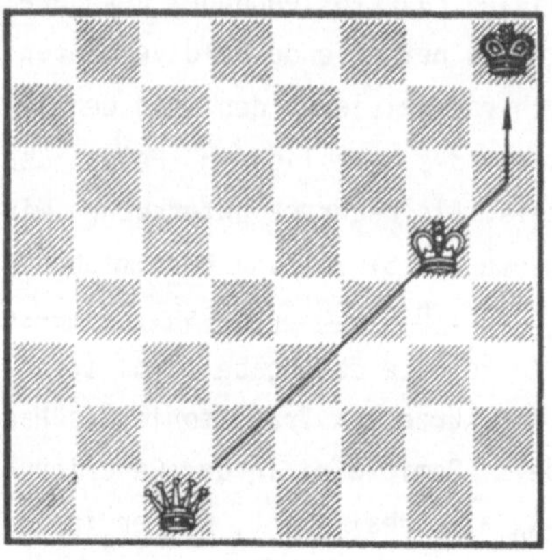

Abb. 28

Beispiel einer blockierten
Trajektorie

Für ein Trajektorienbündel der Deblockade werden in der siebten Position die Koordinaten des (auf der Trajektorie) dem blockierten Feld am nächsten gelegenen α-Feldes
der blockierten Trajektorie notiert; das heißt des α-Feldes, auf dem die Figur sozusagen "direkt" mit der Blockade konfrontiert wird. So wird z.B. in der Abbildung 28
die Trajektorie Dc1-h6-h8 durch den König auf g5 blockiert. Für das Trajektorienbündel der Deblockade des Feldes Z (g5) werden in der siebten Position (s. Abb. 27 die
Koordinaten des Feldes c1 eingetragen. Bei der Deblockade ist es wichtig, die Trajektorie so zu räumen, daß sie nicht wieder blockiert wird. Deshalb sind in einer
Trajektorie der Deblockade, im Gegensatz zu einer Rückzugstrajektorie, nicht alle Züge erlaubt. So müssen hier z.B. in Abb. 28 die Trajektorien Kg5-f4 und Kg5-h6 im betreffenden Trajektorienbündel der Deblockade verboten werden. Zu diesem Zweck werden
in der achten Position der Spur des Trajektorienbündels die Koordinaten der Felder f4
und h6, die neben dem blockierten $\alpha(\beta)$-Feld der Trajektorie liegen, notiert. Die übrigen Positionen der Spur unterscheiden sich nicht vom allgemeinen Fall.

Die Trajektorienbündel des Rückzugs (bzw. der Deblockade) können nur zur Klasse der
Stammtrajektorien der Spielzone gehören, deshalb werden alle Prozeduren innerhalb der
Spielzone, von denen im ersten Teil dieser Arbeit die Rede ist, auf analoge Weise auch
für Spielzonen mit einer Stammtrajektorie des Rückzugs (bzw. der Deblockade) realisiert. Es ist klar, daß für die Realisierung eines Zuges auf den Trajektorien eines
solchen Bündels während der Generierung keine Berechnung der Trajektorien vorgenommen
zu werden braucht [3]. Es genügt, wenn man in diesem Fall die Prozedur eines "Rückzugs außerhalb der MP" anwendet, von der oben (s. Abschnitt 2.6) die Rede war.

Es ist wichtig zu bemerken, daß bei der Deblockade, vor Anwendung der Prozedur "Zug
außerhalb der MP", das Programm die Felder des Spielbrettes, die in der achten Posi-

tion der Spur notiert sind, vorübergehend mit bestimmten Figuren ihrer Farbe "besetzt"
und nach der Realisierung der Prozedur wieder "entfernt". Dies führt dazu, daß die
Prozedur "Bewegung außerhalb der MP" die entsprechenden Strahlen des Trajektorienbündels als zu ihren Figuren gehörend betrachtet und eine Bewegung in diesen Richtungen
als den Spielregeln widersprechend verbietet (in der Abbildung 28 sind es die Strahlen
g5-h6 und g5-c1). Die Idee einer solchen Anwendung von "Zügen außerhalb der MP" gehört
A.I. Reznicki.

Die Berücksichtigung der Gabelförmigkeit und somit auch der Priorität der Einbeziehung
von Trajektorienbündel des Rückzugs (bzw. der Deblockade) erfolgt auf analoge Weise,
wie oben beschrieben. Wie wir bereits erwähnten, wird die Frage bezüglich der Notwendigkeit und Möglichkeit einer Deblockade während der Analyse der Trajektorienbündel
bezüglich ihrer Einbeziehung in die Generierung entschieden. Hierzu wird jede blockierte laufende kürzeste Trajektorie untersucht, um die Möglichkeit ihrer Deblockade zu
klären. An dieser Untersuchung ist auch die Prozedur des "Zuges außerhalb der MP" beteiligt. Stellt man fest, daß eine Deblockade unmöglich ist, wird die blockierte Trajektorie nicht als eine laufende kürzeste Trajektorie betrachtet und das Programm
geht zur Untersuchung der nächsten Trajektorie des Bündels über. Anderenfalls wird die
Information, die für die Deblockade erforderlich ist (die Parameter der Spur des Trajektorienbündels der Deblockade) gespeichert. Zusammenfassend kann man also feststellen, daß die Menge der Trajektorienbündel einschließlich der Rückzugstrajektorien
(bzw. der Trajektorien der Deblockade) die gesamte Menge aller Untersysteme der unteren Stufe, das heißt der ersten Stufe, des Steuerungssystems umfaßt.

2.1o Beschränkung der Zugfolgen bei einer Verzweigung im Trajektorienbündel

Die oben betrachteten Beschränkungen basieren auf einer Analyse der Möglichkeit des
Erreichens des Spielziels in der zweiten und dritten Stufe des Steuerungssystems (das
heißt in der Spielzone und in der MP). Hier wollen wir nun die Beschränkung der Zugfolgen untersuchen, die auf der Analyse der Erreichung des Spielziels in der ersten
Stufe des Steuerungssystems (im Trajektorienbündel) basiert. Dementsprechend beeinflußt das Ergebnis einer solchen Beschränkung nur die Generierung der Züge innerhalb
des jeweiligen Trajektorienbündels. Gemeint ist dabei die Unterbrechung einer Betrachtung der Züge (im jeweiligen Knoten des Spielbaumes) auf den Trajektorien des betreffenden Bündels und nicht die endgültige Beendigung der Verzweigung im Knoten und der
Aufstieg aus diesem Knoten.

Nehmen wir an, wir haben während der Generierung eine bestimmte Position erreicht.
Das Programm bestimmt nun in einem bestimmten Trajektorienbündel eine Trajektorie, um
auf ihr den nächsten Zug zu vollziehen.

Gehen wir ferner davon aus, daß während der Generierung bereits eine aus dieser Position hervorgehende Zugfolge untersucht wurde, in der die Figur sich auf einer Trajektorie des betreffenden Bündels bewegt. Erreicht die Figur dabei das α_k-Feld des Bündels oder verläßt die Trajektorie (indem sie in eine andere Spielzone hinüberwechselt) oder bleibt auf der Trajektorie bis zur Beendigung der Zugfolge stehen (ohne dabei blockiert zu sein), dann ist es sinnlos, die Bewegung der Figur auf den anderen Trajektorien des Bündels zu untersuchen, und das Programm verbietet diesen Zug. Wenn jedoch die Figur auf der entsprechenden Trajektorie geschlagen oder blockiert wird, dann ist eine Bewegung auf einer anderen Trajektorie erlaubt. Somit ist ein Verbot einer Verzweigung innerhalb eines Trajektorienbündels davon abhängig, ob das α_k-Feld des Trajektorienbündels erreicht wird, und falls dies nicht der Fall ist, davon, ob Hoffnung besteht, daß dieses Feld erreicht werden kann.

Für die Trajektorienbündel der Deblockade sind die Bedingungen einfacher:

Existiert in der gegebenen Position wenigstens eine einzige Möglichkeit der Deblockade und die deblockierte Figur wird im Verlauf der jeweiligen Zugfolge auf dem blockierten Feld nicht geschlagen, dann braucht man die anderen Möglichkeiten einer Deblockade nicht zu untersuchen. Für Trajektorien des Rückzugs ist eine Verzweigung stets dann erlaubt, wenn sie dazu dient, ein sicheres Rückzugsfeld zu bestimmen und den Angriff auf den Gegner fortzusetzen. Die Prüfung der Kriterien der Beschränkung erfolgt im Programm "PIONIER" mit Hilfe einer Untersuchung des zuletzt konstruierten Astes des Spielbaumes unterhalb des betreffenden Knotens sowie der Untersuchung der Spur der jeweiligen Figur auf den Feldern des Spielbrettes, auf denen die Figur im Verlauf der jeweiligen Zugfolge verweilte.

Dabei liegt die Schwierigkeit im Folgenden:

Zum Zeitpunkt der Analyse gehört das untersuchte Trajektorienbündel zu der in das Spiel einbezogenen Spielzone (eine Untersuchung des Prozesses der Einbeziehung bzw. des Ausschlusses der Spielzone ist an dieser Stelle nicht vorgesehen), wobei es jedoch möglich ist, daß diese Einbeziehung "soeben erst" erfolgte und die Figur sich in der zu untersuchenden Zugfolge auf den Trajektorien einer ausgeschlossenen Zone bewegen konnte, die als gabelförmig betrachtet werden können. In diesem Fall gehen wir davon aus, daß auf den gegebenen Trajektorien des Bündels früher keine Bewegung erfolgte, so daß eine Verzweigung erlaubt ist.

Die Notwendigkeit einer Beschränkung im Falle einer Verzweigung im Bündel wurde bei Experimenten mit dem Programm "PIONIER" (bei der Lösung von Studien) festgestellt.

2.11 Die Struktur des Spielbaumes

Die Informationen über den Spielbaum werden während der gesamten Generierung und während des Minimaxing immer wieder verwendet. Im Gegensatz zu der Mehrzahl der heute bekannten Schachprogramme speichert "PIONIER" den gesamten Spielbaum, einschließlich der Äste der LOZ. Dies ist nur möglich, weil die maximale Größe des Spielbaumes bei Experimenten 200 Halbzüge nicht überschritt. Die Struktur des Spielbaumes muß sowohl einen Abstieg als auch einen Aufstieg im Spielbaum, das heißt eine Rekonstruktion der jeweiligen Position im betreffenden Knoten, sowie eine Berechnung des laufenden Materialverhältnisses m_T, ein Minimaxing der Bewertungen der Zugfolgen, das Löschen bestimmter Äste bei der Rückkehr über die Zugfolge im Prozeß der Pseudogenerierung, eine Beschränkung eines Teils des Spielbaumes bei der Realisierung des Zuges auf dem Spielbrett und eine "Gleisbewegung" ermöglichen. All diese Forderungen werden durch die Struktur der Kettenliste gewährleistet. Dabei werden die Knoten des Spielbaumes in der Reihenfolge ihrer Formierung während der Generierung der Zugfolge fortlaufend durchnumeriert. Die Nummer des Knotens gibt uns die Adresse an, die die Informationen über den Spielbaum enthält, welche mit dem jeweiligen Knoten verknüpft ist (s. dazu Abb. 29, a). Die Nummer des Knotens ist identisch mit der Nummer der Spalte in der zweidimensionalen Tabelle, in der die Information bezüglich des Knotens gespeichert ist. Die Struktur des Standard-Elementes einer solchen Tabelle wird in der Abbildung 29, b dargestellt. Darin sind unter anderem die Adresse des vorausgegangenen "Vaterknotens" sowie des benachbarten "Bruderknotens" angegeben. Letzteren Knoten erhält man aus dem Vaterknoten nach dem Zug X - Y. Wenn dieser Zug mit Materialgewinn oder in einer Umwandlung des Bauern endet, wird die Information diesbezüglich in der entsprechenden Spalte notiert.

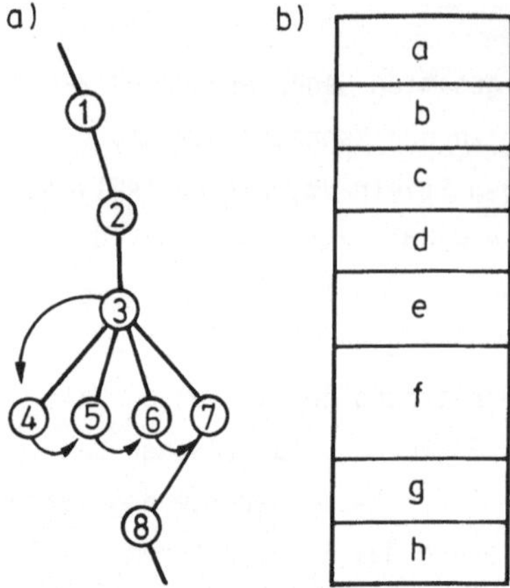

Abb. 29

Struktur des Spielbaumes
der Generierung

a) Adresse des "Bruder-
    knoten";
b) Adresse des "Vater-
    knoten";
c) X;
d) Y;
e) Nummer der gewonnenen
    Figur;
f) Charakteristik der Um-
    wandlung des Bauern bzw.
    eines Materialgewinns im
    Vorbeigehen;
g) Signet der Spielzone;
h) Bewertung.

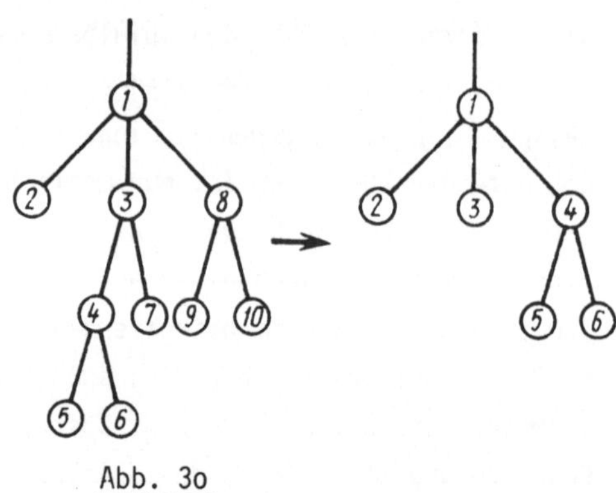

Abb. 3o

Umformierung des Spielbaumes
der Generierung

Die hier betrachtete Struktur des Spielbaumes erlaubt es, für jeden Knoten zu jedem beliebigen Zeitpunkt der Generierung
festzustellen, welche Äste aus dem betreffenden Knoten bereits konstruiert sind,
das heißt welche Züge in der jeweiligen
Position im Prozeß der Generierung bereits
vollzogen wurden. Dabei genügt es, wenn man
ausgehend von der Nummer des betreffenden
Knotens, z.B. der Nummer 3 (s. Abb. 29,a)

diese um eine "1" vergrößert; dadurch erhalten wir die Nummer de "Sohnes".

Ausgehend von dieser Adresse erfolgt nun die Bestimmung der Information über den Zug,
der in diesen Knoten führt (Zug X-Y). Dieser Zug wird in einer Spezial-Tabelle notiert. In der gleichen Spalte finden wir die Adresse des "Bruderknotens" (in der Abbildung 29,a ist es der Knoten 5). Wir übertragen aus der betreffenden Spalte die Information über den Zug in die Spezial-Tabelle usw. Auf diese Weise kommen wir zum Knoten 7, der keinen "Bruderknoten" besitzt. In der Spezial-Tabelle erhalten wir eine
Liste der Züge, die in der gegebenen Position während der Generierung bereits realisiert wurden. Bei der Formierung des Spielbaumes werden die Positionen, die den bereits konstruierten Knoten des Spielbaumes entsprechen, nicht gespeichert; es existiert lediglich eine laufende Position, die dem Knoten entspricht, den man zum jeweiligen Zeitpunkt erhält. Deshalb ist es bei einer Rückkehr über die Zugfolge im Prozeß
der Generierung und des Minimaxing in einen bestimmten Knoten erforderlich, die ihm
entsprechende Position zu rekonstruieren. Dies geschieht bei jedem Zug (vorwärts oder
rückwärts), indem das Programm während der Generierung die laufende Position synchron
zum Zug verändert. Dabei wird gleichzeitig auch das laufende Materialverhältnis m_T

neu berechnet. Bei dieser Gelegenheit verwendet das Programm die Information, die mit dem Knoten des Spielbaumes gekoppelt ist.

Wie bereits oben erwähnt wird, ist während des Programmablaufes oft eine Umformierung des Spielbaumes erforderlich, die darin besteht, daß einzeln, bereits konstruierte Äste oder bisweilen ganze Hilfsbäume aus der Generierung ausgeschlossen werden. Die hier verwendete Struktur des Spielbaumes erlaubt uns eine solche Umformierung mit Hilfe einer Umnumerierung der Knoten vorzunehmen. Ein Beispiel für eine solche Umformierung wird in der Abbildung 3o dargestellt. In diesem Fall ist es erforderlich, einen Hilfsbaum mit den Knoten 4, 5, 6 und 7 aus der Generierung auszuschließen. Im Grunde genommen besteht die Umformierung des Spielbaumes darin, daß das Programm die Information aus bestimmten Spalten der oben erwähnten zweidimensionalen Tabelle in andere Spalten überträgt.

2.12 Der neue Inhalt der bereits bekannten Prozeduren

Die Prozeduren, von denen im Teil 1 dieses Beitrages die Rede war, sind, verglichen mit den anderen bekannten Modellen des Schachspiels, ein Novum. Im Teil 2 werden die formal mehr oder weniger einfachen Standardoperationen beschrieben, wie sie bei der Lösung vieler Generierungsprobleme angewandt werden. Es ist hier die Rede von der Generierung der Züge, dem Abbruch und der Bewertung der Zugfolgen, dem Minimaxing und der Bestimmung der Priorität der Züge während der Generierung.

In unserem Modell, in dem die Generierung als eine Bestimmung der optimalen Zugfolge in einem dreistufigen Steuerungssystem bei unterschiedlicher Zielsetzung betrachtet wird, sind die oben angeführten Operationen mit einem völlig neuen Inhalt erfüllt. Davon zeugt z.B. die Größe der Spielbäume, die wir im Verlauf der Experimente erhielten (in einer Größenordnung von 10^2 Halbzügen), sowie die Tatsache, daß es uns gelang, Lösungen für Studien zu finden, bei denen die Länge der entscheidenden Zugfolge 25 Halbzüge erreicht. Die Anwendung solcher, ihrer Form nach gleichen, Operationen in den früher bekannten Schachprogrammen führt nicht zum gleichen Ergebnis. Dies ist darauf zurückzuführen, daß keines der Programme, soweit es uns bekannt ist, das Spiel als ein mehrstufiges Steuerungssystem mit ungenauer Zielsetzung modelliert, sondern als ein einstufiges System betrachtet, das (bei der Zielsetzung "matt") durch die Spielregeln bestimmt wird. Ein solches System ist aber aufgrund der astronomischen Größe des Spielbaumes bei der Bestimmung der optimalen Strategie nur schwer zu steuern. Dabei steht der Erfolg, der infolge der Anwendung der Menge der oben erwähnten Prozeduren im Rahmen eines einstufigen Steuerungssystems, in dem eine ungenaue Zielsetzung fehlt, erreicht wird, in keinem Verhältnis zu den für eine optimale Programmierung des Generierungsalgorithmus aufgewendeten Bemühungen. In dem hier diskutierten Modell "PIONIER" ist die Rolle der Prozeduren, die im Teil 2 beschrieben werden, nicht allein auf eine Reduzierung des Spielbaumes beschränkt. Durch ihren Einfluß auf die Generierung üben sie gleichzeitig einen Einfluß auf das Zusammenwirken zwischen den einzelnen Stufen des Steuerungssystems bei der Formierung der Spielzone (s. Teil 1) und der Einbeziehung der Spielzonen in die Generierung aus, wodurch eine Rückkopplung zwischen den einzelnen Untersystemen gewährleistet wird. So ist z.B. der Abbruch der Zugfolgen (aufgrund der geltenden Kriterien) und ihre Bewertung mit Hilfe der Bewertungsfunktion eine der wichtigsten Formen der Rückkopplung zwischen den einzelnen Stufen des Steuerungssystems und der Prozedur der Generierung: Die Zielsetzung im Spiel gibt eine Antwort auf die Frage, was man erreichen will, und die Bewertungsfunktion hilft uns eine Entscheidung zu treffen, inwieweit das gesteckte Ziel zu realisieren ist.

= = = = = = = =

Anhang 2

<u>M.A. Cfasman</u>:

Die Positionsbewertung

Der Begriff *Positionsbewertung* spielt im Schach eine große Rolle.

In Programmen mit vollständiger Generierung der Züge bis auf eine bestimmte Tiefe und Einschränkung der Zugfolgen mit Hilfe der α-β-Heuristik ist die Positionskomponente der komplizierteste Teil der Bewertungsfunktion.

Wie wir wissen, stellt die Bewertungsfunktion in Programmen dieser Art ein Polynom ersten Grades von mehreren Variablen dar, dessen erstes Glied proportional zum Materialverhältnis in der laufenden Position ist. Die anderen Glieder, die beispielsweise von der Beherrschung des Mittelfeldes oder der Bauernposition abhängig sind, bilden zusammen die Positionskomponente.

Eine Verbesserung der bekannten Programme ist im wesentlichen von der Vervollkommnung der Positionskomponente der Bewertungsfunktion abhängig. So können zum Beispiel Faktoren, die für die Mehrzahl der Positionen als positiv bewertet werden, in einigen Fällen negativ ausfallen,wodurch die Positionen eventuell falsch bewertet werden.

Die von M.M. Botvinnik vorgeschlagene Art der Positionsbewertung, die auf einer Kontrolle der Felder der Trajektorien basiert, ist einerseits für alle Positionen gültig, andererseits jedoch für jede konkrete Position individuell, da sie nur für die Felder berechnet wird, die von der MP erfaßt werden, welche ihrerseits wiederum für jeden Knoten des Baumes individuell ist.

Insofern ist in dem vorliegenden Modell die Positionsbewertung proportional zu der Beziehung K_w/K_b. Hierbei ist K_w bzw. K_b die Anzahl der α-Felder der nicht eingefrorenen Trajektorien der Spielzonen, die entsprechend von Weiß bzw. von Schwarz kontrolliert werden.

Im weiteren wollen wir untersuchen, auf welche Weise diese α-Felder bestimmt werden.

Die Bestimmung der Positionsbewertung ist im wesentlichen mit der Lösung zweier Probleme verbunden. Zuerst müssen die nicht eingefrorenen Trajektorien der Figuren und ihre α-Felder bestimmt werden; danach muß für jede Trajektorie und für jedes ihrer α-Felder die Liste der Figuren, die in einer Bewegung das betreffende α-Feld erreichen können, bestimmt werden. Dann muß das Ergebnis des optimalen Austausches der Figuren auf dem jeweiligen Feld berechnet werden. Ist das betreffende α-Feld passierbar, das heißt das Ergebnis des Austausches fällt zugunsten der Seite aus, der die jeweilige Trajektorie gehört (nehmen wir an, es ist Weiß), dann wird die entsprechende Bewertung (K_W) um eine Eins erhöht.

Dasselbe gilt natürlich analog für Schwarz. Die Untersuchung der α-Felder der Trajektorien wird bis zum ersten nicht passierbaren α-Feld fortgesetzt.

Da im Programm "PIONIER" die Informationen bezüglich der Trajektorien in "kompakter" Form oder, richtiger gesagt, in Form einer Spur des Trajektorienbündels (s. dazu [1]) gespeichert wird, müssen die Trajektorienbündel für die Bestimmung der α-Felder erst "entwickelt" werden. Das heißt, man muß die Information über die Trajektorienbündel aus ihrer Spur ableiten und anschließend die Prozedur zur Bestimmung der Trajektorien anwenden, wobei die erhaltene Information als Ausgangsparameter betrachtet wird. Die Entwicklung aller in die Spielzone einbezogenen und nicht eingefrorenen Trajektorienbündel ist eine Operation, die viel Zeit erfordert. Man könnte annehmen, daß man auf eine Realisierung dieser Operation in jedem einzelnen Knoten des Spielbaumes verzichten kann, wenn man davon ausgeht, daß eine Position sich in einer Zugfolge im Prozeß der Generierung von Zug zu Zug nur "wenig" ändert, und somit eine Neuberechnung der Positionsbewertung in jedem Knoten überflüssig ist und nur von Zug zu Zug korrigiert zu werden braucht.

In Wirklichkeit ist die Positionsbewertung jedoch in einem viel stärkeren Maße einer Veränderung unterworfen, da durch diese Veränderung auch die MP charakterisiert wird, die nicht nur von Knoten zu Knoten, sondern zu verschiedenem Zeitpunkt sogar in ein und demselben Knoten verschieden sein kann (z.B. infolge der Einbeziehung neuer Spielzonen). Dieser Umstand unterstreicht besonders deutlich die Individualität der verwendeten Positionsbewertung bezüglich einer konkreten Situation. Insofern ist es nicht möglich, auf eine Entwicklung der Trajektorienbündel in jedem Knoten des Spielbaumes zu verzichten. Aus diesem Grunde wäre es wünschenswert, die Berechnung der Positionsbewertung mit anderen Operationen, die das Programm in jedem Knoten des Spielbaumes realisiert, zu koppeln. Wir nutzen für diesen Zweck die Prozedur der Bestimmung der Priorität des Zuges.

Wir wollen diese Prozedur nun etwas näher untersuchen.

In der ursprünglichen Version des Programms "PIONIER" bestand diese Prozedur in einer je nach Anzahl der Prioritäten wiederholten Entwicklung der Trajektorienbündel zwecks einer Bestimmung von Trajektorien, die sich durch bestimmte Merkmale auszeichnen (s. [1]). Die neue Version von "PIONIER" sieht eine einmalige Entwicklung aller Tra-

jektorienbündel mit einer Bestimmung der Priorität der Trajektorien und der Wahl der
Trajektorie mit der höchsten Priorität vor.

Dies geschieht folgendermaßen:

Es werden für eine gegebene Figur alle Trajektorienbündel bestimmt, die den in das
Spiel einbezogenen Spielzonen angehören. Dabei wird nacheinander jedes Trajektorienbündel entwickelt und die Priorität (s. unten) jeder Trajektorie bestimmt (auf der die
Figuren in der gegebenen Position noch nicht bewegt wurden). Der Wert der Priorität
(eine natürliche Zahl), wird auf dem α_1-Feld der jeweiligen Trajektorie auf einem speziellen 8x8-Gesamtfeld notiert.

Wird bei der Entwicklung des nächsten Trajektorienbündels der betreffenden Figur festgestellt, daß das α_1-Feld einer beliebigen Trajektorie mit dem auf dem speziellen
8x8-Feld gekennzeichneten Feld identisch ist, dann bedeutet das, daß die betreffende
Trajektorie gabelförmig bezüglich einer Trajektorie des vorausgegangenen Trajektorienbündels ist. In diesem Fall wird der Index der Priorität der jeweils höher bewerteten
Trajektorie um eine 1 erhöht und als neuer Wert auf dem betreffenden α_1-Feld des
8x8-Gesamtfeldes notiert. Nachdem wir alle Trajektorienbündel der jeweiligen Figur auf
diese Weise untersucht haben, werden bestimmte Felder auf dem 8x8-Gesamtfeld durch verschiedene Indizes gekennzeichnet sein. Wir wählen von diesen Feldern dasjenige, das mit
dem höchsten Index gekennzeichnet ist.

Gespeichert werden drei Werte:

X   die Koordinate der gegebenen Figur;

Y   die Koordinate des gewählten Feldes;

V   der Index auf dem gewählten Feld.

Danach werden alle Felder des 8x8-Gesamtfeldes "gelöscht", d.h. sie werden mit dem Index "0" gekennzeichnet, und wir wiederholen die obigen Operationen bei der nächste Figur, wobei wir uns desselben 8x8-Gesamtfeldes bedienen.

Ist der Index des neuen Feldes größer als V, werden die neu ermittelten Werte X, Y
und V gespeichert; anderenfalls gehen wir einfach zur nächsten Figur über und wiederholen alle Operationen. Nachdem wir alle Trajektorien aller Figuren der jeweiligen Farbe auf diese Weise untersucht haben, erhalten wir drei Werte X, Y und V, die das Feld
bestimmen, von dem der nächste Zug zu machen ist, der in der gegebenen Situation über
die höchste Priorität (V) verfügt. Auf diese Weise ist ein gegenseitiger Vergleich der
Priorität der Trajektorien sowohl für eine bestimmte Figur als auch einer Anzahl von

Figuren möglich, was in den früheren Versionen des Programms "PIONIER" nicht der Fall war. Außerdem können bei der Bestimmung der Priorität der Trajektorie noch eine Reihe anderer Faktoren, wie z.B. die Wertigkeit der Spielzone, der die jeweilige Trajektorie angehört (d.h. die Verwundbarkeit des Ziels und der Wert des Ziels) sowie die Verwundbarkeit der Trajektorie, ihre Länge und Gabelförmigkeit berücksichtigt werden.

Kehren wir nun zur Bestimmung der Positionsbewertung zurück und sehen wir, auf welche Weise diese Prozedur in den oben betrachteten Mechanismus der Bestimmung der Priorität integriert wird.

Nachdem die laufende Trajektorie des Bündels mit all ihren α- und β-Feldern auf dem realen Schachbrett ermittelt ist, müssen alle α-Felder, angefangen vom α_0-Feld bis zum ersten nicht passierbaren α-Feld, untersucht werden, wobei man sich der Prozedur des optimalen Austausches auf dem jeweiligen Feld bedient.

Die Prozedur zur Bestimmung des Ergebnisses des optimalen Austausches auf einem vorgegebenen Feld (einer Trajektorie der gegebenen Figur) ist wie folgt organisiert. Wir bezeichnen dabei die Figuren der gleichen Farbe wie die gegebene Figur als "eigene" und die Figuren der anderen Farbe als "gegnerische" Figuren.

Zuerst bestimmen wir alle Figuren, die eventuell an einem Austausch auf dem betreffenden Feld beteiligt sein könnten. Die Trajektorie einer am Austausch beteiligten Figur zum betreffenden Feld darf eine Bewegung nicht überschreiten. Dabei muß die Trajektorie entweder frei sein, oder sie darf nur durch Figuren blockiert sein, die ebenfalls an dem Austausch beteiligt sind. Eine solche Blockade kann nur von folgender Art sein: Läufer und Dame bzw. Turm und Dame können sich gegenseitig blockieren; ein Bauer hingegen kann einen Turm und ein Dame blockieren. Insofern ist es möglich, bei der Untersuchung der Diagonalen, der Vertikalen und der Horizontalen sowie der Felder, die der Springer von dem betreffenden Feld, auf dem der Austausch vorgenommen wird, erreicht, sofort alle am Austausch beteiligten Figuren zu bestimmen, wobei gleichzeitig auch alle Figuren ermittelt werden, die eine beliebige am Austausch beteiligte Figur blockieren. Es ist klar, daß eine Untersuchung der Diagonalen, Vertikalen oder Horizontale abgebrochen wird, sobald darauf eine Figur ermittelt wird, die nicht am Austausch beteiligt ist.

Wichtig ist, daß in der gesamten Prozedur keine Trajektorien berechnet zu werden brauchen, wodurch die Rechenzeit des Programms wesentlich verkürzt wird.

Wenn alle am Austausch beteiligten Figuren ermittelt sind, wird nur noch die Liste der Figuren verwendet; die reale Position auf dem Schachbrett kann mann dann vergessen. Uns interessiert in erster Linie die Reihenfolge, in der die Figuren am Austausch beteiligt sind. Vom Standpunkt des Ergebnisses eines Austausches aus betrachtet, ist eine dem Wert der Figuren nach aufsteigende Anordnung der Figuren der jeweiligen Farbe optimal. Hierbei ist zu berücksichtigen, daß eine Figur mit höherem Wert erst dann am Austausch teilnehmen kann, wenn die anderen kleineren Figuren, die diese Figur blockieren, bereits ausgetauscht sind. Wir wollen zeigen, daß keine andere Anordnung der Figuren existiert, die das Ergebnis eines solchen Austausches verbessern könnte.

Nehmen wir eine beliebige andere Anordnung der Figuren. Gehen wir davon aus, daß diese Anordnung, vom Ergebnis des Austausches aus betrachtet, optimal, aber keine Anordnung im obigen Sinne ist. Nehmen wir z.B. zwei in der Liste nebeneinander verzeichnete Figuren der gleichen Farbe in einer Reihenfolge, bei der der Wert der zweiten Figur kleiner ist als der Wert der ersten Figur. Wir vergleichen nun das Ergebnis eines Austausches dieser Figuren mit dem Ergebnis eines Austausches in einer Variante, in der die Figuren in umgekehrter Reihenfolge stehen. Nehmen wir also zuerst den Schlagzug mit der höherwertigen Figur vor. Wenn nun der Gegner die Zugfolge abbricht, dann ist das Ergebnis des Austausches dasselbe, als wenn wir den Schlagzug mit der geringerwertigen Figur vollzogen hätten; setzt der Gegner den Austausch jedoch fort und wird der Austausch von uns abgebrochen, dann entspricht der Verlust aufgrund dieser Reihenfolge des Austausches der Differenz der Werte der in ihrer Reihenfolge umgestellten Figuren (im Vergleich zu einem Abbruch der Zugfolge bei umgekehrter Reihenfolge der Figuren). Setzen wir den Austausch fort, dann erhalten wir das gleiche Ergebnis, als wenn die Figuren in aufsteigender Reihenfolge am Austausch beteiligt gewesen wären (falls der Gegner seinerseits ebenfalls den Austausch fortsetzt) und verlieren den Differenzwert, wenn der Gegner den Austausch abbricht.

Daran sieht man, daß die hier betrachtete Austauschvariante die eingangs erwähnte optimale Variante nicht verbessert. Insgesamt gesehen kann eine Blockade, von der eingangs die Rede war, dieses Prinzip verändern; die übliche Skala der Werte der Figuren im Schach ist jedoch so, daß eine Blockade einer Trajektorie einer Figur von geringerem Wert durch eine Figur von höherem Wert nur dann möglich ist, wenn die blockierende Figur eine Dame ist.

Bei den am Austausch beteiligten Figuren entspricht der Wert der Dame plus dem Wert einer beliebigen anderen Figur zumindest dem zweier beliebiger anderer an der Blockade beteiligten Figuren. Dieser Umstand erlaubt es uns, das Prinzip im Falle blockierter Figuren anzuwenden. Der König ist nicht imstande, im Rahmen eines Austausches eine Blockadefunktion zu erfüllen.

Ausgehend von diesem Prinzip ordnen wir die eigenen und die gegnerischen Figuren und bestimmen das konkrete Austauschergebnis. Zu diesem Zweck nehmen wir ein Minimaxing für jede beliebige Unterbrechung des Austausches durch eine der Seiten vor. Dabei gehen wir davon aus, daß der Gegner mindestens einen Schlagzug machen muß, sofern sich ihm eine solche Möglichkeit bietet. In dem Fall, daß der Gegner überhaupt keine Figuren besitzt, die an einem Austausch auf dem jeweiligen Feld teilnehmen könnten, weiß man, daß das Feld nicht angegriffen wird (d.h. es handelt sich dabei um ein passierbares Feld).

Beim Minimaxing werden selbstverständlich folgene Schachregeln beachtet:

1. Der König ist nicht an einem Austausch beteiligt, sofern er nicht die letzte Figur beim Austausch in der jeweiligen Position ist.
2. Das Feld, auf dem ein Austausch erfolgt, kann gleichzeitig ein Feld sein, auf dem sich ein Bauer in eine andere Figur verwandelt, wodurch sich der Wert der Figur ändert.
3. Der erste Zug im Austausch kann ein "en passant"-Schlagzug sein, was ebenfalls zu berücksichtigen ist.

Es ist wichtig zu bemerken, daß das Ergebnis eines Austausches nicht durch das Feld auf dem Spielbrett bestimmt wird, auf dem der Austausch erfolgt, sondern durch das Feld der Trajektorie. Die Prozedur zur Bestimmung des Ergebnisses eines optimalen Austausches auf dem α-Feld der Trajektorie wird nicht nur für die Positionsbewertung, sondern auch für die Bewertung der Priorität der Trajektorie angewandt.

Die Priorität eines Zuges ist eine Funktion in mehreren Variablen. Eine dieser Variablen ist die Verwundbarkeit der Trajektorie, wenn z.B. alle Felder der betreffenden Trajektorie passierbar sind oder von der Seite kontrolliert werden, der die jeweilige Trajektorie gehört. Es ist klar, daß man bei einer solchen Art der Einbeziehung der Prozedur des Austausches in das Programm bei der Bestimmung der Positionsbewertung gleichzeitig den Grad der Verwundbarkeit der Trajektorie bestimmen kann, deren α-Felder analysiert werden. Gemeint ist dabei die Verwundbarkeit der Angriffstrajektorie, unter Vernachlässigung der Verwundbarkeit der Rückzugsfelder der angegriffenen Figur. Für die Bestimmung der Priorität einer Trajektorie ist neben ihrer Verwundbarkeit auch die Verwundbarkeit der Stammtrajektorie der Spielzone, mit der die jeweilige Trajektorie gekoppelt ist, von großer Bedeutung, so z.B. wenn die betreffende Trajektorie eine Negationstrajektorie der Spielzone ist. Eine Bestimmung der Verwundbarkeit der jeweiligen Stammtrajektorie zum Zeitpunkt der Bestimmung der Priorität ist ein ziemlich schwieriges und wenig effektives Unterfangen, da man hierbei ein Trajektorienbündel einer anderen Figur entwickeln muß.

Es ist viel einfacher, die Bestimmung der verwundbaren Zonen in einer speziellen Prozedur vorzunehmen.

Wir bestimmen also zuerst die Priorität der Spielzone und erst dann die Priorität der Trajektorien der jeweiligen Zone. Bevor wir also zur Prozedur zur Bestimmung der Priorität des Zuges übergehen, wird die Prozedur zur Bestimmung der verwundbaren Spielzonen aufgerufen. Diese Prozedur nimmt lediglich eine Entwicklung der Stammtrajektorien der Angriffszone vor und bestimmt die Verwundbarkeit dieser Trajektorien, wobei die Prozedur des optimalen Austausches auf dem jeweiligen Feld angewandt wird. Die Information bezüglich der Priorität der Stammtrajektorie der Angriffszone wird im Sproß der Zone gespeichert, d.h. im Sproß des Stammbündels der jeweiligen Spielzone auf dem α_0-Feld des Bündels (s. [1]).

Mit Hilfe derselben Prozedur bestimmen wir auch die Anzahl der verwundbaren Spielzonen und die Gesamtlänge ihrer Stammtrajektorien - diese Werte brauchen wir für die Bestimmung der Positionsbewertung. Insofern ist die Klärung der Frage bezüglich der Priorität der Spielzone, mit der die jeweilige Trajektorie gekoppelt ist, im Rahmen der Prozedur zur Bestimmung der Priorität des Zuges kein allzu schwieriges Problem. Man braucht zu diesem Zweck nur auf den Sproß der betreffenden Spielzone zurückzugreifen, in dem die Information bezüglich der Priorität der Zone gespeichert ist.

Die in diesem Beitrag untersuchten Prozeduren erfüllen im Programm "PIONIER" im wesentlichen folgende zwei Funktionen: Sie dienen der Bestimmung der Positionsbewertung und der Bestimmung der Priorität der Züge bei ihrer Einbeziehung in die Generierung.

Alle Prozeduren basieren auf dem Ergebnis eines optimalen Austausches auf dem jeweiligen Spielfeld. Es ist wichtig zu bemerken, daß sowohl die Positionsbewertung als auch die Priorität der Züge hier ohne exakte Daten beschrieben wurden. Dieser Umstand beruht darauf, daß das Verhältnis zwischen der Positionsbewertung und dem Spielmaterial sowie beispielsweise die Verwundbarkeit, die Länge der Trajektorien, ihre Gabelförmigkeit usw. vorläufig nur annähernd bestimmt werden. Diese Daten müssen im Verlauf weiterer Experimente mit "PIONIER" präzisiert werden.

Anhang 3

A.D. Judin:

Die Endspielbibliothek des Programms "PIONIER"

1. Einführung

Bei der Ausarbeitung des Programms "PIONIER" stellten wir uns die Aufgabe, dessen
Spielweise nach der eines guten Schachspielers zu gestalten. Um dieses Ziel zu erreichen, wurde ein Informationsauswertungssystem unter der Bezeichnung "Erfahrungen der
Vergangenheit" entwickelt. Der wichtigste Faktor hierbei ist die Möglichkeit einer
effektiven Nutzung des Systems. Nur wenn die Möglichkeit für eine erfolgreiche Nutzung eines Systems gegeben ist und wenn es experimentell erprobt ist, daß das neue
System eine effektive Lösung des anstehenden Problems gewährleistet, nur dann ist es
sinnvoll, ein solches System zu entwickeln.

In unserem Falle ist die Rede von der Zweckmäßigkeit der Entwicklung eines Informationsauswertungssystems nach dem Prinzip "Erfahrungen der Vergangenheit" für ein
Schachprogramm, das die Denkweise eines Schachspielers modelliert. Ein guter Spieler macht sich im Schachspiel in jedem Stadium der Partie systematisch die Erfahrungen der Vergangenheit zunutze. Dabei wendet er dieses Verfahren nur in den Knoten
des Spielbaumes an, wo es ihm als zweckmäßig erscheint; daraus folgt, daß für eine
effektive Nutzung von Erfahrungen erstens die Knotenzahl im Spielbaum gering sein
muß und zweitens, das Programm zur Nutzung der Erfahrungen muß so organisiert sein,
daß die Kapazität des Rechners dadurch möglichst wenig beansprucht wird. Mag die Erfüllung der zweiten Bedingung vollkommen in den Händen der Autoren des Informationsauswertungssystems liegen, so ist die Erfüllung der ersten Bedingung untrennbar mit
dem Spielalgorithmus des Programms verbunden.

Bei der Entwicklung eines Schachprogramms nach dem Botvinnikschen Spielalgorithmus
haben wir es mit einem kleinen, "menschlichen" Spielbaum zu tun. Ausgehend von dem
Obengesagten, kann man das "Programm" eines Schachspielers bedingt in zwei Teile
unterteilen:

1. Das Programm zur Bestimmung des Zuges in der Ausgangssituation, und

2. die Bibliotheken der Eröffnung, des Mittelspiels und des Endspiels sowie die
   entsprechenden Programme für die Anwendung dieser Bibliotheken.

Diese Einteilung ist insofern bedingt, weil beide Teile bisweilen parallel zueinander arbeiten und sich gegenseitig ergänzen. Bei der Bestimmung des Zuges werden oft die in den Bibliotheken gespeicherten Informationen verwendet.

In diesem Beitrag wollen wir die Probleme untersuchen, die mit der Schaffung der Endspielbibliothek des Programms "PIONIER" und mit den Algorithmen zur Benutzung dieser Bibliothek sowie der programmgerechten Realisierung der oben erwähnten Algorithmen zusammenhängen.

Da sich im Programm "PIONIER" die Figuren auf ihren Trajektorien entsprechend der Zielsetzung des Spiels bewegen, kann das Problem zur Benutzung der Endspielbibliothek analog zur Handlungsweise eines Schachspielers gelöst werden. Spielt ein guter Schachspieler, dann sucht er nicht nur nach einer etwaigen Übereinstimmung der Positionen in der Partie (bzw. im Spielbaum) mit den Bibliothekspositionen, sondern er versucht, solche Bibliothekspositionen auf dem Spielbrett zu erreichen (dieses Problem untersuchen wir in den Abschnitten 1o. - 17.). Auf ähnliche Weise soll auch das Programm "PIONIER" einmal handeln; nachdem in der Bibliothek eine ähnliche und vorteilhafte Position ermittelt ist, bestimmt das Programm die Trajektorien der Figuren und versucht die Figuren so zu bewegen, daß diese vorteilhafte Position erreicht wird. Sobald eine solche Position erreicht ist und mit der Bibliotheksposition übereinstimmt, ist auch die Bewertung der Position bekannt und die Zugfolge wird abgebrochen.

2. Problemstellung

Normalerweise werden in Handbüchern zum Endspiel verschiedene Positionen und die ihnen entsprechenden Zugfolgen dargestellt; ein guter Schachspieler hat jedoch im Endspiel in der Regel all diese Varianten nicht im Kopf, er kennt nur bestimmte Positionen, ihre Bewertung und, sofern es erforderlich ist, die schwierigen ersten Züge. Alles weitere findet er mit Hilfe seines Algorithmus zur Bestimmung der Züge. Insofern schien es uns zweckmäßig, in der Bibliothek nicht die Zugfolgen, sondern die Knotenpositionen und ihre Bewertung, sowie, eventuell, die ersten Züge zu speichern - sofern es sich um schwierige Züge handelt. Dadurch wird die Prozedur zur Vervollständigung der Bibliothek wesentlich vereinfacht und der Umfang der zu speichernden Information wird vermindert [4].

Somit wird der Spieler (bzw. das Programm) mit dem folgenden Problem konfrontiert:

Im Laufe der Partie bzw. irgendeiner Zugfolge ist eine konkrete Endspielsituation entstanden, die es nun (unter Berücksichtigung des Anzugsrechtes) zu bewerten gilt (Gewinn, Unentschieden, Verlust), wobei (falls erforderlich) auch der beste erste Zug zu bestimmen ist.

120

3. Die Konfiguration

Das Schachbrett läßt sich beginnend auf dem Feld a1 und endend auf dem Feld h8 von
1 bis 64 durchnumerieren. Jeder in einer Position befindlichen Figur kann man nun eine
solche lineare Koordinate L_1 für die erste, L_2 für die zweite Figur, usw. entsprechend
ihrer Position aus der Menge von 1 bis 64 zuordnen.

Nachdem die gegenseitig bezogene Position der Figuren (Konfiguration) bestimmt ist,
nehmen wir alle möglichen Verschiebungen der Position bezüglich der vertikalen und
horizontalen Koordinatenachsen vor, wobei wir nicht über die Grenzen des Spielbretts
hinausgehen und die Schachregeln bezüglich der Bauernposition nicht übertreten dürfen. Dabei erhalten wir eine Menge von Positionen der jeweiligen Konfiguration. Bei
der Konzipierung eines Programms besteht das Problem darin, die jeweilige Menge der
Positionen (von denen in einer Menge bis zu 4o enthalten sein können) zusammen mit
den entsprechenden Entscheidungen (Bewertung, erster Zug) in einer für die spätere
Anwendung günstigen Form in die Endspielbibliothek aufzunehmen.

4. Das Phänomen des "Randeffektes"

Die Möglichkeit einer kompakten Schreibweise der erforderlichen Informationen basiert auf einem Phänomen, das unter dem Namen "Randeffekt" bekannt ist.

Man stellte fest, daß sich eine Menge von Positionen in folgende, sich gegenseitig
nicht schneidende (vom Standpunkt der Bewertung und der Konfiguration der ersten Züge entscheidende Positionen) Teilmengen unterteilen läßt:

- Positionen, die von einer der horizontalen Kanten des Spielbretts beeinflußt werden;

- Positionen, die sowohl von den horizontalen als auch von den vertikalen Kanten des
  Spielbretts beeinflußt werden (sogenannte "Eckpositionen");

- Alle anderen Positionen, bei denen der "Randeffekt" keinen Einfluß ausübt.

Die Bewertungen und die ersten Züge (in der jeweiligen Konfiguration) sind innerhalb
einer Teilmenge der Positionen konstant. Man kann sogar noch mehr Gemeinsamkeiten
feststellen: Da die gesamte Menge durch eine konstante Position der Figuren charakterisiert wird und die Bewertungsfunktion aus nur drei verschiedenen Werten (Gewinn, Unentschieden, Verlust) besteht, kann man für die Mehrzahl der Konfigurationen mehrere
der oben erwähnten Teilmengen aufgrund der Übereinstimmung der Bewertung und der
ersten Züge zusammenfassen.

Oft begegnen wir auch sogenannten "leeren" Teilmengen, die keine einzige Position
enthalten. Insofern genügt es, um eine beliebige Position der jeweiligen Menge zu er-
kennen, wenn in der Bibliothek nur eine einzige Position, z.B. aus der Teilmenge der
Eckpositionen (häufig, jedoch nicht immer, "artet" eine solche Teilmenge in eine einzige Position aus) und entsprechende Gliederungsformeln für die Menge existieren, die
den Änderungsbereich der Bewertungen charakterisieren. Eine ähnliche Lösung des Problems für eine bestimmte Menge wollen wir unten an einem Beispiel untersuchen.

5. Die Symmetrie

Eine große Bedeutung im Programm "PIONIER" wird der Anwendung der Symmetrien beige-
messen:

- Die Flankensymmetrie stellt eine Abbildung der Positionen bezüglich der vertikalen
  Achse des Spielbretts dar;

- die Farbsymmetrie spiegelt die Position bezüglich der horizontalen Achse des Spielbretts unter Berücksichtigung der Farbänderung wider;

- die Diagonalen-Symmetrie spiegelt die Positionen bezüglich der Diagonalen a1-h8
  und h1 a8 wider (sie wirkt in einer Position ohne Dauer).

Jedes Feld des Spielbretts wird durch die ihm entsprechenden zweidimensionalen Koordinaten x, y oder durch die lineare Koordinate L beschrieben, die miteinander verknüpft
sind:

$$L = 8(y - 1) + x.$$

So weist z.B. das Feld f5 die Koordinaten: $x = 6$, $y = 5$ bzw. $L = 38$ auf. Unter
Vernachlässigung einfacher Transformationen soll nun noch auf die Formeln der Symmetrierung hingewiesen werden. Nehmen wir an, x, y und L sind Koordinaten eines Feldes,
auf dem die Figur vor der Symmetrierung stand; dann gilt für die Flankensymmetrie:

$$L_{\phi\pi} = L + 9 - 2x;$$

für die Farbensymmetrie gilt:

$$L_{\mu B} = L + 8(9 - 2y);$$

und für die Diagonalen-Symmetrie gilt:

$$L_{ai-h8} = 8L - 63y + 56 \quad \text{und} \quad L_{hi-a8} = 63y + 9 - 8L.$$

Also gilt für jedes beliebige Feld auf dem Spielbrett folgende Beziehung:

$$L_{ai-h8} + L_{hi-a8} = 65.$$

Diese und einige andere erhaltenen Beziehungen werden für die Formierung symmetrischer Konfigurationen benutzt. Die oben erwähnten Symmetrien werden sowohl einzeln als auch gemeinsam entsprechend der Anwendungsbedingungen angewandt.

So charakterisiert z.B. die Position:

W e i ß: Ke5, Th1 : S c h w a r z: Kg5, Lh4 in der Bibliothek auf direkte oder indirekte Weise (mit Hilfe von Formeln, die den Randeffekt berücksichtigen) noch 15 weitere Positionen, die unter Anwendung der drei o.e. Symmetriearten mit der obigen Position gekoppelt sind.

6. Die Bibliotheksstrukur, die Bibliotheksklassen und die Codierung der Information

Die Bibliothek weist folgende Struktur auf:

Alle Positionen des technischen Endspiels sind entsprechend dem Spielmaterial in 31 Klassen unterteilt; z.B. "König und Bauer contra König", "König und Springer und Bauer contra König und Läufer" usw. Insofern ist innerhalb einer jeden Klasse das Materialverhältnis konstant. Eine in die Bibliothek aufgenommene Klasse stellt eine rechteckige Matrix mit den Maßen m·n dar; dabei ist m die Anzahl der in der Klasse enthaltenen Positionen und n = ENT[(N+1)/2]+2; N ist die Anzahl der Figuren in jeder Position der jeweiligen Klasse. Jede Zeile der Matrix entspricht einer bestimmten Position. Wir untersuchen die Codierung der Information am Beispiel der Position:

W e i ß: Kf2, Bg2;
S c h w a r z: Kc6, Bh4.

Die Entscheidung für diese Position sieht wie folgt aus: Bei Anzug des Weißen gewinnt 1. Kf2-g1; bei Anzug des Schwarzen - Unentschieden: 1...h4-h3.

Nehmen wir nun an, die Position weist in der Klasse "König und Bauer contra König und Bauer" den Index i auf. In diesem Fall sind folgende drei Bewertungen möglich:

$$r = \begin{cases} 0 - \text{Gewinn,} \\ 1 - \text{Unentschieden,} \\ 2 - \text{Verlust.} \end{cases}$$

Die ersten n-2 Positionen (gemeint sind dabei die Stellen in der Zeile der Matrix, und nicht die Schachpositionen) in der Zeile bilden paarweise gekoppelte Koordinaten der Figuren. In den zwei letzten Spalten der Matrix stehen (im allgemeinen Fall) fünfstellige Zahlen - die Nummer des Zuges, bei der vorne die Bewertung angegeben ist.

Insofern entsprechen die Elemente der i-ten Zeile der Matrix für unser Beispiel den Werten:

M_{i1} = 1415; M_{i2} = 4332; M_{i3} = 14o7; M_{i4} = 13224.

Bei Klassen mit ungeradem N stehen in der (n-2)-ten Spalte die zweistelligen Koordinaten der N-ten Figur der Position. Für jede Position der jeweiligen Klasse gelten bestimmte Gliederungsformeln der Menge, für die die jeweilige Position ein Konfigurationssymbol darstellt, sowie bestimmte Korrekturformeln für die Bewertungen und die ersten Züge (s. Beispiel).

Abb. 31

Beispiel einer Position

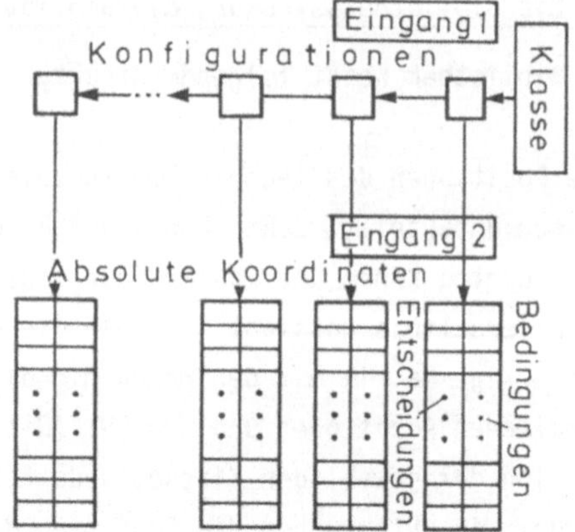

Abb. 32

Schema der Informationssuche in einer
zweidimensionalen Tabelle mit Subkoor-
dination der Eingänge.

Bei der hier erwähnten Struktur bedeutet eine Ergänzung der Bibliothek durch eine Position (bzw. ein Ausschluß einer Position aus der Bibliothek) eine Einbeziehung (bzw.
einen Ausschluß) von einer oder mehreren Zeilen in der jeweiligen Matrix-Klasse.

Wir untersuchen die Bestimmung des Zuges mit Hilfe der Informationsauswertungsmethode
und den Einfluß des Randeffektes am Beispiel einer einfachen Konfiguration (s. dazu
Abbildung 31 und 32 sowie die Tabelle auf Seite 126).

Die Position und die zweidimensionale Tabelle (mit Ausnahme der letzten Spalte, die
nur der Anschaulichkeit dienen soll), werden in der Bibliothek "notiert" und entsprechen im Diagramm der Position in der Klasse "König und zwei Bauern contra König und
einen Bauern". Unter Ausnutzung der Flankensymmetrie und der Farbensymmetrie wird jede Position der Menge im Prozeß der Generierung in vier Positionen transformiert.

7. Die Darstellung der Information in Form einer zweidimensionalen Tabelle

Das Phänomen des Randeffektes erlaubt es, die Information bezüglich des Endspiels in
einer gewissen Anzahl zweidimensionaler Tabellen mit Subordination der Eingänge zusammenzufassen. Als "zweidimensionale Tabelle mit Subordination der Eingänge" bezeichnen wir eine Tabelle, in der der erste Eingang unabhängig ist und der zweite Eingang
vom ersten abhängt. In unserem Fall entspricht einer jeden Klasse mit dem für sie
charakteristischen Materialverhältnis eine eigene zweidimensionale Tabelle.

In der Abbildung 32 wird das Strukturschema des Programms der Informationsauswertung
in einer solchen Tabelle dargestellt. Der erste unabhängige (bzw. unbedingte) Eingang
ist die Konfiguration, d.h. die Suche nach einer etwagigen Übereinstimmung der bezo-

genen Positionskoordinaten aus der Partie bzw. der Generierung mit den bezogenen
Positionskoordinaten eines der in der Bibliothek enthaltenen Positionssymbole der
Konfiguration.

Dieser Teil der Tabelle existiert nicht in einer expliziten Form, sondern lediglich
in Form entsprechender Gliederungsformeln und mit Hilfe dieser Formeln wird genau
dann rekonstruiert, wenn eine Übereinstimmung zwischen den bezogenen Koordinaten festgestellt wird [6].

Tabelle

Charakteristiken der Positionsmengen (zum Positionsdiagramm auf Abbildung 31)

Nummer der Untermenge	Methode, mit deren Hilfe die Untermenge aus der Position erhalten wird	Bewertung der Position:		Erster Zug bei:		Anzahl der Positionen in der Untermenge
		Anzugsrecht bei Weiß	Anzugsrecht bei Schwarz	Weiß	Schwarz	
1	Verschiebung nach unten um 1-3 Felder	Unentschieden		a)	s	3
2	es existiert keine Untermenge b)					0
3	Stimmt mit der gegebenen Position überein	Unentschieden	Gewinn bei Weiß		s	1
4	Verschiebung nach links um 1-6 Felder und nach unten um 1-3 Felder	Gewinn bei Weiß		$l_0^{wK}\ l_1^{wK}$, mit $l_1^{wK}=l_0^{wK}+8$	s	18

a) s bedeutet, daß die Angabe des ersten Zuges nicht unbedingt notwendig ist;

b) die zweite Untermenge in unserem Beispiel ist "leer", d.h. es enthält keine einzige Position

c) l_0^{wK} ist die Ausgangsposition (Koordinate) des weißen Königs, l_1^{wK} - die Position des weißen Königs nach dem Zug.

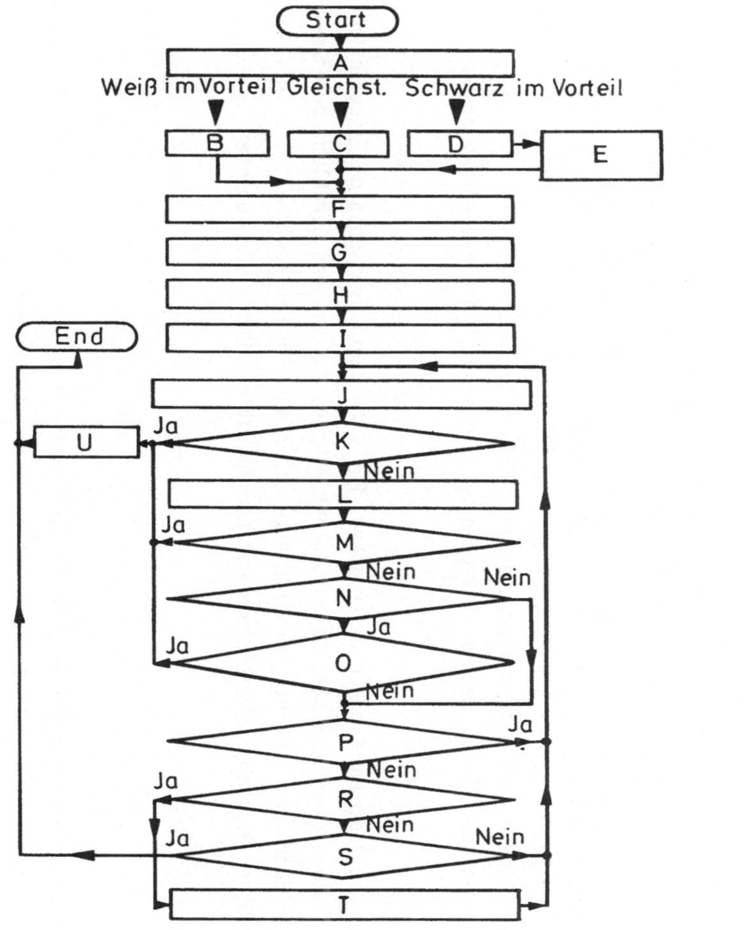

A Klärung des Materialverhältnisses;

B SC = 0;

C SC = 2;

D SC = 1;

E Farbensymmetrie;

F Sortierung der Figuren;

G Bestimmung der Nummer der Klasse;

H Formierung der Konfiguration mit
   Hilfe der Symmetrierung;

I Abrufen der Klasse;

J Wahl der Folgeposition in der Klasse (bzw. im Gesamtfeld);

K Übereinstimmung zweier Positionen?

L Flankensymmetrie;

M Übereinstimmung zweier Positionen?

N SC = 2?

O Übereinstimmung zweier Positionen bei
   entgegengesetzter Farbensymmetrie?

P Ist die Menge (das Gesamtfeld) formiert?

R Existiert irgendwelche Übereinstimmung zwischen
   den Konfigurationen?

S Sind alle Positionen der Klasse untersucht?

T Formierung des Gesamtfeldes der Positionen?

U Realisierung der entsprechenden Retransformation der Bewertung und des Zuges.

Abb. 33 Flußdiagramm des Algorithmus zur Anwendung der Endspielbibliothek; (Suche nach einer exakten
Übereinstimmung der Positionen).

8. Algorithmus zur Anwendung der Endspielbibliothek

Der Komplex der Unterprogramme, mit deren Hilfe der Algorithmus zur Anwendung der
Endspielbibliothek realisiert wird, wird in Betrieb gesetzt, wenn in einer Position
der Partie oder einer Variante der Generierung zum ersten Mal ein Materialverhältnis festgestellt wird, das (bis auf die Farbänderung der Figuren) exakt mit einer
Bibliotheksklasse übereinstimmt (s. Abbildung 33). Betrachten wir das Flußdiagramm
des Algorithmus zur Anwendung der Endspielbibliothek auf S. 127. (Der Einfachheit
halber wurde im Diagramm 33 die Prozedur der Diagonalen-Symmetrierung ausgelassen.)

Die Prozedur A bestimmt das Materialverhältnis der beiden Seiten; dies ist erforderlich, um die Frage bezüglich der Möglichkeit einer Farbensymmetrie zu klären. Alle
anderen Prozeduren gehen von einem Materialvorteil von Weiß bzw. von einem Materialgleichgewicht aus; nach dem gleichen Prinzip ist auch die Bibliothek aufgebaut. Deshalb wird, wenn in einer Position aus der Partie (bzw. der Generierung) für Schwarz
ein Materialvorteil festgestellt wird, eine Farbensymmetrierung (Prozedur E) durchgeführt und eine Lösung für die Position nach Änderung der Farbe gesucht. Danach wird
mit Hilfe der Prozedur U eine Retransformation vorgenommen, auf deren Notwendigkeit
der Index SC = 1 (Prozedur D) hinweist. Wird auf dem Spielbrett oder in einer Position der Generierung ein Materialgleichgewicht festgestellt, dann existiert eine Lösung sowohl für die Ausgangsposition als auch für die farbensymmetrische Position;
worauf der Index SC = 2 (Prozedur C) hinweist. Die Prozedur F nimmt eine Transformation der Ausgangsposition in eine für den Vergleich mit den Bibliothekspositionen
(d.h. mit den Zeilen der Matrix-Klasse) günstige Form vor. Hier erfolgt auch die Sortierung der Figuren und eine entsprechende Codierung der Ausgangsposition. Danach
wird die Nummer der Klasse bestimmt (Prozedur G), die durch die Prozedur I gespeichert wird.

Wir wollen die Prozedur G näher untersuchen. Für alle Konfigurationen der jeweiligen
Klasse existiert eine bestimmte Gesamtcharakteristik, die wir als Schablone bezeich-
nen, welche durch das konkrete Verhältnis zwischen den Figuren bestimmt wird. Als
"Schablone" der Position A bezeichnen wir ein Gesamtfeld U aus 12 Elementen.

Dabei gilt:

$U(1) = 1$;
$U(2)$ ist die Anzahl der weißen Damen in der Position A;
$...U(12)$ ist die Anzahl der schwarzen Bauern in der Position A.

Die ersten sechs Elemente $U_w(6)$ dieses Gesamtfeldes bezeichnen wir als "weiße Schablone"; die letzten sechs Elemente, $U_b(6)$ - als "schwarze Schablone". Solche Schablonen existieren für jede Klasse und stellen deren "Materialcharakteristik" dar.

Für die Positionen der Partie (bzw. der Generierung) wird ebenfalls eine solche
Schablone "hergestellt". Die Prozedur zur Bestimmung der Nummer der Klasse mittels
eines Vergleichs der Schablone wird in Abbildung 34 illustriert. Diese Prozedur wird
unter Berücksichtigung der Farbensymmetrie realisiert, auf deren Möglichkeit oder
Notwendigkeit der Index SC hinweist. Eine Übereinstimmung der Schablone der Ausgangsposition mit einer Klassen-Schablone weist automatisch auf die Nummer der Klasse hin,
die dann durch die Prozedur I gespeichert wird.

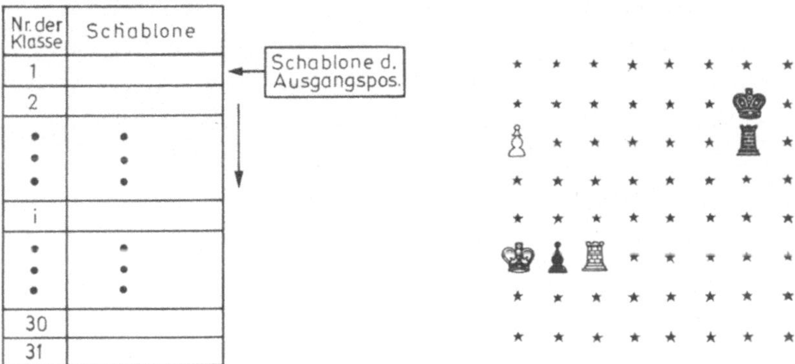

Abb. 34   Schema zur Bestimmung der Nummer der Klasse mittels eines
           Vergleichs der Schablone.

Die Prozedur H formiert mit Hilfe der Symmetrierung aus der Ausgangsposition alle
möglichen Konfigurationen. Wird die Prozedur J zum ersten Mal aufgerufen, nehmen die
Prozeduren N und O, unter Berücksichtigung der Symmetrie, eine Bestimmung der exakten Übereinstimmung der Ausgangsposition mit dem laufenden Positionssymbol der Menge
der jeweiligen KLasse vor (Suche über den 1. Eingang der jeweiligen zweidimensionalen
Tabelle). Bei einem erfolgreichen Abschluß der Suche wird die Prozedur U aufgerufen,
welche eine Retransformation der Bewertungen und des Zuges (unter Berücksichtigung
der vorgenommenen Symmetrierung) vornimmt.

Nehmen wir an, daß (wie es meistens der Fall ist) eine exakte Übereinstimmung der
Positionen (unter Berücksichtigung der Symmetrie) nicht ermittelt wurde. Dann gibt
die Kontrollprozedur P, die zu Beginn aufgerufen wird, eine negative Antwort und ruft
ihrerseits die Prozedur R auf; letztere entscheidet darüber, ob es erforderlich ist,
die Menge anhand des Positionssymbols (d.h. der Bibliotheksposition, mit der wir es
im gegebenen Fall zu tun haben) zu rekonstruieren. Damit eine Entscheidung im Bereich
der Menge der gegebenen Klassenposition existiert, ist notwendig und hinreichend, daß
die Konfiguration der jeweiligen Position mindestens mit einer symmetrierten Konfiguration der Positionen aus der Partie oder der Generierung übereinstimmt. Der Beweis
der Notwendigkeit und Hinlänglichkeit dieser Aussage folgt elementar aus der Definition der Konfiguration, den Symmetrieregeln und der Methode der Formierung der Menge

der Positionen der jeweiligen Konfiguration. Insofern können wir bei einem positiven Ausgang der Kontrollprozedur R vollkommen sicher sein, daß das Gesamtfeld oder die Menge der Positionen nicht unnötig formiert werden (Prozedur T). Das bedeutet, daß nach Prüfung (im allgemeinen Fall) aller Positionen der Menge, die mit Hilfe der Prozedur T formiert wurde, aufgrund des positiven Ergebnisses einer der Kontrollprozeduren K, M oder O auf jeden Fall die Prozedur U aufgerufen wird.

Darin besteht die Suche nach einer Entscheidung über den 2. Eingang der jeweiligen zweidimensionalen Tabelle. Hier müssen wir nun bemerken, daß mit Hilfe der Gliederungsformeln und der Formeln zur Korrektur der Bewertungen und Züge die Prozedur T eine Menge von Positionen mit den entsprechenden Entscheidungen formiert, die in den zwei letzten Spalten der Matrix eingetragen werden. Nach einer entsprechenden Retransformation der Bewertung und des Zuges (Prozedur U) ist das Problem gelöst.

Nehmen wir nun an, daß die Kontrolle R ein negatives Ergebnis erhält.

In diesem Fall wird die Prozedur J aufgerufen, welche das nächste Positionssymbol wählt usw. Sind alle Positionssymbole der jeweiligen Klassen untersucht und die Kontrollprozedur R konnte kein einziges positives Ergebnis ermitteln, dann gibt die Prozedur S nach Beendigung der Untersuchung eine positive Antwort; das bedeutet, daß keine genaue Lösung existiert. Also war die Suche nach einer exakten Übereinstimmung der Konfiguration der jeweiligen Klasse erfolglos und es existiert in der Bibliothek keine entsprechende Position.

Dies ist relativ häufig der Fall, da die Anzahl der Konfigurationen in einer Bibliothek verhältnismäßig klein ist, die Anzahl der möglichen Konfigurationen in einer Schachpartie hingegen, sogar bei einer geringen Anzahl von Figuren, im technischen Endspiel wenn auch begrenzt, so doch außerordentlich groß ist (s. dazu Abschnitt lo ff.).

Die hier beschriebene Methode erlaubt es uns, aus den z.Zt. 633 in der Bibliothek gespeicherten Positionen bis zu 14 ooo Positionen zu rekonstruieren (unter Vernachlässigung der Symmetrie).

9. Beispiele der Funktion des Unterprogramms zur Benutzung der Endspielbibliothek

Das Ziel unserer Experimente mit der Bibliothek des technischen Endspiels war, neben der Überprüfung der Effizienz des Unterprogramms für die Benutzung der Endspielbibliothek bei ihrer Inanspruchnahme durch das Unterprogramm zur Bestimmung des Zuges, auch eine analytische Untersuchung der Werte der gespeicherten Information. Dabei wurde sowohl der Einfluß des Randeffektes auf die Positionsbewertung als auch die Nutzung des Symmetrie-Apparates untersucht. Nachdem der schachbezogene Teil der Arbeit abgeschlossen war, d.h. nachdem die Bibliothek selbst formiert war, wurde ein spezielles Unterprogramm entwickelt, welches die Entscheidung für jede einzelne Konfiguration entschlüsselte, die in der Informationsliste des technischen Endspiels (mit Hilfe der Gliederungsformeln - s. Abschnitt 4) gespeichert wurde und das Gesamtfeld der jeweiligen Positionen (und ihre Lösungen) beschreibt. Ein solches Gesamtfeld wird in der Abbildung 41 dargestellt.

MASSIV = 32

1	A2	=	B9-B9	=	B9-B9
2	B	=	B9-B9	=	B9-B9
3	A3	+-	C3-G3	=	G6-A6
4	B3	+-	D3-H3	=	H6-B6
5	A4	+-	C4-G4	=	G7-A7
6	B4	+-	D4-H4	=	H7-B7

Abb. 35

Beispiel der Speicherung eines Gesamtfeldes der Positionen und der entsprechenden Entscheidungen in der Bibliothek.

In diesem Maschinendiagramm, das die gespeicherte Konfiguration beschreibt, sind enthalten:

1. Spalte - die laufende Nummer;

2. Spalte - die Position des weißen Königs;

3. Spalte - die Bewertung der Position bei Anzug des Weißen (<< + >> gewonnen bei Weiß; << = >> unentschieden);

4. Spalte - der Zug von Weiß (die Bezeichnung der Figur, die den Zug vollzieht, wird nicht angegeben, der Code B9 - B9 bedeutet, daß die Angabe des Zuges nicht unbedingt erforderlich ist);

5. Spalte - die Bewertung der Position bei Anzugsrecht von Schwarz;

6. Spalte - der Zug von Schwarz.

Solche Gesamtfelder wurden einigen Dutzend Schachspielern zur Beurteilung vorgelegt, wonach einige festgestellte Fehler, die bei der Zusammenstellung einer solch umfangreichen Bibliothek und ihrer Programmierung unweigerlich vorkommen, korrigiert wurden. In der Abbildung 36 sind die Ergebnisse der Arbeit des Unterprogramms zur Benutzung der Endspielbibliothek dargestellt.

```
a)  NEW POSITION        b)  NEW POSITION        c)  NEW POSITION

    * * * * * * * *         * * * * * * * *         * * * * * * * *
    * * * * * *-K *         *-K * * * * * *         *-K * * * * * *
    * * * * * * * *         * * * * * * * *         * * * * * * * *
    * * * * * * K *         * K * * * * * *         * K * * * * * *
    -p-p-p * * * *          * * * * *-p-p-p         * * * * *-p-p-p
    * * * * * * * *         * * * * * * * *         * * * * * * * *
    p p p * * * * *         * * * * * p p p         * * * * * p p p
    * * * * * * * *         * * * * * * * *         * * * * * * * *


    WHITE TO PLAY:         WHITE TO PLAY:         WHITE TO PLAY:
    **************        **************        ***************
    DRAW BY               DRAW BY               DRAW BY
    1. PB2 - B3           1. PG2 - G3           1. PG2 - G3

    * * * * * * * *         * * * * * * * *         * * * * * * * *
    * * * * * *-K *         *-K * * * * * *         *-K * * * * * *
    * * * * * * * *         * * * * * * * *         * * * * * * * *
    * * * * * * K *         * K * * * * * *         * K * * * * * *
    -p-p-p * * * *          * * * * *-p-p-p         * * * * *-p-p-p
    * p * * * * * *         * * * * * * p *         * * * * * * p *
    p * p * * * * *         * * * * * p * p         * * * * * p * p
    * * * * * * * *         * * * * * * * *         * * * * * * * *


    BLACK TO PLAY:        BLACK TO PLAY:        BLACK TO PLAY:
    **************        **************        **************
    BLACK WINS BY         BLACK WINS BY         BLACK WINS BY
    1. *** PB4-B3         1. *** PG4-G3         1. *** PG4-G3

    * * * * * * * *         * * * * * * * *         * * * * * * * *
    * * * * * *-K *         *-K * * * * * *         *-K * * * * * *
    * * * * * * * *         * * * * * * * *         * * * * * * * *
    * * * * * * K *         * K * * * * * *         * K * * * * * *
    -p *-p * * * *          * * * * *-p *-p         * * * * *-p *-p
    * -p * * * * * *         * * * * * * *-p *        * * * * * *-p *
    p p p * * * * *         * * * * * p p p         * * * * * p p p
    * * * * * * * *         * * * * * * * *         * * * * * * * *
```

<u>Abb. 36</u>

Beispiele der Entscheidungen des Unterprogramms zur Benutzung der Endspielbibliothek.

Es handelt sich um Entscheidungen für symmetrisierte Positionen, die aus einer Konfiguration erhalten wurden. Hier die Erklärung zur maschinellen Schreibweise der Diagramme:

NEW POSITION   -   die dem Programm zur Analyse vorgelegte neue Position;

WHITE TO PLAY   -   Anzugsrecht bei Weiß;

BLACK TO PLAY   -   Anzugsrecht bei Schwarz;

DRAW BY   -   Unentschieden durch...

WHITE WINS BY   -   Weiß gewinnt durch....

BLACK WINS BY   -   Schwarz gewinnt durch...

1o. Die Bestrebung zu einer Bibliotheksposition

Alles Obengesagte bezieht sich ausschließlich auf eine exakte Übereinstimmung einer Position aus der Partie (bzw. der Generierung) mit einer Bibliotheksposition. Nehmen wir nun an, daß die Position, die in der Partie bzw. in irgendeiner Variante der Generierung entsteht, in der Endspielbibliothek nicht enthalten ist; d.h. die Suche nach einer exakten Übereinstimmung der Positionen war vergeblich.

Welche Aufgabe stellt sich ein guter Schachspieler (bzw. unser Schachprogramm, das eine solche Denkweise simulieren soll) in einem solchen Fall?

Capablanca [9] hat darauf hingewiesen, daß ein Schachspieler bei seinen Entscheidungen die in seiner Bibliothek "gespeicherten" Positionen nicht nur einfach registriert, um dann die Zugfolge abzubrechen, sondern bestrebt ist, im Spiel eine für ihn vorteilhafte Bibliotheksposition auf dem Spielbrett zu erreichen. Anschließend wird in der Bibliothek die Position (bzw. eine Gruppe von Positionen) ermittelt, die der in der Partie oder in der Generierung erhaltenen Position am "ähnlichsten" ist und eine "Bestrebung" aus der Ausgangsposition zu der jeweiligen Bibliotheksposition einleitet.

Dies geschieht auf folgende Weise:

Falls die betrachtete "ähnliche" Position eine Bewertung besitzt, die uns befriedigt, werden in die MP sogenannte "geplante" Trajektorien der Figur der aktiven (d.h. "strebenden") Seite einbezogen, d.h. Trajektorien, auf denen eine Bewegung aus der Ausgangsposition zu einer der Bibliotheksposition ähnlichen Position führt. Die aktive Seite formiert ihre Spielzonen; dabei tritt der Algorithmus zur Bestimmung des Zuges in der Originalsituation in Aktion.

Damit eine Bestrebung "organisiert" erfolgt, ist es notwendig, daß in der MP die

Trajektorien aller nicht übereinstimmenden Figuren der passiven Seite enthalten sind. Es ist wichtig zu wissen, daß diese Trajektorien in einem gewissen Sinne "antigabelförmig" sein müssen, d.h. daß die passive Seite nur im äußersten Fall auf diesen Trajektorien wirken darf. Ferner werden, im Gegensatz zu den Grundprinzipien des Algorithmus zur Bestimmung des Zuges in der Originalsituation, dabei keine Spielzonen formiert, die einer Bewegung der Figuren der passiven Seite auf den betreffenden Trajektorien entgegenwirken. Sehen wir nun, wie die Bestimmung der ähnlichen Positionen erfolgt.

11. Die Bestimmung ähnlicher Positionen

Bevor wir nun zur Beschreibung der Bestimmung ähnlicher Positionen übergehen, wollen wir folgende Begriffe näher definieren.

Wir bezeichnen die Positionen A und B als Positionen des "Materialgleichgewichtes", wenn $U_i^A = U_i^B$ ist, für beliebige i = 1,2,...,12. Hierbei sind U_i^A und U_i^B Elemente der Positionsschablone für A und B. Als "Nichtübereinstimmung" σ_{AB} der Positionen A und B bei Materialgleichgewicht bezeichnen wir

$$\sigma_{AB} = \frac{1}{2} \sum_{i=1}^{64} c_i,$$

mit

$$c_i = \begin{cases} 1, & \text{für } a_i \neq b_i; \\ 0, & \text{für } a_i = b_i. \end{cases}$$

Hierbei sind a_i und b_i die im Programm verwendeten Codes für die auf dem i-ten Feld der Position A und B stehenden Figuren; d.h. es gilt:

$$a_i = \begin{cases} 11, & \text{wenn auf dem i-ten Feld in der Position A ein weißer Bauer steht;} \\ 13, & \text{wenn auf dem i-ten Feld in der Position A ein weißer Springer steht;} \\ 14, & \text{wenn auf dem i-ten Feld in der Position A der weiße König steht;} \\ 15, & \text{wenn auf dem i-ten Feld in der Position A ein weißer Turm steht;} \\ 16, & \text{wenn auf dem i-ten Feld in der Position A ein weißer Läufer steht;} \\ 17, & \text{wenn auf dem i-ten Feld in der Position A die weiße Dame steht;} \\ 22, & \text{wenn auf dem i-ten Feld in der Position A ein schwarzer Bauer steht;} \\ 23, & \text{wenn auf dem i-ten Feld in der Position A der schwarze König steht;} \end{cases}$$

$$
a_i = \begin{cases}
24, & \text{wenn auf dem i-ten Feld in der Po-} \\
    & \text{sition A der schwarze König steht;} \\
25, & \text{wenn auf dem i-ten Feld in der Po-} \\
    & \text{sition A ein schwarzer Turm steht;} \\
26, & \text{wenn auf dem i-ten Feld in der Po-} \\
    & \text{sition A ein schwarzer Läufer steht;} \\
27, & \text{wenn auf dem i-ten Feld in der Po-} \\
    & \text{sition A die schwarze Dame steht;} \\
0, & \text{wenn das i-te Feld in der Position A} \\
   & \text{leer ist.}
\end{cases}
$$

Dabei ist i eine lineare Koordinate.

Nehmen wir an, T_1, T_2,..., $T\sigma_{AB}$ sei eine Folge von Trajektorien, deren Züge die Position A in die Position B[*] verwandeln.

Als "Differenz" Δ_{AB} der Positionen A und B bei gleichem Material bezeichnen wir

$$
\Delta_{AB} = \sum_{j=1}^{\sigma_{AB}} 1_j
$$

Hierbei ist 1_j die Länge der Trajektorie T (in Halbzügen) bei beliebigem $j = 1,2,..., \sigma_{AB}$. Die Positionen A und B bei gleichem Material bezeichnen wir als "ähnlich", wenn $\sigma_{AB} \leq \sigma_{max}$; $\Delta_{AB} \leq \Delta_{max}$ ist, dabei ist σ_{max} die maximal zulässige Abweichung (die Anzahl der nichtübereinstimmenden Figuren) und Δ_{max} die maximal zulässige Differenz zwischen den Positionen. In erster Näherung geht man davon aus, daß die Suche nach ähnlichen Positionen nur unter den Positionen mit gleichem Material vorgenommen wird. Das bedeutet eine eindeutige Bestimmung der Klasse der in der Bibliothek enthaltenen Positions-Symbole der Konfigurationen, in denen das Material (unter Berücksichtigung der Farbensymmetrie) genau mit dem Material in der Ausgangsposition übereinstimmt (s. dazu Abbildung 34).

Das Problem besteht im Folgenden: Es existiert eine Ausgangsposition A und zu bestimmen ist eine Gruppe von Bibliothekspositionen B_1, B_2,..., B_n, von denen eine jede vom Materialverhältnis her der Position A im obigen Sinne ähnlich ist. Wir müssen hier bemerken, daß wir nicht vorhaben, hier das Verhältnis zwischen den Bewertungen der Position A und den Positionen B_1, B_2,..., B_n zu untersuchen; eine solche Analyse soll später vorgenommen werden. Somit darf man nicht davon ausgehen, daß in jeder Position B_i, (i = 1,2,...,n) später eine Bestrebung organisiert wird. Wir bezeichnen also die Gruppe der Positionen B_1, B_2, B_n als "Kandidaten für eine Bestrebung".

---

[*] Wenn wir im weiteren sagen, daß eine Trajektorie aus einer Position in eine andere führt, ist dabei stets die Rede von einem Zug auf einer Trajektorien

Es ist klar, daß zu Beginn der Untersuchung eine beliebige Position einer beliebigen
Menge als Kandidat möglich ist, die durch die Positionssymbole der jeweiligen Position beschrieben ist. Eines der Probleme bei der Bestimmung ähnlicher Positionen ist
die Reduzierung auf ein Minimum der Anzahl der Kandidaten für eine Bestrebung ohne
Zuhilfenahme des komplizierten Apparates zur Bestimmung der Trajektorien. Zu diesem
Zweck wurden eine Reihe von Beschränkungen eingeführt (wir wollen sie als "Filter"
bezeichnen), die es erlauben, den größten Teil der in diesen Mengen enthaltenen Bibliothekspositionen, die der Ausgangsposition ähnlich sind, bereits auf dem Niveau
der jeweiligen Konfiguration als "ungeeignet" auszuschließen.

Von welcher Art ist ein solcher Filter?

12. Filter der bezogenen Bauernposition

Dieser Filter funktioniert nur dann, wenn in der Ausgangsposition (und somit auch in
der Bibliotheksposition) zwei oder mehr Bauern einer beliebigen Farbe existieren.
Nehmen wir an, wir haben die Position A und die Position C - ein Symbol einer Menge
von Positionen einer bestimmten Konfiguration.

Wir "projektieren" hierfür eine Anordnung aller Bauern auf der ersten Horizontale und
ordnen den acht Feldern dieser Horizontale folgende Indizes zu:

$$SH_i^p = \begin{cases} 0, & \text{wenn auf der i-ten Vertikale keine Bauern stehen;} \\ 10p_i^w + p_i^b, & \text{wenn auf der i-ten Vertikale ein (oder mehrere) Bauern stehen.} \end{cases}$$

Dabei ist p_i^w die Anzahl der weißen Bauern auf der i-ten Vertikale; p_i^b - die Anzahl
der schwarzen Bauern auf der i-ten Vertikale; $i = 1,2,\dots,8$.

Wir erhalten ein Gesamtfeld aus acht Elementen SH^p. Anschließend isolieren wir aus
diesem Gesamtfeld den von Null verschiedenen Teil, indem wir im linken Teil die Nullen eliminieren, so daß als erstes Element die Beziehung $SH^{pi} \neq 0$ steht und im rechten Teil als letztes Element $SH^{pj} \neq 0$ ($j \geq i$) steht. Das erhaltene Gesamtfeld SH^A
mit der Länge $l_A = j-i+1$ bezeichnen wir als Bauernschablone der Position A. Auf analoge Weise erhalten wir die Bauernschablone SH^C für die Position C mit der Länge l_C.

Wir beweisen die Gültigkeit der folgenden Aussage:

Es existiert keine Trajektorienfolge, die die Position A in eine beliebige Position
einer für C charakteristischen Menge verwandelt, wenn:
a) $l_A \neq l_C$ ist, oder
b) $l_A = l_C$ ist,
es existiert jedoch mindestens eine Nummer i in der Menge $i = 1,2,\dots,l_A$, für die

die Beziehung $SH^{Ai} \neq SH^{Ci}$ gilt.

B e w e i s :

Es sei C_1 eine Position aus einer Menge, die durch das Positionssymbol C charakterisiert wird. Da die Positionen A und C über gleiches Material verfügen, sind die Positionen A und C_1 ebenfalls von gleichem Material. Nehmen wir an, es gilt eine der obigen Bedingungen a) oder b). Gehen wir nun vom Gegenteil aus, indem wir annehmen, daß eine Folge von Trajektorien existiert, die A in C_1 verwandelt. In diesem Fall existiert, da mindestens eine der Bedingungen a) oder b) gilt, in der betreffenden Folge mindestens eine Trajektorie, die die Vertikale zumindest eines Bauern ändert. Das folgt daraus, daß die Erfüllung einer der Bedingungen a) oder b) auf eine Nichtübereinstimmung der Bauernschablone hinweist. Wie wir wissen, kann ein Bauer seine Vertikale nur infolge eines Schlagzuges (bzw. mehrerer Schlagzüge) ändern; und dies wiederum steht im Widerspruch zu der Annahme, daß A und C_1 von gleichem Material sind. Dies gilt für jedes C_1 aus C. Somit haben wir, ausgehend vom Gegenteil, die Gültigkeit der obigen Aussage bewiesen.

Wenn also die Schablonen SH^A und SH^C nicht vollkommen übereinstimmen, werden alle Positionen der für C charakteristischen Menge aus der Liste der Kandidaten für eine Bestrebung gestrichen. In diesem Zusammenhang sollte man vielleicht erwähnen, daß alle obigen Überlegungen bis auf die Symmetrie genau gelten. Das bedeutet, daß im Falle, wenn die Bedingung b) erfüllt wird, aus der Position C eine flankensymmetrische Schablone $SH^C_{\Psi\wedge}$ nach der Formel $SH^C_{i(\Psi\wedge)} = SH^C_{l_C - i + 1}$ ($i = 1,2,\ldots,l_C$ hergestellt und die Gültigkeit der Bedingung b) für $SH^A_{l_C}$ und $SH^C_{\wedge_C}$ geprüft werden muß. Wird die Bedingung b) nicht erfüllt, d.h. es gilt $SH^A = SH^C$ für jedes beliebige $i = 1,2,\ldots,l_A$, dann wird die Position C in die Liste der Konfigurationen - Kandidaten für eine Bestrebung - aufgenommen, wobei gleichzeitig auch die Information über die Notwendigkeit der Flanken-Symmetrierung gespeichert wird. Wenn dann in der jeweiligen Klasse außerdem auch das Spielmaterial des Weißen und des Schwarzen gleich ist (im Sinne der Schachregeln), dann muß man die Möglichkeit einer Farbensymmetrierung für SH^C nach folgender Formel berücksichtigen:

$$SH^C_i(\mu B) = \begin{cases} 0, & \text{für} \quad SH^C_i = 0; \\ 10p^b_i + p^W_i, & \text{für} \quad SH^C_i = 10p^W_i + p^b_i. \end{cases}$$

Der Filter der Bauernpositionen ermögicht eine deutliche Verminderung der Liste der Kandidaten für eine Bestrebung. Der Index "$\Psi\wedge$" steht für "Flanken"; der Index "μB" für "Farbe".

13. Filter der "Farbensymmetrie"

Dieser Filter tritt in Aktion, wenn in der Ausgangsposition zwei Läufer verschiedener Farbe existieren (einer auf jeder Seite). Angenommen, es sei gegeben die Position A mit den zweidimensionalen Koordinaten des weißen Bauern x_w, y_w und des schwarzen Bauern x_b, y_b. Wir wissen, daß

$$x + y = \begin{cases} \text{gerade, für ein schwarzes Feld auf dem Spielbrett;} \\ \\ \text{ungerade, für ein weißes Feld auf dem Spielbrett,} \end{cases}$$

wenn x und y die zweidimensionalen Koordinaten eines bestimmten Feldes auf dem Schachbrett sind. Somit gilt

$$Z_A = x_w + y_w + x_b + y_b = \begin{cases} \text{gerade, wenn beide Läufer von gleicher Farbe sind;} \\ \\ \text{ungerade, wenn die Läufer von verschiedener Farbe sind.} \end{cases}$$

Offensichtlich existiert eine Folge von Trajektorien, die die Position A in eine beliebige Position einer für C charakteristischen Menge verwandeln, wenn Z_A und Z_C von verschiedener Ordnung sind; d.h. $Z = Z_A + Z_C$ = ungerade. An dieser Stelle müssen wir bemerken, daß bei Einsatz dieses Filters eine Berücksichtigung der Symmetrie nicht erforderlich ist, da eine beliebige Kombination der symmetrischen Darstellung der Position C die Ordnung des Parameters Z_C und somit auch die Ordnung des Parameters Z nicht verändert. Damit ist die Formierung einer vorher "filtrierten" Liste der Koordinaten-Konfigurationen C_1, C_2,..., C_m abgeschlossen, d.h. Positionen-Kandidaten für eine Bestrebung können nur in einer Menge enthalten sein, welche durch eine Konfiguration v.w. charakterisiert wird.

14. Filter innerhalb der Positionenmenge

Beginnen wir nun direkt mit der Formierung der Liste der Positionen, die Kandidaten für eine Bestrebung sind. Gegeben ist die Ausgangsposition A und die laufende Kandidaten-Konfiguration C_i. Es ist klar, daß nicht alle Positionen der Menge, die C_i charakterisiert, Kandidaten für eine Bestrebung sind. Wir zeigen die Beschränkungen, mit deren Hilfe die Anzahl solcher Positionen begrenzt wird.

In allen folgenden Überlegungen lassen wir den Apparat der Symmetrien außeracht; in Wirklichkeit ist jedoch der Einfluß dieses Apparates auf jeder Etappe des Algorithmus zur Bestimmung ähnlicher Positionen von großer Bedeutung. Somit betrachten wir als nächste Beschränkung der Anzahl der Kandidaten für eine Bestrebung die Auswahl nur solcher Positionen aus der Menge der Positionen, in denen die Vertikalen der Bauern exakt mit den Vertikalen der Bauern in der Ausgangsposition A übereinstimmen. Nur solche Positionen sind aufgrund der im Abschnitt 12. bewiesenen Aussage Kandidaten für eine Bestrebung.

Es ist außerdem notwendig, daß die Koordinaten y_i^A aller Bauern von Weiß in der Position A folgende Bedingung erfüllen:

$$y_j^A \leq y_j^C$$

und für die Bauern von Schwarz die Bedingung

$$y_j^A \geq y_j^C$$

gilt.

Dabei sind y_j^C die zweiten (vertikalen) Koordinaten der jeweiligen Bauern in der betrachteten Position aus C_i. Mit anderen Worten, kein einziger Bauer in der Ausgangsposition darf "vor" dem entsprechenden Bauern in der Bibliotheksposition stehen, da man anderenfalls nach Trajektorien suchen müßte, die den Bauern "zurückversetzen". Da aber ein Bauer nicht "zurück" gehen kann, existiert eine solche Trajektorie nicht. Wenn außerdem in der Kandidaten-Position Läufer existieren, dann muß auch die "Weißfärbung" bzw. die "Schwarzfärbung" der Felder der Position A entsprechen. Somit sind endlich alle Filter innerhalb der Menge "passiert" und wir haben die ursprüngliche Liste der Positionen-Kandidaten für eine Bestrebung erhalten. Abschließend möchten wir bemerken, daß im Programm "PIONIER", in dem dieser Algorithmus zur Bestimmung ähnlicher Positionen realisiert wird, die laufenden Kandidaten-Positionen nicht gespeichert werden, sondern nur ihr Platz im Programm der Gliederungsformel fixiert wird, mit deren Hilfe die Positionen bei Bedarf anhand der Symbole der entsprechenden Menge rekonstruiert werden.

15. Die Bestimmung einer Gruppe ähnlicher Positionen

Nachdem die Liste der Kandidaten-Positionen auf ein Minimum reduziert ist, kann man nun direkt zur Untersuchung der "Ähnlichkeit" jeder der Positionen mit der Ausgangsposition übergehen. Zuerst prüfen wir, ob die maximal zulässige Abweichung (σ_{max}) nicht überschritten wird; hierbei wird die Liste der Kandidaten für eine Bestrebung noch einmal reduziert. Nachdem die Zahl der nichtübereinstimmenden Figuren nun die festgelegte Grenze nicht überschreitet, muß man zur Bestimmung der Trajektorien übergehen. Nach der Bestimmung der Trajektorien der nichtübereinstimmenden Figuren, d.h. jener Trajektorien, die die ähnlichen Positionen in die Ausgangsposition verwandeln, kann man, nachdem feststeht, daß die maximal zulässige Abweichung Δ_{max} nicht überschritten wird, eine Entscheidung bezüglich der Einbeziehung der Kandidaten für eine Bestrebung in die gesuchte Gruppe der ähnlichen Positionen treffen.

Erst jetzt haben wir eine endgültige Folge der Positionen B_1, B_2,..., B_n erhalten, die der Ausgangsposition A ähnlich sind. Hierbei können die Werte σ_{max} und Δ_{max} je nach vorhandenen Zeit- und Speichervolumen variieren. Wir meinen, daß auch ein Schach-

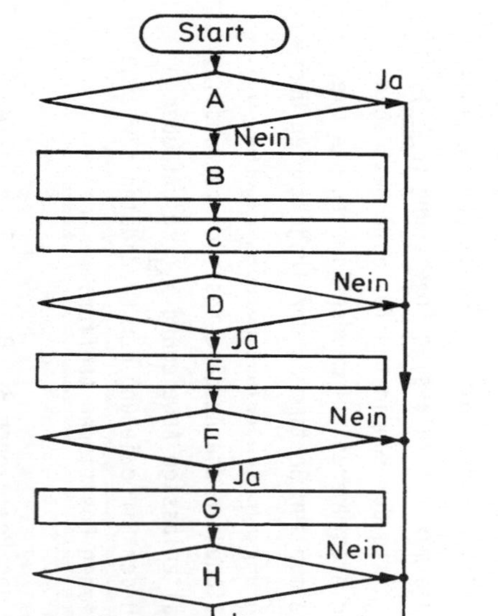

A   Wird die zulässige Anzahl der Figuren überschritten?

B   Formierung der Schablone anhand der Position in der Partie
    (bzw. der Generierung);

C   Bestimmung der Nummer der Klasse durch einen Vergleich der Schablone;

D   Ist eine Bestrebung möglich?

E   Konfigurations-Filter;

F   Existiert wenigstens eine Konfiguration-Kandidat für eine Be-
    strebung?

G   Filter innerhalb der Positionsmenge;

H   Existiert wenigstens eine Position-Kandidat für eine Bestrebung?

I   Wahl der nächsten Kandidaten-Position;

J   Wird Δ_{max} oder Δ_{max} überschritten?

K   Ist die Liste der Kandidaten für eine Bestrebung ausgeschöpft?

L   Bestimmung der Menge der ähnlichen Positionen.

<u>Abb. 37</u>

<u>Flußdiagramm des Algorithmus zur Bestimmung ähnlicher Positionen - Kandidaten für eine Bestrebung.</u>

spieler bei seinen Berechungen nach diesem Prinzip verfährt. Unter Bedingungen der
Zeitnot oder bei Überlastung des Speichers ist auch ein Schachspieler nicht in der
Lage, sich große σ_{max}- oder Δ_{max}-Werte zu erlauben.

In der Abbildung 37 sehen wir ein Flußdiagramm des Algorithmus zur Bestimmung ähnlicher Positionen.

16. Realisierung von Bestrebungen bzw. Antibestrebungen

Präzisieren wir noch einmal, was unter dem Begriff "Bestrebung" aus einer Ausgangsposition A zu einer ähnlichen Bibliotheksposition B" gemeint ist.

Die Organisation einer solchen Bestrebung bedeutet eine Einbeziehung (unter Berücksichtigung der Prioritäten) der aus der Position A in die Position B führenden Trajektorien, deren Bewertungen und entscheidenden Züge (unter Berücksichtigung des Anzugsrechtes) uns aus der Bibliothek des technischen Endspiels bekannt sind, in die
mathematische Abbildung der Trajektorien (MP). Die Realisierung der auf einer Bestrebung zur Bibliotheksposition beruhenden Methode kann zu einer zielorientierten Formierung der MP und des Spielbaumes führen; ist jedoch eine Übereinstimmung (der Positionen) erreicht, dann tritt die Informationsauswertungsmethode in Aktion, die auf
einer exakten Übereinstimmung der Positionen beruht, wir erhalten die Bewertung und
die Zugfolge wird abgebrochen.

Wir führen nun den Begriff "Antibestrebung" ein. Nehmen wir an, wir haben in der Ausgangsposition A mit Zugrecht für Weiß die Bewertung "gewinnt bei Weiß". Unter den
ähnlichen Positionen existiert eine Position B, in der die Bewertung des Zuges von
Weiß "unentschieden" lautet. Nehmen wir nun an, daß auch in der mathematischen Abbildung der Position (MP) aus irgendeinem Grund Trajektorien von Weiß existieren, die
aus der Position A in die Position B führen. In diesem Fall bezeichnen wir als "Antibestrebung" eine künstliche Beschränkung der Priorität der Züge auf diesen Trajektorien. Auf diese Weise hilft uns die Antibestrebung sozusagen "Fallen" zu umgehen.

17. Übergang vom Unterprogramm zur Bestimmung der Züge in der Originalsituation zum
Unterprogramm der Bestrebung

Untersuchen wir nun, wie der Übergang vom Unterprogramm zur Bestimmung des Zuges in
der Originalsituation zum Unterprogramm der Bestrebung erfolgt.

Für eine Kontrolle der Übereinstimmung der im Endspiel in jedem Knoten des Spielbaumes enthaltenen Position mit den Bibliothekspositionen ist nicht allzuviel Zeit erforderlich, da es sich hierbei um eine einfache Vergleichsoperation handelt. Wollte
man jedoch die Positionen in allen Knoten des Spielbaumes auf eine Bestrebung hin untersuchen, stünde dies in einem Widerspruch zum Algorithmus der Einbeziehung der

Spielzonen. Darum muß, bevor man eine Bestrebung einleitet, geprüft werden, was durch eine solche Bestrebung zusätzlich erreicht wird, da eine jede Bestrebung mit einer Einbeziehung neuer Spielzonen in die Generierung und einer Erweiterung des Spielbaumes verbunden ist.

Deshalb gilt für eine Bestrebung dasselbe wie für eine Einbeziehung von Spielzonen - die Positionen werden nur beim Aufstieg über die Zugfolge auf eine Bestrebung hin untersucht. Erinnern wir uns, daß wenn in der mathematischen Abbildung einer Position nicht mindestens eine geplante Trajektorie der passiven Seite existiert, eine Organisation einer Bestrebung zu solch einer Position unterbleibt und die betreffende Position in der Liste der "Kandidaten für eine Bestrebung" "gestrichen" wird.

18. Bestrebung und exakte Übereinstimmung

Wir möchten nun einige Anmerkungen bezüglich der Gemeinsamkeit und der Unterschiede zwischen der Informationsauswertungsmethode und der Bestrebungsmethode machen.

Aus dem Obengesagten folgt eindeutig, daß die Suche nach einer exakten Übereinstimmung der Positionen ein Sonderfall einer Bestrebung zu einer ähnlichen Position ist. Nehmen wir an, es sind uns die Ausgangsposition A und eine gewisse Bibliotheksposition B gegeben, die über gleiches Material wie die Position A verfügt.

Ferner gilt $\sigma_{AB} = 0$; $\Delta_{AB} = 0$.

Dann gilt:

1. Die Position B stimmt exakt mit der Position A überein;
2. Entsprechend der Definition der ähnlichen Position ist die Position B der Position A ähnlich.

Insofern stimmen diese Positionen bei nullter Nichtübereinstimmung und Nulldifferenz zwischen zwei ähnlichen Positionen exakt überein. Darin besteht die Gemeinsamkeit zwischen der Informationsauswertungsmethode und der Bestrebungsmethode. Der Unterschied zwischen diesen beiden Methoden besteht bei der Nutzung der Erfahrungen aus der Vergangenheit lediglich darin, daß die Informationsauswertungsmethode, die als Sonderfall der Bestrebungsmethode betrachtet werden kann, keine Anwendung des Algorithmus zur Bestimmung des Zuges in der Originalsituation erfordert. Anders gesagt, sie ist:

1) nicht auf eine Anwendung der Programmteile zur Bestimmung der Trajektorien angewiesen, und
2) sie ist nicht mit einer Ausweitung des Spielbaumes verbunden.

Insofern ist es einfacher, die Informationsauswertungsmethode anzuwenden, da dabei die Kapazität des Rechners weniger beansprucht wird.

In Zusammenhang damit steht auch die gewählte Reihenfolge der Beschreibung der Anwendung dieser Methoden bei der Komposition einer Bibliothek des technischen Endspiels und der Algorithmen zur Benutzung dieser Bibliothek.

19. Möglichkeiten zur Anwendung der Bibliotheksregeln

Abschließend wollen wir auf einen Teil der Endspielbibliothek hinweisen, bei dessen Anwendung ein (vollständiger oder teilweiser) Vergleich der Positionen einer generierten Zugfolge mit früher vorgekommenen Positionen überflüssig ist.

Es ist hier die Rede von den sogenannten "Bibliotheksregeln". Während der Programmentwicklung wurde eine Vielzahl von Methoden entwickelt, die es erlauben, eine entstandene Situation aufgrund bestimmter Kriterien und Regeln zu bewerten.

Je mehr Regeln ein Schachspieler beherrscht, desto größer ist die Wahrscheinlichkeit eines möglichst frühzeitigen Abbruchs der Zugfolgen im Spielbaum aufgrund eben dieser Regeln. Bei der Zusammenstellung eines beliebigen Programms, das auf der Konstruktion eines Spielbaumes und dem Minimaxing beruht, werden die Autoren des jeweiligen Programms stets mit Problemen konfrontiert, die mit einem zwangsläufigen Abbruch der Zugfolge aufgrund bestimmter Kriterien, vor dem Erreichen der maximalen Länge der Zugfolge, zusammenhängen. Uns gelang es mit dem Programm "PIONIER" erstmals, eine Lösung dieses Problems zu finden. Es ist hier die Rede nicht von einem Abbruch der Zugfolge aufgrund der Zielsetzung des Spiels (dafür ist das Unterprogramm zur Bestimmung des Zuges in der Ausgangssituation zuständig), sondern von einem Abbruch der Zugfolgen aufgrund bestimmter Bibliotheksregeln. Es ist klar, daß der endgültige Spielbaum um so kleiner ist, je mehr Zugfolgen auf diese Weise abgebrochen werden können. Also scheint es vernünftig, erstens, eine möglichst große Anzahl solcher Regeln für einen frühzeitigen Abbruch auszuarbeiten und zu formalisieren und, zweitens, diese Kriterien für eine möglichst große Anzahl von Knoten des Spielbaumes anzuwenden. Dabei kann jedoch der Zeitbedarf für die Lösung eines Problems bei einer Anwendung der oben erwähnten Kriterien in einer großen Anzahl von Knoten beträchtlich ansteigen. Die Effizienz einer Entscheidung ist somit von der Größe des Spielbaumes abhängig. Da die Prüfung der Kriterien für einen Abbruch der Zugfolge mit einem, wenn auch so geringen, Zeitaufwand im jeweiligen Knoten verbunden ist, ist es klar, daß bei einem großen Spielbaum eine Prüfung der Kriterien sinnlos ist. Bei dem hier betrachteten Abbruch handelt es sich nicht um eine einfache Beschränkung vom Typ einer α-β-Heuristik, sondern um Abbruchskriterien, die mit der Spezifik des Problems und, in unserem Fall, mit den Bibliotheksregeln des Schachspiels, zusammenhängen. Es ist klar, daß in der Mehrzahl der heute bekannten Schachprogramme, bei deren Anwendung (aufgrund der Anwendung des Prinzips der vollständigen Generierung) riesige Spielbäume entstehen, eine

144

effektive Anwendung der Bibliotheksregeln höchst zweifelhaft ist.

Eine völlig andere Situation entsteht bei unserem Programm.

Hier haben wir es mit einem kleinen und schmalen (was außerordentlich wichtig ist) Spielbaum in einer Größenordnung von 10^2 Knoten zu tun. Also besteht die Möglichkeit einer breiten Anwendung der Bibliotheksregeln. Zu erwähnen wäre noch die hier klar überschaubare Rückkopplung: Eben aufgrund der effektiven Anwendung der Bibliotheksregeln (d.h. der Methode der Spielführung in den verschiedenen Stadien der Partie) ist es möglich, den Spielbaum noch mehr zu beschränken, wodurch nicht nur die Lösung des Problems beschleunigt, sondern auch die Effizienz der getroffenen Entscheidung positiv beeinflußt wird. Insofern wird bei einer Lösung eines ungenauen Problems mit Hilfe des Botvinnikschen Spielalgorithmus eine Wechselbeziehung zwischen der Größe des Spielbaumes und der Anwendung der in der Vergangenheit gesammelten Erfahrungen bezüglich des zu untersuchenden Objektes - in unserem Fall des Schachspiels - hergestellt.

2o. Kriterien eines Abbruchs der Zugfolgen aufgrund der "Quadratregel"

In der jahrhundertelangen Geschichte seiner Entwicklung hat die Schachtheorie eine Vielzahl von Spielmethoden und Verfahren entwickelt, die es erlauben, die Berechnung der Zugfolgen wesentlich zu vereinfachen. Bei der Realisierung des Programms "PIONIER" ist es, wie bereits erwähnt, sinnvoll, zur Steigerung der Effizienz der Entscheidung die wichtigsten Methoden formalisiert als Kriterien für den Abbruch der Zugfolgen anzuwenden. Als ein Beispiel dafür untersuchen wir die Formalisierung und Erweiterung der sogenannten "Quadratregel" in Bezug auf das Bauernendspiel. Es ist müßig, hier das Wesen der Quadratregel im Schach zu erklären, da dies bereits in einer Vielzahl von Schachbüchern getan wurde.

Da das Programm mit einer beliebigen Farbe spielen kann, wollen wir hier nicht konkret von Weiß oder Schwarz, sondern nur von der Seite (+) und der Seite (-) sprechen.

Es gelten folgende Bezeichnungen:

$K_{(+)}$ - König der Seite (+);

$B_{(-)}$ - Bauer der Seite (+);

$K_{(-)}$ - König der Seite (-);

$B_{(-)}$ - Bauer der Seite (-).

Absolutes Kriterium

Spielmaterial: $K_{(+)}$, $B_{(+)}$; $K_{(-)}$.

1. Wenn $K_{(-)}$ nicht im Quadrat $^*B_{(+)}$ steht, gewinnt die Seite (+);

2. Wenn $K_{(-)}$ im Quadrat $B_{(+)}$, jedoch näher zu $B_{(+)}$ als $K_{(+)}$ steht, dann gilt "unentschieden".

Hier und im weiteren bedeutet der Ausdruck "näher", daß

$$|K_{(-)}{-}B_{(+)}| < |K_{(+)}{-}B_{(+)}|$$

ist, dabei ist $|K_{(-)}{-}B_{(+)}|$ und $K_{(+)}{-}B_{(+)}$ die Entfernung zwischen den betreffenden Figuren (in Halbzügen). Die Bestimmung dieser Entfernung erfolgt elementar anhand der Koordinaten der Figuren. Die obige Formel berücksichtigt das Anzugsrecht.

Erstes Hinlänglichkeitskriterium

Spielmaterial: $K_{(+)}$, $B_{(+)}$; $K_{(-)}$, $B_{(-)}$.

Wir gehen davon aus, daß beide Könige im Quadrat des gegnerischen Bauern stehen. Damit eine der Seiten mit Sicherheit ein Unentschieden erreicht ist hinreichend, wenn der König der betreffenden Seite näher zum gegnerischen Bauern steht als dessen Opponent. So ist z.B. im Falle

$$|K_{(+)}{-}B_{(-)}| < |K_{(-)}{-}B_{(+)}|$$

unter Berücksichtigung des Anzugsrechtes für die Seite (+) ein Unentschieden sicher.

Beweis: Nehmen wir an, es gilt obige Ungleichung. Wenn jetzt die Seite (+) alle Züge nur mit dem König in Richtung des gegnerischen Bauern vollzieht, so daß sich bei jedem Zug der Abstand zwischen beiden Figuren verkleinert (dies ist aufgrund der Quadratregel möglich), dann wird der König (+) den Bauern (-) vor oder zum Zeitpunkt vernichten, in dem $B_{(-)}$ sich in eine andere Figur verwandelt; dadurch ist der Seite (+) ein Unentschieden sicher.

Zweites Hinlänglichkeitskriterium

Spielmaterial: $K_{(+)}$, $B_{(+)}$; $K_{(-)}$, $B_{(-)}$.

Es gilt:
- $K_{(+)}$ steht im Quadrat $B_{(+)}$;
- Die Entfernung zwischen $K_{(+)}$ und dem Bauern $B_{(+)}$ sowie dessen Verwandlungshorizontale ist nicht größer, als die Entfernung zum König$_{(-)}$;

---

* Hier und im weiteren wird im Falle, wenn der König im Bauernquadrat steht, das Anzugsrecht berücksichtigt. So ist z.B. in ein und derselben Position, je nach Anzugsrecht, der König innerhalb oder außerhalb des Bauernquadrates (im Grenzfall steht der König am Rand des Quadrates).

- Der Bauer $B_{(-)}$ steht nicht auf einer Vertikale von $K_{(+)}$ bis $B_{(+)}$ einschließlich;
- $K_{(+)}$ und $B_{(+)}$ stehen nicht auf den Turm- bzw. Springer-Vertikalen.

Dann ist:

a) wenn $B_{(+)}$ um einen Halbzug früher als $B_{(-)}$ in eine Dame verwandelt wird, ein Unentschieden für die Seite (+) sicher;

b) wenn $B_{(+)}$ um einen Halbzug früher als $B_{(-)}$ in eine Dame verwandelt wird, der Seite (+) ebenfalls ein Unentschieden sicher (sofern $B_{(-)}$ bei der Umwandlung in eine Dame nicht gleichzeitig einen Schach ansagt und, wenn die Dame $D_{(+)}$ nicht aufgrund eines "Gabelschachs" geschlagen wird.

Ein einfacher Beweis der Gültigkeit dieses Kriteriums ist aufgrund seiner Sperrigkeit ziemlich kompliziert, so daß wir hier darauf verzichten wollen. Man muß bemerken, daß die Begriffe "steht im Quadrat", "steht nicht weiter", "steht nicht auf den Vertikalen", "wird in eine Dame umgewandelt", "früher", "Verwandlung in eine Dame mit gleichzeitiger Schachansage", "wird aufgrund eines 'Gabelschachs' geschlagen" usw. im Programm "PIONIER" exakt formalisiert sind und das Anzugsrecht berücksichtigen.

Infolge der Einführung der Kriterien (des Abbruchs der Zugfolgen), die auf einer Ausweitung der Quadratformel beruhen, hat der Spielbaum der Entscheidungen der Studie von R. Reti (s. Abbildung 13) "menschliche" Züge angenommen. Vor der Einführung dieser Kriterien setzte "PIONIER" eine sinnlose Generierung der Züge sogar in solchen Positionen fort, in denen ein Schachspieler die Zugfolge längst abgebrochen hätte (s. dazu Abbildung 38).

```
THE TREE OF THE POSITION NUMBER 1
WHITE    KH8,PC6.
BLACK    KA6,PH5,
 WHITE TO PLAY

PC6-C7
     PH5-H4
          PC7-C8Q
          PC7-C8Q
     PH5-H4
     KA6-B7
          PC7-C8Q
               KB7*C8
                    KH8-G7
                         PH5-H4
                              KG7-F6
                                   PH4-H3
                                        KF6-F5
                                             PH3-H2
                                                  KF5-F4
                                                       PH2-H1Q
                                                       PH2-H1Q
                                                  KF5-F4    -9
                                             PH3-H2    -9
                                        KF6-F5    -9
                                   PH4-H3    -9
                              KB7-F6    -9
                         PH5-H4    -9
                    KH8-G7    -9
               KB7*C8    -9
          PC7-C8Q   -9
          KH8-G7
               KB7*C7
                    KG7-G6
                         PH5-H4
                              KG6-G5
                                   PH4-H3
                                        KG5-G4
                                             PH3-H2
                                                  KG4-G3
                                                       PH2-H1Q
                                                       PH2-H1Q
                                                  KG4-G3    -9
                                             PH3-H2    -9
                                        KG5-G4    -9
                                   PH4-H3    -9
                              KG6-G5    -9
                         PH5-H4    -9
                    KG7-G6    -9
               KB7*C7    -9
          KH8-G7    -9
          KH8-G8
               KB7*C7
```

<u>Abb. 38</u>

Teil des Spielbaums einer Studie von R. Reti durch das Programm "PIONIER" vor der
Einführung der Abbruchkriterien aufgrund der Quadratregeln.

Man muß bemerken, daß das Programm "PIONIER" in einigen Fällen die Zugfolge nach einem Zug von Schwarz abbricht, in der Endbewertung jedoch auch die voraussichtliche Antwort von Weiß berücksichtigt wird.

Wir möchten dies am Beispiel einer Position aus dem vom Programm "PIONIER" konstruierten Spielbaum bei der Lösung der Studie von R. Reti erläutern.

Abb. 39

Eine Position aus dem
Spielbaum einer Lösung
der Studie von R. Reti
durch das Programm "PIONIER"
(Wei: Kh8, Bc6;
Schwarz: Ka6, Bh5.
Unentschieden.)

In einer Position wie sie in Abbildung 39 dargestellt ist, würde ein Schachspieler nach dem Zug 3...Kb6:c6 die Zugfolge aufgrund der Antwort 4. Ke5-f4 abbrechen; das Programm "PIONIER" braucht jedoch diesen Zug gar nicht zu vollziehen, da das absolute Kriterium bereits in Funktion getreten ist. Ebenso folgt als Antwort auf den Zug 3... h4-h3 (aufgrund des zweiten Hinlänglichkeitskriteriums) ein Unentschieden; der Schachspieler sieht hier aber noch die Möglichkeit des Zuges 4. Ke5-d6.

Anhang 4

<u>A.I. Reznickij</u>:

<u>Assoziative Bibliothek der Positionsfragmente</u>

Die Anwendung der Informationsauswertungsmethode, wie sie im Beitrag von A.D. Judin
[Anhang 3] diskutiert wird, ist im Mittelspiel wenig effektiv, da es in diesem Stadium
der Partie nur selten vorkommt, daß identische Positionen entstehen.

Deshalb scheint uns für das Mittelspiel eine Methode, die eine Entscheidung in der gegebenen Position aufgrund der Analogie (Assoziation) mit früheren Positionen ermöglicht, bedeutend besser geeignet.

Eine assoziative Informationsauswertungsmethode, die auf der Ähnlichkeit der untersuchten Position mit einer in der Bibliothek gespeicherten Position beruht, bezeichnen
wir als *Assoziationsverfahren*, und die Bibliothek, in der die Ähnlichkeitsmerkmale der
Position gespeichert werden, entsprechend als *assoziative Bibliothek*.

Auf die Möglichkeit, Erfahrungen der Vergangenheit in Schachalgorithmen anzuwenden,
hat C. Shannon [2] bereits hingewiesen.

Er erwähnte als Beispiel einen Schachspieler, der "...Hunderte, ja sogar vielleicht
tausende von Standard-Positionen, gewöhnlicher Kombinationen und typischen Manövern
beherrscht, wie wir ihnen in Schachpartien immer wieder begegnen. So existiert zum
Beispiel ein Standardopfer des Springers auf f7 oder des Läufers auf h7; ein Standard-
Matt, wie zum Beispiel das Philidor-Matt; verschiedene Manöver, die mit Gabeln, Ver-
wandlungen usw. zusammenhängen. In einer gegebenen Position ersieht ein Spieler eine
Vielzahl von Gemeinsamkeiten mit den ihm bereits bekannten Fällen, so daß seine Aufmerksamkeit auf eine Untersuchung solcher Varianten gelenkt wird, bei denen ein Erfolg am wahrscheinlichsten ist." .

Daß ein Schachspieler beim Spiel versucht, die Erfahrungen der Vergangenheit auf die
Gegenwart anzuwenden, falls er eine Ähnlichkeit zwischen den Positionen sieht, bringt
am besten die Assoziation seiner Denkweise zum Ausdruck. Wie bereits im Verlauf des
Buches erwähnt wurde, erfolgt im Botvinnikschen Spielalgorithmus die mathematische
Darstellung der Positionen parallel zur Konstruktion des Spielbaumes der Zugfolgen.

Dabei ist die Effizienz der Nutzung der Leistungsfähigkeit des Rechners im wesentlichen von der gewählten Zielrichtung der Generierung abhängig.

Wenn die gesammelten Erfahrungen es erlauben, in einer Position, die früheren Positionen ähnlich ist, eine günstige Anordnung der Figuren zu erreichen bzw. eine Stan-
dard-Kombination oder ein Standard-Manöver zu realisieren, dann ist eine Generierung
der übrigen Zugfolgen eventuell überflüssig, d.h. es erfolgt eine Beschränkung der
Zugfolgen. Insofern kann das Vorhandensein analoger Handlungen in ähnlichen Situationen für eine Reduktion der Generierung genutzt werden. Man entschloß sich, diese
Idee im Rahmen des Programms "PIONIER" weiterzuentwickeln und einen Algorithmus zugrun-
dezulegen, der in den Mittelspielpositionen und in Positionen des komplizierten Endspiels zusammen mit dem Algorithmus zur Bestimmung der Züge in der Ausgangssituation
angewandt wird.

Um den Begriff "Ähnlichkeit" von Schachpositionen zu formalisieren, wurde eine sogenannte Fragmenten-Methode entwickelt.

Dieses Verfahren besteht im folgenden:

Aus einer Position, die früher einmal analysiert wurde, wird ein Bereich (Fragment)
isoliert, in dem die Figuren enthalten sind, deren Anwesenheit in der Position für
die Realisierung des jeweiligen Manövers oder Kombination entscheidend ist. Dieses
Fragment wird in die Bibliothek aufgenommen, so daß im weiteren alle Positionen, die
dieses Fragment enthalten, als mit der Position ähnlich betrachtet werden, aus der
das betreffende Fragment stammt. Man kann davon ausgehen, daß in einer jeden solchen
Position Bedingungen für eine Realisierung des gleichen Ziels existieren.

Wir nennen nun die wichtigsten Grundsätze der Fragmenten-Methode. In ein Fragment werden nur solche Figuren aufgenommen, die für eine Realisierung des Manövers oder der
Kombination unbedingt notwendig sind. Wir bezeichnen diese Figuren als "aktive Figuren". Die aktiven Figuren werden in zwei Gruppen unterteilt. Sogenannte "fixierte"
Figuren - diese Figuren müssen auf eindeutig bestimmten Feldern stehen, die wir als
"Fixierfelder" bezeichnen, und "gekoppelte" Figuren, die über Trajektorien (im Bereich
des jeweiligen Horizontes) zu anderen vorgegebenen Feldern verfügen. Wir bezeichnen
diese Felder als "Kopplungsfelder". Die Bezeichnung bestimmter aktiver Figuren braucht
nicht eindeutig vorgegeben zu sein (so z.B. wenn die betreffende Figur einzig und allein dazu dient, die Trajektorie einer anderen aktiven Figur zu blockieren). Die Einteilung der aktiven Figuren in fixierte und gekoppelte ist dadurch bedingt, daß nur
eine der Seiten an einer Realisierung eines Manövers interessiert ist. Im Prozeß der
Vorbereitung und Realisierung der jeweiligen Idee kann die aktive Seite ihre Figuren
bewegen, insofern betrachten wir die aktiven Figuren der aktiven Seite als gekoppelte
Figuren; ihre Position wird durch einen verhältnismäßig hohen Freiheitsgrad charakterisiert. Die aktiven Figuren der anderen Seite betrachten wir als fixiert, da ihre Position nur kontrolliert werden kann. Abhängig von der Entfernung zwischen den gekoppel-

ten Figuren des Fragmentes und den jeweiligen Kopplungsfeldern unterscheiden wir zwischen einem "Ausgangsfragment" und einem "dem Ausgangsfragment ähnlichen Fragment". Ein Ausgangsfragment wird durch eine Anordnung der gekoppelten Figuren charakterisiert, bei der jede Figur in einer bestimmten Entfernung von ihrem Kopplungsfeld steht. In der Beschreibung des Fragmentes wird die jeweilige Entfernung jeder gekoppelten Figur besonders angegeben; wir bezeichnen diese Entfernung als minimale Entfernung zum Kopplungsfeld. Es sei n_i die minimale Entfernung der i-ten Figur zu ihrem Kopplungsfeld (welches in der Beschreibung angegeben ist); l_i sei die reale Entfernung der i-ten Figur zum Kopplungsfeld der zu analysierenden Position (die Anzahl der Halbzüge, die erforderlich sind, damit die betreffende Figur das Kopplungsfeld erreicht).

k sei die Anzahl der gekoppelten Figuren im Fragment. Damit eine Position ein Ausgangsfragment enthält, ist notwendig, daß:

1. Die fixierten Figuren auf ihren Fixierfeldern stehen, und
2. daß für jedes i die Beziehung $l_i = n_i$, $i = 1,2,...,k$ gilt. Ferner sei H_L der maximale Horizont und D eine vorgegebene natürliche Zahl. Wenn alle fixierten Figuren auf ihren Fixierfeldern stehen und das Ungleichungssystem

$$n_i \leq l_i \leq H_L, \quad i = 1,2,...,k,$$

$$\sum_{i=1}^{k} (l_i - n_i) \leq D \qquad\qquad \text{gilt},$$

dann kann man davon ausgehen, daß die betreffende Position ein Fragment enthält, das dem Ausgangsfragment ähnlich ist. Die Summe $\sum_{i=1}^{k} (l_i - n_i)$ charakterisiert die Abweichung des ähnlichen Fragmentes vom Ausgangsfragment, d.h. sie beschreibt die minimale Zeit (in Halbzügen), in der das Ausgangsfragment zu erreichen ist.

Wir bezeichnen diese Summe als "Assoziationstiefe des Fragmentes" in der zu analysierenden Position. Für das Ausgangsfragment ist diese Größe gleich Null. Der Parameter D, den wir als "maximale Assoziationstiefe" bezeichnen, beschränkt die Suche nach einer ähnlichen Position. Seine Größe variiert abhängig von den gegebenen Möglichkeiten. Die Bedeutung der assoziativen Methode im Programm "PIONIER" besteht darin, daß mit Hilfe dieses Verfahrens eine Bestimmung der Priorität der Generierung der Zugfolgen in den einzelnen Stufen des Steuerungssystems möglich ist, in denen die Figuren des Fragmentes am Spiel beteiligt sind; d.h. sie ermöglicht eine Bestimmung der Zielrichtung, in der die Generierung erfolgen soll.

Die Priorität der Einbeziehung eines Fragmentes in die Generierung ist vom Wert des Ziels in der jeweiligen Spielzone, in der das Spiel im Fragment realisiert wird, und von der Assoziationstiefe des Fragmentes in der analysierten Position abhängig (der Wert des Ziels wird in der Beschreibung des Fragmentes angegeben).

Somit ergänzen die Fragmente das System der Priorität der Einbeziehung der Spielzonen in den Aufbau, das im Unterprogramm zur Bestimmung des Zuges in der Originalsituation angewandt wird. In Positionen mit einem Fragment, das dem Ausgangsfragment ähnlich ist, kann die aktive Seite versuchen, das Ausgangsfragment zu erhalten. Zu diesem Zweck werden unter den ermittelten gekoppelten Figuren diejenigen gekennzeichnet, die von ihren Kopplungsfeldern weiter entfernt sind, als es die minimale Entfernung n_i zuläßt. Die Trajektorien der Figuren zu den jeweiligen Kopplungsfeldern werden berechnet und in der MP notiert. Die Spielzonen der betreffenden Stammtrajektorien werden in das Spiel einbezogen (s. dazu Beitrag von B.M. Stilman [Anhang 1]).

Die Bestimmung der Priorität der Züge auf den Trajektorien der einbezogenen Spielzonen erfolgt aufgrund des im Programm "PIONIER" angewandten Prioritätensystems. Eine vorläufige Bewegung der Figur auf den Trajektorien der einbezogenen Spielzonen bzw. ein Spiel in dem mit ihnen gekoppelten Zonen wird solange fortgesetzt, bis entweder das Ausgangsfragment erreicht wird, oder feststeht, daß das Ausgangsfragment aufgrund einer der folgenden Bedingungen nicht zu erreichen ist:

- die gegenseitige Position der fixierten Figuren wurde gestört;

- irgendeine beliebige gekoppelte Figur wurde geschlagen;

- die Trajektorien einer bestimmten gekoppelten Figur zu ihrem Kopplungsfeld können
  nicht deblockiert werden.

Wird auch nur eine dieser Bedingungen erfüllt, werden alle Spielzonen, die nur für die Organisation der beschriebenen Bestrebung in die Generierung einbezogen wurden, eingefroren.

Dieser Vorgang ist analog zum Einfrieren der Spielzone bei einer Unterbrechung des Kontaktes zu einer aktiven Trajektorie (s. Anhang 1). Zwecks einer Einbeziehung des Ausgangsfragmentes in die Generierung wird unter den gekoppelten Figuren diejenige ausgezeichnet, die den ersten Zug zu vollziehen hat. Dem Zug "über ein Fragment" wird bevorzugte Priorität eingeräumt.

Bei der Einbeziehung des Fragmentes in die Generierung wird der Zug mit der gekennzeichneten Figur auf das Kopplungsfeld bzw. auf einer zu diesem Feld führenden Trajektorie vollzogen, insofern die minimale Entfernung der betreffenden Figur zum Kopplungsfeld größer als Eins ist. Somit ist im Fragment (es ist hier die Rede von Ausgangsfragmenten, die die Bibliothek bilden) folgende Information enthalten:

1. Die fixierten Figuren.
   Für jede fixierte Figur wird der Name der Figur und das Fixierfeld notiert.

2. Die gekoppelten Figuren.
   Jede gekoppelte Figur wird durch den Namen der Figur, das Kopplungsfeld und die

minimale Entfernung zum Kopplungsfeld notiert.

3. Die gekoppelte Figur, die den ersten Zug vollzieht.

4. Die mögliche Verschiebungsgröße (als vertikale oder horizontale Verschiebung bezeichnen wir eine Änderung der Koordinaten aller Fixierfelder und Kopplungsfelder um ein und dieselbe Größe, die wir als Verschiebungsgröße bezeichnen).

5. Der Wert des Ziels.

Die Formierung einer Fragmenten-Bibliothek ist nur dann sinnvoll, wenn mit ihrer Hilfe eine mittlere Verminderung des Zeitaufwands für die Bestimmung eines starken Zuges aus der Menge der Positionen der in der Bibliothek gespeicherten Fragmente möglich ist. Deshalb besteht eine der Forderungen an das Unterprogramm zur Bestimmung der Fragmente darin, daß die Rechenzeit des Unterprogramms im Vergleich zur mittleren Rechenzeit für eine Analyse der Position relativ klein ist. Zum Zwecke der Zeiteinsparung erfolgt die Informationssuche innerhalb des Unterprogramms stufenweise. Auf jeder Stufe werden bestimmte Bedingungen geprüft und die weitere Untersuchung erfolgt nur unter den Fragmenten, die der jeweiligen Bedingung genügen. Die einzelnen Stufen der Informationssuche kann man als "Filter" ansehen, die dazu dienen, nur diejenigen Fragmente zu betrachten, deren Existenz in der analysierten Position (vom Standpunkt des jeweiligen Filters betrachtet) erwünscht ist.

Fragmente, die den laufenden Filter passiert haben, bezeichnen wir als Kandidaten. Die Nummern der Kandidaten in der Bibliothek bilden die sogenannte Kandidatenliste. Auf jeder Etappe der Untersuchung werden durch den Filter alle verbliebenen Kandidaten geschleust, wobei ein Teil der Kandidaten aussortiert wird und der andere Teil eine neue Kandidatenliste bildet. Zum ersten Filter gelangt die gesamte Bibliothek; der letzte Filter läßt hingegen nur die Fragmente passieren, die in der analysierten Position enthalten sind. Die Filter selbst werden in aufsteigender Ordnung der für die Untersuchung benötigten Rechenzeit angeordnet, so daß zum Filter mit der "maximalen Filterzeit" eine minimale Anzahl von Kandidaten-Fragmenten gelangt.

Bei dieser Organisation des Unterprogramms ist es möglich, die in der Position enthaltenen Fragmente in einer möglichst kurzen Zeit auszusortieren. Wir untersuchen die Arbeit des Algorithmus am Beispiel des Flußdiagramms zur Benutzung der assoziativen Bibliothek der Fragmente (s. Abb. 4o).

Die in der Bibliothek gespeicherte Information bezieht sich auf den Fall, in dem die Existenz des Fragmentes auf dem Spielbrett für Weiß von Vorteil ist. Das Unterprogramm zur Bestimmung des Zuges reagiert auf eine bestimmte Farbe und sucht nur solche Fragmente, die für die jeweilige Farbe vorteilhaft sind. Deshalb muß man, wenn ein Fragment für Schwarz zu bestimmen ist, was mit Hilfe der Kontrolle A festgestellt

wird, eine Farbensymmetrierung vornehmen (Prozedur B). Die Prozedur D bildet den
ersten Filter. Hier wird geprüft, ob auf dem Spielbrett alle aktiven Figuren vorhanden sind, und die ursprüngliche Kandidatenliste wird formiert. Anschließend wird die
Prozedur E - der zweite Filter - aufgerufen. Hier wird geprüft, ob alle in der analysierten Position enthaltenen fixierten Figuren auf den entsprechenden Fixierfeldern
stehen. Dabei vermindert sich die Kandidatenliste. Die Prozedur F organisiert die Bestimmung der gekoppelten Figuren, wobei die endgültige Kandidatenliste der Fragmente
bestimmt wird, d.h. jener Fragmente, die in der analysierten Position enthalten sind.

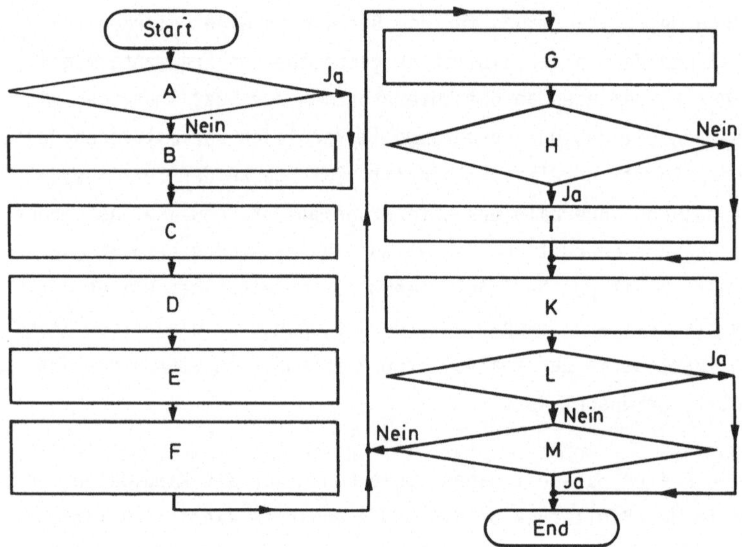

Abb. 4o
Flußdiagramm zur Benutzung der assoziativen
Bibliothek der Fragmente.

A Spielt das Programm mit Weiß?

B Farbensymmetrierung

C Flankensymmetrische Darstellung der
Position;

D Abruf der Kandidaten-Fragmente in der
Bibliothek;

E Kontrolle, ob in der Position fixierte Figuren existieren;

F Bestimmung der fixierten Figuren.
Bestimmung der Liste der in der analysierten Position enthaltenen Fragmente;

G Wahl des Fragmentes mit der höchsten
Priorität für eine Einbeziehung in
die Generierung;

H Ist die Priorität für eine Einbeziehung in die Generierung ausreichend?

I Einbeziehung des Fragmentes in die
Generierung;

K Berechnung der Zugfolge mit Hilfe
des Algorithmus zur Bestimmung des
Zuges in der Originalsituation;

L Wird die Verzweigung im gegebenen
Knoten beendet?

M Ist die Kandidatenliste erschöpft?

Dabei werden für jedes Fragment der jeweiligen Kandidatenliste folgende Parameter
bestimmt:

1) die α_0- und α_k-Felder der Trajektorien der gekoppelten Figuren, die sich vom
Kopplungsfeld in einer Entfernung befinden, die größer als n_i ist;

2) die Assoziationstiefe des Fragmentes in der analysierten Position.

Anschließend wird die Prozedur G aufgerufen, welche aus der endgültigen Kandidatenliste das Fragment mit der höchsten Priorität für eine Einbeziehung in die Generierung
wählt. In dieser Liste wird das Fragment gewählt, bei dem die Funktion $F = (10M-D_a)$
am größten ist; hierbei ist M der Wert des Ziels und D_a die Assoziationstiefe des
Fragmentes in der analysierten Position. Ist das Fragment bestimmt, wird eine Entscheidung bezüglich seiner Einbeziehung in die Generierung entsprechend des im Programm "PIONIER" geltenden Prioritätenprinzips getroffen (Prozedur H).

Wird dem Spiel in dem jeweiligen Fragment die höchste Priorität eingeräumt, dann wird
die Prozedur I durchlaufen, mit deren Hilfe eine Verbindung zwischen dem Algorithmus
zur Bestimmung des Fragmentes und dem Algorithmus zur Bestimmung des Zuges in der
Originalsituation hergestellt wird. Hierbei wird, wenn es sich um ein Ausgangsfragment handelt, einem Zug über das Fragment eine höhere Priorität zuerkannt; im Falle
eines dem Ausgangsfragment ähnlichen Fragmentes wird eine Bewegung auf den Trajektorien der gekoppelten Figuren bevorzugt, die durch die ermittelten α-Felder verlaufen.
Anschließend wird die Steuerung auf das Unterprogramm zur Bestimmung des Zuges in der
Originalsituation übertragen (Prozedur K).

Hier erfolgt die Bewertung der optimalen Zugfolge.

Falls die Bewertung für eine Beendigung der Verzweigung in dem jeweiligen Knoten des
Spielbaumes ausreicht, in dem die analysierte Position entstanden war (dies wird mit
Hilfe der Prozedur L geprüft), ist die Bibliothek für den betreffenden Knoten überflüssig und wird im weiteren nicht mehr benutzt. Anderenfalls wird geprüft, ob die
Kandidatenliste für den jeweiligen Knoten erschöpft ist (Kontrolle M); ist dies nicht
der Fall, wird wieder die Prozedur G aufgerufen, wo ein neues Fragment in die Generierung einbezogen wird. Somit kann es vorkommen, daß in einem bestimmten Knoten des
Spielbaumes der Zyklus G - M entweder bis zu einer Entscheidung bezüglich einer Beendigung der Verzweigung in dem jeweiligen Knoten oder bis zur Ausschöpfung aller in
der analysierten Position enthaltenen Fragmente fortgesetzt wird.

Als eine Illustration zu dem oben Gesagten wollen wir folgende Typen-Kombination untersuchen, die seit über 3oo Jahren im Schach bekannt ist.

Die Kombination beginnt mit einem Opfer eines Läufers im Austausch für einen Bauern auf h7. Mit Hilfe dieses Opfers öffnet der Angreifer den Zugang zum König und im Zusammenwirken zwischen Springer und Dame Mattsituationen, die bisweilen nicht zu verhindern sind. Die Position in einer Partie, in der eine solche Situation entstanden war, wird in Abbildung 41 dargestellt.

Nach den Zügen 16. e4 - e5   Sf6 - d5   17. Sc3 : d5   e6 : d5
18. Lg5 : e7   Lc6 : e7   waren alle Bedingungen für eine Realisierung der Kombination gegeben.
19. Lb1 : h7+   Kg8 : h7   2o. Sf3 - g5+   Kh7 - g6

(Auf einen Rückzug des Königs 2o... Kg8 würde folgen

21. Dh5 mit einem baldigen Gewinn.)
21. Dd1 - g4.

Weiß erhielt eine gewonnene Position und nach einigen Zügen war die Partie siegreich beendet.

Abb. 41
Eine Position aus der
Partie Schlechter - Wolf.

Abb. 42
Eine der möglichen Anordnungen
der Figuren im Ausgangsfragment.

Wir bestimmen nun das Ausgangsfragment dieser Kombination.

1. Fixierte Figuren.

Name der Figur:	Fixierfeld:
König	g8,
Läufer	g7,
Läufer	h7;

2. Gekoppelte Figuren.

Name der Figur:	Kopplungsfeld:	Mindestabstand zum Kopplungsfeld:
Läufer	h7	1 (Halbzug),
Springer	g5	1,
Dame	h7	2;

3. <u>Gekoppelte Figur, die den ersten Zug vollzieht</u>: Läufer;

4. <u>Mögliche Verschiebung</u>: 0 (Verschiebung nicht möglich);

5. <u>Wert des Ziels</u>: 2oo (Der Wert des Königs, wie er im Programm "PIONIER" angenom-
      men wird.)

Eine der möglichen Anordnungen der Figuren im Ausgangsfragment wird in der Abbildung 42 dargestellt.

In der Position in Abbildung 41 existiert ein Fragment, das dem Ausgangsfragment ähnlich ist.

Weiß erhält das Ausgangsfragment, wenn er das β-Feld e4 der Trajektorie des Läufers
und das α-Feld g5 der Trajektorie des Springers deblockiert. Dazu sind mindestens
zwei Halbzüge erforderlich, folglich entspricht die Assoziationstiefe des Fragmentes
der Position in Abbildung 41 der Zahl 2. Nach den Zügen e4 - e5 und Lg5 : e7 erhält
Weiß eine Position, in der das Anfangsfragment enthalten ist. Als "erster Zug im Fragment" wird in die Generierung der Zug Lb1 : h7+ einbezogen, der zum Erfolg führt. Auf
diese Weise erlaubt die Fragmenten-Methode eine Bestimmung der Zielrichtung der Generierung der Zugfolgen.

Anhang 5

<u>Termininologisches Wörterverzeichnis</u>

<u>Abbruch der Äste</u>:

bei einer Verzweigung im Trajektorienbündel - Unterbrechung einer weiteren Untersuchung der Zugfolgen auf den Trajektorien des jeweiligen Bündels;

bei "Vorwärtsbewegung" - eine â priori-Ausschaltung bestimmter Züge in jeder Position
im Prozeß des Abstiegs im Spielbaum der Generierung (s. dazu 2. Shannon-Methode);
im Programm "PIONIER" entspricht das den Zügen, die auf keiner Trajektorie liegen;

bei "Rückwärtsbewegung" - eine Unterbrechung der Verzweigung beim Aufstieg im Spielbaum, falls festgestellt wird, daß eine weitere Verzweigung das Ergebnis des Minimaxing nicht verändert.

<u>Antibestreben</u> - eine Abstufung in der Priorität von Zügen bezüglich der Einbeziehung
in die MP der Trajektorien, also solcher Züge, die aus einer (der Bewertung nach)
positiven Position zu einer Bibliotheksposition mit einer ungünstigeren Bewertung
führen.

<u>Assoziatives Denken</u> (im Schach) - die Anwendung bekannter typischer Ideen; diese Art
des Denkens besteht im Versuch der Anwendung von Erfahrungen in der gegenwärtigen
Situation.

<u>Auftauen der Trajektorien</u> - ein Prozeß, der entgegengesetzt dem Einfrieren der Trajek-
torie ist und darin besteht, daß bei der Rückkehr zu einem Knoten des Spielbaumes,
wo ein entsprechendes Einfrieren erfolgte, der ursprüngliche Zustand vor dem Einfrieren wiederhergestellt wird.

<u>Austausch (optimaler)</u> - eine Folge ununterbrochener Schlagzüge auf dem jeweiligen Feld,
die mit Hilfe des Minimax-Verfahrens aus der Gesamtheit aller möglichen Zugfolgen
ermittelt wird.

<u>Bewegung</u> - Maßeinheit der Länge der Trajektorien

<u>Bewertungsfunktion</u> - eine Funktion, die einer jeden Position einen bestimmten Wert
(eine natürliche Zahl) zuordnet; die Bewertungen der Schlußpositionen (Auszah-
lungsfunktion) werden für die Minimax-Methode benötigt.

<u>Differenz:</u>

maximale zulässige (Δ_{max}) - die Zahl, welche die Differenz zweier Positionen mit
gleichem Material so beschränkt, daß diese Positionen noch als ähnlich betrachtet werden können;

der Positionen mit gleichwertigem Material (Δ_{AB}) - die Zahl, die der Summe der Längen
solcher Trajektorien entspricht, die eine Position A (Ausgangsposition) in eine
andere Position B (Bibliotheksposition) verwandeln.

<u>Einbeziehung:</u>

einer Zone in das Spiel - die Erlaubnis zur Bewegung der Figuren auf den Trajektorien
der jeweiligen Spielzone im aktuellen Teilbaum;

des ursprünglichen Fragmentes in die Generierung - die Einbeziehung in die MP der
Trajektorien einer bestimmten "gekoppelten" Figur.

<u>Einfrieren der Trajektorie:</u>

bei ungenügender Größe des Parameters T_x - das Verbot der Bewegung einer Figur auf
der Negationstrajektorie der Spielzone, da sie aufgrund des Zeitlimits nicht
rechtzeitig am "Kampfplatz" zur Stelle sein kann;

bei Verlust des Kontaktes zur Aktionstrajektorie - das Verbot der Bewegung der Figur
auf der Trajektorie, da die Trajektorie, die mit ihr gekoppelt ist, folgende Bedingungen erfüllt: Entweder hat die Figur diese Trajektorie bereits passiert,
oder sie wird sie bei Fortsetzung der Variante niemals passieren, oder sie wurde
selbst infolge des Verlustes des Kontaktes mit der Aktionstrajektorie eingefroren;

beim Verlassen des α_0-Feldes während des Aufstiegs im Spielbaum - das Verbot einer Bewegung der Figur auf der Trajektorie, da die Trajektorie mit der diese gekoppelt
ist, folgende Bedingungen erfüllt: Entweder hat die betreffende Figur diese Trajektorie bereits verlassen, oder diese Trajektorie ist selbst mit einer auf die
gleiche Weise eingefrorenen Trajektorie gekoppelt.

<u>Entfaltung der Trajektorienbündel</u> - diese Operation besteht in der Speicherung der
gesamten Information über das Trajektorienbündel und über die Spur des Bündels.

<u>Entfernung der Figur vom Kopplungsfeld:</u>

minimale - die Länge der Trajektorie der gekoppelten Figur zum jeweiligen Kopplungsfeld im ursprünglichen Fragment;

reale - die Länge der Trajektorie der gekoppelten Figur zum jeweiligen Kopplungsfeld
in der zu analysierenden Position.

<u>Feld:</u>

α-Feld - Feld der Trajektorie, auf dem die Figur während der Bewegung auf der Trajektorie verweilt;

α_0-Feld - Anfangsfeld der Trajektorie;

α_k-Feld - Schlußfeld der Trajektorie;

β-Feld - Feld der Trajektorie, das die Figur in ihrer Bewegung passiert;

Kopplungsfeld - Endfeld der Trajektorie einer gekoppelten Figur.

Fixierfeld - das Feld, auf dem die fixierte Figur sich befindet;

Gesamtfeld 15x15 einer Figur - eine quadratische Tabelle von 15x15 Feldern, deren
   Mittelfeld durch Null gekennzeichnet ist; auf den übrigen Feldern sind die Zahlen
   eingetragen, die der Anzahl der Bewegungen der Figur vom Mittelfeld zu dem jeweiligen Feld auf dem kürzesten Wege entsprechen.

Figur:
aktive - eine Figur, deren Existenz und Standort in der analysierten Position für die
   Realisierung der Typenidee notwendig sind;

fixierte - eine aktive Figur, die sich auf einem bestimmten, ihr zugeordneten Feld befinden muß;

gekoppelte - eine aktive Figur, die eine Trajektorie mit einer vorgegebenen Länge zum
   Kopplungsfeld (nicht länger als der vorgegebene Horizont) besitzt;

negierende - die Figur, der eine Negationstrajektorie zugeordnet ist;

Stammfigur - die Figur, der eine Stammtrajektorie zugeordnet ist;

Figur-(+) - eine Figur (in der Spielzone) der gleichen Farbe, wie die Stammfigur der
   jeweiligen Zone;

Figur-(-) - eine Figur (in der Spielzone) der anderen Farbe als die Figur-(+);

α_0-Figur - diese Figur befindet sich auf dem α_0-Feld der eigenen Trajektorie;

α_k-Figur - diese Figur befindet sich auf dem α_k-Feld der Stammtrajektorie der Angriffszone.

Fragment - die Gesamtheit der aktiven Figuren in der analysierten Position, die für
   die Realisierung der Typen-Idee erforderlich ist;

Ausgangsfragment - ein Fragment, das den Standort einer jeden fixierten Figur auf
   ihrem Fixierfeld sowie die Position jeder gekoppelten Figur in einer vorgegebenen Entfernung (auf der Trajektorie) vom Kopplungsfeld charakterisiert;

dem Ausgangsfragment ähnliches Fragment - ein Fragment, bei dem in einer bestimmten
   Anzahl von Zügen, welche die maximale Tiefe der Assoziation nicht übersteigt, das

Ausgangsfragment erreicht wird.

Gleisbewegung - die Prozedur zur Umgehung der Äste des Hilfsbaumes unterhalb des jeweiligen Knotens und der Speicherung von Informationen zur Lösung der Aufgabe der
Einbeziehung der jeweiligen Spielzone in das Spiel in dem betreffenden Knoten.

Gliederungsformeln - Formeln, mit deren Hilfe eine beliebige Position der Menge der
gegebenen Konfiguration anhand eines entsprechenden Positionssymbols reproduziert
werden kann.

Halbzug - die Zeit, die ein Spieler für die Realisierung eines Zuges braucht; Einheit
zur Messung der Schachzeit bei der Bewertung auf einer Trajektorie bzw. Maßeinheit
zur Bestimmung der Länge von Varianten.

Horizont:
maximaler (H_L) - die maximal zulässige Zeit (in Halbzügen), die für die Bewegung der
jeweiligen Figur auf der Trajektorie erforderlich ist, unter der Bedingung, daß
jedesmal, wenn die betreffende Seite am Zuge ist, nur die jeweilige Figur auf der
entsprechenden Trajektorie bewegt wird. Im Grunde genommen bestimmt der Horizont
die maximale Länge der registrierten Trajektorien;
variabler (H_X) - die Zeit (in Halbzügen), die für die Kontrolle (bzw. Blockade) der
Felder der Stammtrajektorie einer Spielzone zur Verfügung steht; H_X ist abhängig
von der Anzahl der α-Felder zwischen der angreifenden Figur und dem zu kontrollierenden Feld.

Informationsauswertungssystem "Erfahrungen aus der Vergangenheit" - ein Komplex von
Hilfsprogrammen, bestehend aus einer Eröffnungsbibliothek, der Bibliothek des
technischen Endspiels, der Bibliothek der Spielregeln sowie einer assoziativen
Bibliothek der Fragmente und Algorithmen zur Anwendung der Bibliotheken; ein Vorrat an Schachwissen, über das das Programm "PIONIER" verfügt.

Kettenliste - eine Liste, in der einzelne Elemente in beliebiger Reihenfolge gespeichert sind und untereinander durch sogenannte Bezugsadressen verknüpft werden.
Die Bezugsadresse wird zusammen mit dem entsprechenden Element der Liste gespeichert und verweist auf die Position des nachfolgenden Elementes der Liste.

Klasse - ein Teil der Bibliothek des technischen Endspiels, der sich durch ein bestimmtes Materialverhältnis der Positionen auszeichnet.

Konfiguration - die Anordnung der Figuren in der jeweiligen Position (die Silhouette
der Position).

<u>Auslöschen der Information über die Spielzonen</u> - das Löschen der Spuren der entsprechenden Trajektorienbündel, d.h. die Zuordnung der jeweiligen Kästchen zur Kette der "leeren" Kästchen und Schließen der Kette der "ausgefüllten" Kästchen.

<u>Mathematische Darstellung der Positionen (MP)</u> - die MP bildet die Gesamtheit aller Spielzonen.

<u>Maximale Länge der Variante</u> (Tiefe der Beschneidung des Spielbaumes) - eine Zahl, die die Länge der Zugfolgen im Spielbaum entsprechend beschränkt (nicht verwechseln mit dem Horizont H_L!).

<u>Methode:</u>

der α-β-Heuristik - eine Methode zur Beschneidung des Spielbaumes mit Hilfe einer Restriktion bestimmter Äste des Baumes, wobei man einen Hilfsbaum erhält, der mit dem Gesamtbaum insofern äquivalent ist, daß in ihm die ursprüngliche optimale Zugfolge erhalten bleibt;

Fragmentenmethode - ein Verfahren, das beim assoziativen Denken angewendet wird und darin besteht, daß für die Realisierung einer Typen-Idee eine entsprechende Anordnung der Figuren in der zu analysierenden Position vorausgesetzt wird, ohne die die Realisierung der Typen-Idee vollkommen unmöglich ist;

1. Shannon-Methode - ein Verfahren zur Bestimmung des Zuges (in einer Schachposition) mit Hilfe der Formierung eines Spielbaumes aller Zugfolgen bis auf eine bestimmte Tiefe, der Bewertung dieser Zugfolgen mit Hilfe der Bewertungsfunktion und der Auswahl der optimalen Zugfolge mit Hilfe des Minimaxing;

2. Shannon-Methode - dieses Verfahren ist mit der 1. Methode weitgehend identisch, dabei werden in den Spielbaum jedoch nur bestimmte Zugfolgen einbezogen, die sinnvoll erscheinen. In diesem Fall nimmt die maximale Tiefe der Generierung beträchtlich zu.

Sichtungsmethode - ein Verfahren zur Bestimmung neuer Trajektorien und Spielzonen.

<u>Nichtübereinstimmung:</u>

der Bauern-Schablone - eine Situation, die es erlaubt, die Gesamtmenge der Positionen in der jeweiligen Konfiguration aus der Liste der Kandidaten auszuschließen;

maximal zulässige (σ-max) - eine Zahl, die die Anzahl der nichtübereinstimmenden Figuren aus zwei Positionen mit gleichwertigem Material beschränkt und somit erlaubt, die Positionen als ähnlich zu betrachten;

von Positionen mit gleichwertigem Material - die Anzahl der nichtübereinstimmenden Figuren.

<u>Parameter:</u>

Parameter T_x - 13. Spaltenparameter, der die Bestimmung der Negationstrajektorien
steuert und eine Art des Einfrierens darstellt; der Parameter T_x wird gemessen
durch die Anzahl der Bewegungen auf einer Trajektorie und ist von der Zeit abhängig, die die jeweilige Figur zum jeweiligen Zeitpunkt des Spieles innerhalb der
Spielzone für die Bewegung auf einer bestimmten Negationstrajektorie der Zone zur
Verfügung hat. Im Grunde genommen teilt dieser Parameter die Zeit ein, die durch
den variablen Horizont H_x für die Negationstrajektorien des unterschiedlichen Grades vorgegeben ist.

Spaltenparameter - 8 Elemente der Parameterliste, die Informationen über den jeweiligen Knoten des Spielbaumes enthalten.

Spurparameter - 13 Elemente der Parameterliste der Spur des Trajektorienbündels, welche Informationen über das jeweilige Bündel innerhalb der MP enthalten.

<u>Position:</u>

analytische (Ausgangsposition) - eine Position aus der Partie bzw. aus einer Variante,
die dem Programm zur Auswahl gestellt wird.

Position mit Kandidaten für eine Bestrebung - eine Bibliotheksposition, in der - wie
man in dem jeweiligen Stadium der Generierung annimmt - eine Bestrebung organisiert
wird.

Bibliotheksposition - eine Position, die direkt oder mit Hilfe von Gliederungsformeln
in die Bibliothek des technischen Endspiels einbezogen wird.

Eine der Ausgangsposition ähnliche Position - eine Position, in der das Material mit
dem Material der Ausgangsposition übereinstimmt, wobei die Werte der maximal-zulässigen Nichtübereinstimmung (σ_{max}) und der maximal-zulässigen Differenz (Δ_{max})
zwischen den beiden Positionen nicht überschnitten werden.

Position, in der das Material mit der Ausgangsposition übereinstimmt - eine Position
(Bibliotheksposition), deren Schablone mit der Schablone der Ausgangsposition übereinstimmt.

Positionsbewertung - die Positionsbewertung ist proportional dem Verhältnis K_w/K_b,
dabei ist K_w bzw. K_b die Anzahl der Trajektorienfelder, die entsprechend von Weiß
bzw. von Schwarz kontrolliert werden.

Symbol einer Menge von Positionen in der jeweiligen Konfiguration -
ein Symbol, das direkt der Bibliothek des technischen Endspiels zugrundeliegt, aus
dem (mit Hilfe der Gliederungsformeln) eine beliebige Position der Menge erhalten
werden kann, welche durch die jeweilige Konfiguration charakterisiert wird.

<u>Prinzip:</u>

der Hoffnung - jede Möglichkeit wird nur solange untersucht, wie Hoffnung auf einen positiven Ausgang (das Erreichen eines gestellten Zieles) besteht;

des maximalen Gewinns - eine neue Möglichkeit wird nur dann in die Untersuchung mit einbezogen, wenn man hoffen kann, daß der eventuelle Gewinn höher ist als in den bereits untersuchten Möglichkeiten;

der Rechtzeitigkeit - untersucht werden dabei nur solche Möglichkeiten, bei denen die betreffenden Objekte in der Lage sind, rechtzeitig in das Spiel einzugreifen.

<u>Priorität</u> - die Reihenfolge, in der die Züge in den Spielbaum einbezogen werden. Die Priorität wird bestimmt durch eine Funktion - ein Polynom ersten Grades von mehreren Variablen.

<u>Problem</u>:
genaues - ein Generierungsproblem, das mit Hilfe eines vollständigen Spielbaumes und bei exakter Zielsetzung gelöst werden kann;

ungenaues - ein Generierungsproblem, das als genaues Problem nicht zu lösen ist, jedoch mit Hilfe eines beschränkten Spielbaumes (bei ungenauer Zielsetzung) annähernd gelöst werden kann.

<u>Pseudogenerierung</u> - ein Aufstieg auf einem Ast des Spielbaumes, der der laufenden Variante der Generierung entspricht, ohne Abschätzung der Züge, mit dem Ziel, die Möglichkeit einer Einbeziehung neuer Trajektorien der Spielzone in die Generierung zu prüfen.

<u>Prognose</u> - eine optimale Zugfolge. Die Prognose darüber, wie gut das Ziel des ungenauen Spiels realisiert werden kann.

<u>Randeffekt</u> - ein Effekt, der es erlaubt, die Menge der Positionen in der jeweiligen Konfiguration in mehrere sich nicht schneidende Untermengen zu gliedern. Die Abschätzungen und ersten Züge sowie die entscheidenden Positionen einer jeden solchen Untermenge bleiben dabei unverändert.

<u>Regel des Abbruchs der Zugfolge</u> - ein Kriterium, das in die Bibliothek der Spielregeln einbezogen wird und erlaubt, die jeweilige Variante der Generierung mit einer entsprechenden exakten Bewertung abzubrechen.

<u>Registrierung der Sichtungen</u> - die Registrierung der Informationen über die Trajektorien, die der Sichtung entsprechen, d.h. die Registrierung der Spur des Trajektorienbündels auf dem α_0-Feld des Bündels, insbesondere die Registrierung des Sprosses der Spielzone.

<u>Schablone</u>:

Bauernschablone - ein Gesamtfeld aus (im allgemeinen) acht Elementen; die Charakteristik des gegenseitigen Standortes der Bauern in der gegebenen Position.

Positionsschablone - ein Gesamtfeld aus zwölf Elementen; die Material-Charakteristik der Position.

<u>Sichtung</u> - die Existenz einer Trajektorie, die von einem Feld, auf dem eine Figur steht, auf ein Feld, auf dem eine Figur der gegnerischen Farbe steht, führt. Im Prozeß der Generierung ändern die Figuren ihren Standort, und es enstehen somit andere Sichtungen.

<u>Spielbaum</u> - ein Graph, bei dem jeder Knoten einen ihm unmittelbar vorausgehenden Knoten (Vaterknoten) besitzt, mit Ausnahme des ausgezeichneten Ausgangsknotens, den wir als Wurzel des Spielbaumes bezeichnen, und der keinen Vaterknoten besitzt.

<u>Spielzone</u> - die Gesamtheit aller Figuren (schwarze und weiße) und ihrer Trajektorien, die sich gegenseitig im Angriff unterstützen bzw. der angreifenden Figur entgegenwirken.

<u>Spielziel</u>:
genaues (im Schachspiel) - jede Seite ist bestrebt, den Gegner mattzusetzen;

ungenaues (in einem Modell) - Materialgewinn (Wert der Figuren im Modell: Bauer - 1 Punkt; Springer - 3 Punkte; Läufer - 3 Punkte; Turm - 5 Punkte; Dame - 9 Punkte; König - 2oo Punkte).

<u>Sproß der Spielzone</u> - die Spur eines Bündels der Stammtrajektorien auf dem α_0-Feld des Trajektorienbündels.

<u>Spur des Trajektorienbündels auf einem gegebenen Feld</u> - ein Kästchen der Kettenliste, das mit dem jeweiligen Feld verknüpft ist und Informationen über ein konkretes Trajektorienbündel enthält, welches durch dieses Feld verläuft.

<u>Streben</u>:
zur Bibliotheksposition - die Einbeziehung in die MP der geplanten Trajektorien einer Figur der aktiven Seite, auf denen die Züge aus der Ausgangsposition in eine ähnliche Bibliotheksposition mit einer günstigeren Bewertung führen; das Streben zur Bibliotheksposition wird mit Hilfe der Bestrebungsmethode realisiert;

zum ursprünglichen Fragment - die Einbeziehung in die MP von Trajektorien, die zu den Kopplungsfeldern für solche gekoppelten Figuren führen, die von ihren Kopplungsfeldern in einer Entfernung stehen, die größer ist als die Minimalentfernung; die

Realisierung erfolgt mit Hilfe der Assoziativ-Methode.

Steuerungssystem - ein System, das der Informationssammlung und der Auswertung sowie
der Realisierung der Entscheidung dient.

Suche nach einer Lösung für das Generierungsproblem:
in der Ausgangssituation - die Suche nach einer Lösung mit Hilfe einer Formierung des
Spielbaumes;

assoziatives Suchen - die Suche nach einer Lösung mit Hilfe eines gezielten Aufbaus
des Spielbaumes der Generierung in einer Situation, die einer Situation ähnlich
ist, die in der Vergangenheit bereits zum Erfolg führte;

mit Hilfe der Bestrebungsmethode - die Suche nach einer Lösung mit Hilfe eines gezielten Aufbaues des Spielbaumes, wenn die Hoffnung besteht, daß dadurch genau die
gleiche Situation erreicht wird, die früher bereits zum Erfolg führte;

mit Hilfe der Informationsmethode - die Suche nach einer Lösung ohne Konstruktion eines Spielbaumes, wenn die entsprechende Situation mit einer Situation übereinstimmt, die bereits früher einmal gegeben war und deren Bewertung bekannt ist.

Symmetrie:
diagonale - eine Transformation, die durch die Abbildung der Position bezüglich der
Diagonalen a1-h8 oder h1-a8 charakterisiert wird; die Diagonalsymmetrie wirkt
in einer Position ohne Bauer.

Farbensymmetrie - eine Transformation, die durch eine Abbildung der Position bezüglich der horizontalen Achse des Spielbrettes bei gleichzeitiger Änderung der
Farbe der Figuren charakterisiert wird.

Flankensymmetrie - eine Transformation, die durch die Abbildung der Position bezüglich der vertikalen Achse des Spielbrettes charakterisiert wird.

Tiefe:
der Assoziation des Fragmentes, das dem Ausgangsfragment ähnlich ist - die minimale
Zeit (in Halbzügen), in der das Ausgangsfragment rekonstruiert werden kann; die
Größe der Abweichung des ähnlichen Fragmentes vom Ausgangsfragment;

der Einbeziehung der Spielzone - Tiefe des Knotens im Spielbaum, unterhalb dessen
die jeweilige Zone in die Generierung einbezogen wird;

des Einfrierens - Tiefe des Knotens, in dem ein Einfrieren der gegebenen Trajektorie
infolge des Verlustes des Kontaktes mit der aktiven Trajektorie vorgenommen wurde;

des Knotens im Spielbaum - die Länge des Astes (in Halbzügen), der vom Ausgangsknoten zum betreffenden Knoten führt.

<u>Trajektorie</u>:

einfache - die kürzeste Trajektorie für alle Figuren mit Ausnahme der Dame; für die
Dame: eine Trajektorie aus zwei Bewegungen auf einem leeren Spielbrett;

gabelförmige - eine Trajektorie, von der ein Intervall gemeinsames Element mehrerer
Trajektorien ein und derselben Figur ist;

geplante - eine Trajektorie, deren Züge aus der Ausgangsposition in eine ähnliche
Bibliotheksposition führen;

gekoppelte - eine aus zwei einfachen Trajektorien bestehende Trajektorie;

kürzeste Trajektorie einer konkreten Figur vom α_0-Feld auf das α_k-Feld - eine Trajektorie, die aus einer minimalen Anzahl von Bewegungen auf einem leeren Spielbrett
besteht;

Negationstrajektorie - eine Trajektorie, die nicht Stammtrajektorie der Spielzone
ist und deren Länge aufgrund des variablen Horizontes H_x beschränkt ist;

Negationstrajektorie 1. Grades - eine Trajektorie, die mit der Stammtrajektorie der
Spielzone gekoppelt ist;

Negationstrajektorie n-ten Grades - eine Negationstrajektorie, die mit der Negationstrajektorie vom (n-1)-ten Grade gekoppelt ist;

Stammtrajektorie - Haupttrajektorie der Spielzone, von der aus die Formierung der
Spielzone beginnt. Die Länge der Stammtrajektorie wird durch den maximalen Horizont H_L beschränkt.

Typen-Idee - ein Kombinationsmanöver, dessen Realisierung sich bereits früher durch
einen Erfolg auszeichnete.

<u>Untersystem</u>:

der 1. Stufe - eine Figur und deren Trajektorie;

der 2. Stufe - eine Spielzone;

der 3. Stufe - die MP (Gesamtsystem).

<u>Verbesserung der Generierungsergebnisse</u> - das Treffen einer Entscheidung bezüglich
der Möglichkeit einer Erweiterung der MP nach der Analyse des konstruierten
Hilfsbaumes unterhalb eines gegebenen Knotens, wenn die Hoffnung besteht, daß in
dem betreffenden Knoten eine neue laufende optimale Zugfolge (LOZ) mit einer höheren Bewertung existiert.

<u>Verschiebung</u> - eine Transformation der Position, die die Veränderung aller Koordina-
ten der Kopplungsfelder und der Felder der Verknüpfung der aktiven Figuren um ein

und dieselbe Größe charakterisiert, die wir als Verschiebungsgröße bezeichnen.

$\underline{Ziel}$ - die α_k-Figur in der Angriffszone;
bedrohtes Ziel - ein Ziel in der Angriffszone, wenn alle α-Felder der Stammtrajektorien des Rückzugs der α_k-Figur vom Angreifer kontrolliert werden;

Schlagziel - ein bedrohtes Ziel in der Angriffszone, wenn die Stammtrajektorie aus
einer Bewegung besteht und das Anzugsrecht bei der angreifenden Person liegt.

<u>Zweidimensionale Tabelle mit Subordinierung der Komponenten</u> - eine Tabelle mit zwei
Komponenten, von denen eine Komponente unabhängig ist und die zweite von der
ersten abhängt.

<u>Zonentypen</u>:
Angriffszone;
Zone der Blockade;
Zone der Deblockade;
Zone der Kontrolle;
Zone des Rückzugs.

Literatur

1. Botvinnik, M.M.
   Algoritm igry v sachmaty

   (Der Spielalgorithmus im Schachspiel)
   Vlg. "Nauka", Moskva - 1968;

2. Shannon, C.
   Raboty po teorie informacii i kibernetike

   (Arbeiten zur Theorie der Informatik und Kybernetik)
   Vlg. "Inostrannaja Literatura", Moskva - 1963;

3. Botvinnik, M.M.
   O kiberneticeskoj celi igry

   (Über die kybernetische Zielsetzung des Spiels)
   Vlg. "Sovetskoe radio", Moskva - 1975
   (Deutsche Übersetzung erschienen bei der Universitätsbibliothek Dortmund - Ost-
   sprachen Übersetzungsdienst - Bestell-Nr.: O/XXXVI)

4. Judin, A.D.
   Biblioteka endspilja EVM

   (Eine Endspielbibliothek für Computer)
   in: "Sachmaty v SSSR", (1975), Heft 7, S. 1o - 11;

5. Stilman, B.M.
   Masina ucitsja

   (Eine Maschine lernt spielen)
   in: "Sachmaty v SSSR", (1976), Heft 4, S. 2o - 22;
   (Deutsche Übersetzung erschienen bei der Universitätsbibliothek Dortmund - Ost-
   sprachen Übersetzungsdienst - Bestell-Nr.: O/XCIX)

6. Judin, A.D.
   Programma poiska informacii v dvumernoj tablice s subordinaciej vchodov.
   (Biblioteka pozicij endspilja)

   (Ein Programm zur Suche von Informationen in einer zweidimensionalen Tabelle mit
   Subordinierung der Eingänge. Bibliothek der Endspiel-Positionen)
   in: "Programmivrovanie", (1976), Heft 4, S. 66- 72;
   (Deutsche Übersetzung erschienen bei der Universitätsbibliothek Dortmund - Ost-
   sprachen Übersetzungsdienst - Bestell-Nr.: O/C)

7. <u>Stilman, B.</u>
   <u>Zwei Arbeiten zum Botvinnikschen Schachalgorithmus</u>

   Abteilung Informatik der Universität Dortmund,
   (1976), B. 29, S. 1 - 55;

8. <u>Adelšon-Velškij, G.M.</u> u.a.
   <u>O programmirovanii igry vycislitelnych masin v sachmaty</u>

   (Über die Programmierung des Spiels im Computerschach)
   in: "UMN", 25, (197o), Heft 2 (152), S. 221 - 26o;

9. <u>Capablanca, Ch. R.</u>
   <u>Ucebnik sachmatnoj igry</u>

   (Lehrbuch für Schach)
   Verlag "FIS", Moskva - 1975;

1o. <u>Botvinnik, M.M.</u> u.a.
    <u>Iskusstvennyj sachmatnyj master</u>

    (Ein künstlicher Schachmeister)
    in: <u>"Vestnik AN SSSR"</u>, (1978), Heft 4, S. 82 - 91;

11. <u>Adelšon.Velškij, G.M.</u> u.a.
    <u>Programmirovanie igr</u>

    (Die Programmierung von Spielen)
    Vlg. "Nauka", Moskva - 1978.

Nachtrag

Als dieses Buch im Jahre 1979 in Moskau in russischer Sprache veröffentlicht wurde, war
sein Inhalt zum Teil bereits nicht mehr aktuell, denn in der Zeit, in der das Buch zum
Druck vorbereitet wurde, hatte das Programm "PIONIER" weitere Fortschritte gemacht.

Nun ist seitdem wieder Zeit vergangen, in der sich vieles geändert hat. Im Prinzip
bleiben die theoretischen Grundlagen des Programms "PIONIER", wie sie in dem Buch darge-
legt werden, auch weiterhin gültig. Wir halten es jedoch für erforderlich, den Leser
über die gemachten Fortschritte zu informieren.

In seinem Buch "Der Spielalgorithmus im Schachspiel" (Moskau 1968, Titel der englischen
Ausgabe: "Computer, chess and long-range planning", Springer Verlag 197o) schreibt der
Autor: "Nach meiner Meinung besteht der Spielablauf beim Schachspiel (und wahrscheinlich auch bei jedem anderen Spiel) in einem allgemeinen Werteaustausch. Wir bezeichnen
als allgemeinen Werteaustausch einen Austausch des Spielmaterials, in dem ein Austausch
sowohl materieller als auch positioneller Werte vorgenommen wird. Das Ziel eines allgemeinen Werteaustausches ist ein relativer Gewinn solcher materieller oder positioneller
Werte. Ein anderes Ziel existiert nicht und kann auch nicht existieren. Im Endeffekt
muß dieser allgemeine Werteaustausch im Schach zu einem Gewinn von unendlich hohem Materialwert (zum Matt) führen. Der Materialwert einer Figur entspricht ihrer mittleren
Spielstärke in den verschiedenen Positionen; der positionelle Wert der Figur entspricht
ihrer realen Kraft zum jeweiligen Zeitpunkt des Spielgeschehens auf dem Schachbrett. Was
der materielle (mittlere) Wert einer Figur ist, ist uns wohlbekannt. Was jedoch der positionelle Wert einer Figur ist, dies wußten wir nicht so genau. Deshalb ist es klar,
daß dieser Begriff bei "PIONIER" noch Anwendung fand. Deswegen operierte "PIONIER" früher nur mit dem materiellen Wert einer Figur. Leider!

Bei der Analyse (Aufbau des Spielbaumes) der
bekannten Position aus der Partie Botvinnik-
Capablanca (Rotterdam im Jahre 1938), die wir
in der Abbildung 1 sehen, mußte das Programm
"PIONIER" im Jahre 1979 eine Niederlage hinnehmen. "PIONIER" hatte Züge einbezogen, die
ungefähr der Spielstärke eines mäßigen Schachspielers entsprechen, so daß der Spielbaum
immer größer wurde. Ein kleiner Spielbaum
eines guten Spielers muß bei einer geringen
Anzahl von Knoten auch lange Varianten
(1o-2o Halbzüge) enthalten. Dieses ist mit
Hilfe eines sehr kleinen Verzweigungskoeffi-
zienten (in der Größenordnung von 1,1 bis
1,2) möglich. Das Programm "PIONIER" ist

Abb. 1
Position aus der Partie
Botvinnik-Capablanca;
Weiß am Zuge.

stets bestrebt, einen kleinen Verzweiungskoeffizienten zu gewährleisten und verfährt dabei in zwei Etappen:

Während der ersten Etappe werden die verhältnismäßig "groben" Methoden, wie z.B. die Existenz eines durch den Horizont beschränkten Spielziels, die Konstruktion eines mehrstufigen Schachmodells, die Beschränkung der Anzahl der in die mathematische Projektion (MP) der Position einbezogenen Stufen (Spielzonen), die Unterbrechung und der Abbruch der Äste aufgrund des Spielmaterials angewandt. Während der zweiten Etappe erfolgt die Realisierung der sogenannten "intellektuellen" Prozeduren. Dabei spielt die Priorität der Einbeziehung der Züge in den Baumaufbau und die Klärung der Möglichkeiten bezüglich einer Verbesserung des Ergebnisses eine besonders wichtige Rolle. Wenn aufgrund der Priorität sehr starke Züge frühzeitig einbezogen werden können, dann ist im Hinblick auf eine mögliche Verbesserung des Generierungsergebnisses ein Abbruch der Äste, die nicht mehr interessant sind, relativ früh möglich, wodurch der Verzweigungskoeffizient auf die erforderliche Größe reduziert wird. Von ebenso großer Bedeutung ist auch die Existenz einer Positionsbewertung, die für eine exaktere Unterbrechung und den Abbruch der Äste verwendet werden kann, als dies aufgrund der Materialbewertung möglich ist.

Kehren wir nun aber wieder zu der Position aus der Partie Botvinnik-Capablanca in der Abbildung 1 zurück. Warum hatte "PIONIER" auch verhältnismäßig schwache Züge einbezogen? Der Grund dafür liegt darin, daß die Priorität der Einbeziehung der Züge auf dem Materialwert der Figuren (bzw. ihrem Austausch) basiert. Wir mußten einsehen, daß ohne die Einführung des positionellen Wertes der Figur in das Programm eine erfolgreiche Lösung des Problems nicht möglich ist. Es mußte eine Lösung für das im Buch aus dem Jahre 1968 formulierte Problem gefunden werden.

Wie so oft half auch hier ein glücklicher Zufall. Bereits früher bei der Ausarbeitung des Hilfsprogramms für den Materialaustausch der Figuren (die von dem jeweiligen Feld einen Halbzug weit entfernt sind) hatten wir uns geeinigt, auf jeden Fall jede Figur, die an einem Austausch beteiligt ist, durch ein "Pünktchen" zu kennzeichnen. War die Figur an mehreren Austauschen beteiligt, wurde sie entsprechend durch mehrere Pünktchen gekennzeichnet. Wir bezeichnen diese Methode symbolisch als "Marienkäfer-Methode", da der Marienkäfer bekanntlich ebenfalls eine Anzahl von Punkten besitzt. Die Anzahl der Punkte bestimmt auf indirekte Weise die Aktivität der Figur und die Wahrscheinlichkeit ihrer erfolgreichen Einbeziehung in den Austausch auf dem Spielfeld. Dieses Mal entschlossen wir uns, die "Marienkäfer-Methode" für die Lösung eines komplexen Problems - für die Bestimmung des positionellen Wertes der Figur im Spiel zu nutzen. Die materielle Priorität der Trajektorie, mit der die jeweilige Figur gekoppelt ist, war der Grund dafür, daß die jeweilige Figur durch ein Pünktchen gekennzeichnet wurde; die Größe des Punktes entsprach jeweils der Wertigkeit der Priorität der Trajektorie.

Je größer nun die Anzahl der größeren Punkte ist (die sich auch der Größe nach unterscheiden), desto aktiver ist die Figur und desto höher ist ihr positioneller Wert. Dieser Umstand ermöglicht uns die Bestimmung der positionellen Priorität der Trajektorie, so daß die Einbeziehung der Figur bereits aufgrund dieser neuen Priorität erfolgt.

Das Ergebnis war überwältigend.

Wir bringen hier drei Spielbäume, die sich auf ein und dieselbe Position aus der bereits eingangs erwähnten Partie: Botvinnik-Capablanca beziehen.

In der Abbildung 2 ist der Spielbaum dargestellt, den ich aus dem Gedächtnis rekonstruierte - es handelt sich um die Varianten, die ich während des Spiels analysierte. Bemerkenswert ist hier vor allem die relativ geringe maximale Länge der Variante von 12 Halbzügen. Zu einer tieferen Berechnung der Züge war ich damals gegen Ende der fünften Spielstunde nicht mehr fähig, außerdem war die Bewertung der optimalen Variante für mich als Praktiker völlig zufriedenstellend. Interessant ist außerdem, daß der erste Zug, der in die Generierung einbezogen wurde, der Zug Sf3-h5+ war; somit unterscheidet sich die positionelle Priorität eines Schachspielers in diesem Fall von der Priorität, auf der das Programm "PIONIER" basiert.

Die Knotenzahl war ebenfalls relativ gering, nur 28 Knoten.

In der Abbildung 3 wird der Spielbaum dargestellt, wie er bald nach der Partie vorwiegend aufgrund der von mir veröffentlichten Analysen konstruiert wurde.

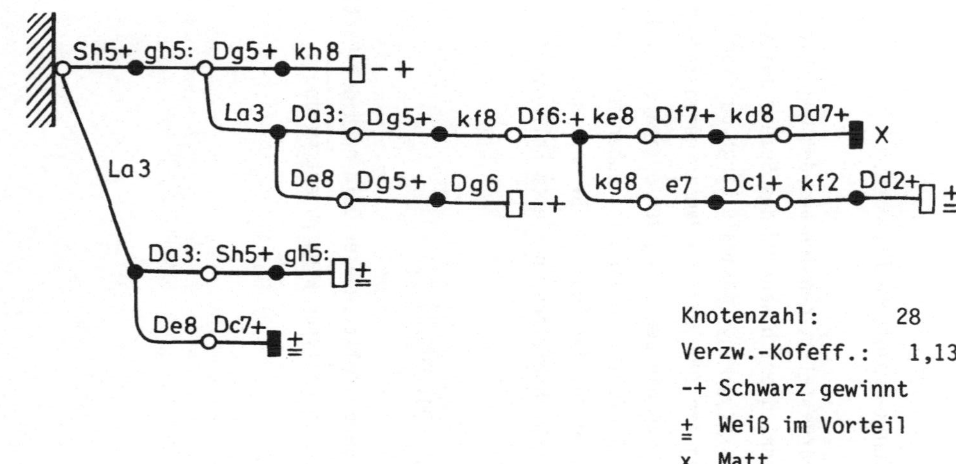

<u>Weiß</u>: Kg1, De5, Lb2, Sg3, Bauern: c3, d4, e6, g2, h2.
<u>Schwarz</u>: Kg7, De7, Sb3, Sf6, Bauern: a7, b6, c4, d5, g6, h7.

<u>Abb. 2</u>
Spielbaum von Botvinnik

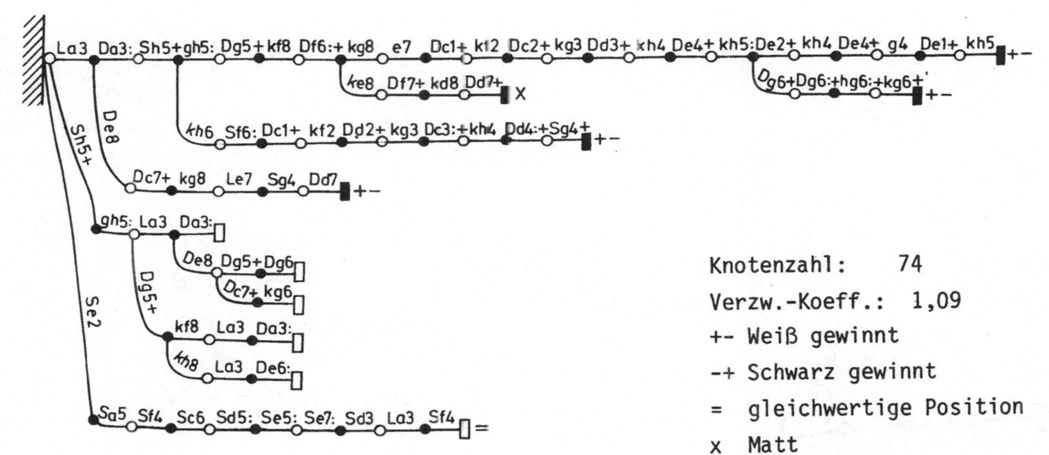

Weiß: Kg1, De5, Lb2, Sg3, Bauern: c3, d4, e6, g2, h2.
Schwarz: Kg7, De7, Sb3, Sf6, Bauern: a7, b6, c4, d5, g6, h7.

Abb. 3 Spielbaum des Analytikers

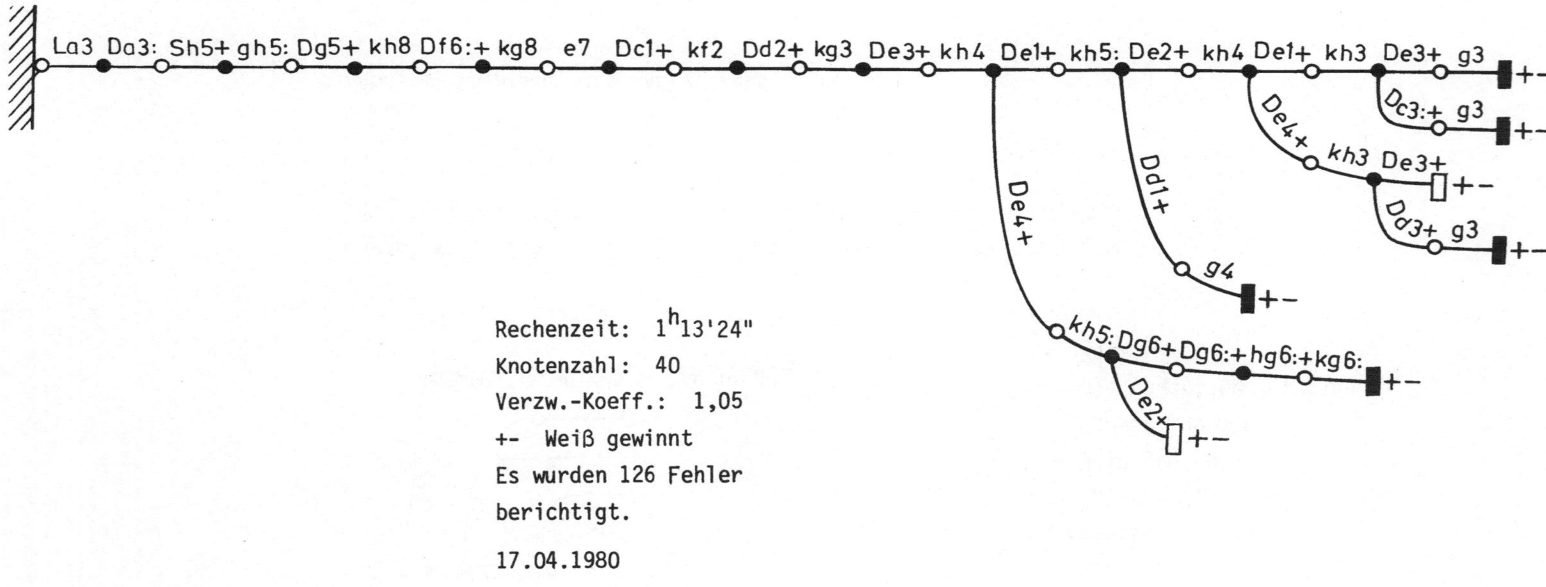

Weiß: Kg1, De5, Lb2, Sg3, Bauern: c3, d4, e6, g2, h2.
Schwarz: Kg7, De7, Sb3, Sf6, Bauern: a7, b6, c4, d5, g7, h7.

Abb. 4 Spielbaum des Programms "PIONIER" (bei beschränkter Rechenzeit von 70').

Hier ist die Knotenzahl auf 74 angestiegen, aber ein Analytiker untersucht oft auch solche Varianten, die der Praktiker von vornherein ausschließt.

Und nun zur Abbildung 4. Dieser Spielbaum wurde vom "PIONIER" aufgebaut. Die maximale Länge der Variante ist hier die gleiche wie beim Analytiker (dabei erreicht die Variante jedoch nicht ihre maximale Länge, die 3o Halbzügen entsprach). Die Priorität erwies sich genauer als beim Praktiker. Es wurden nicht alle Äste berechnet; als "PIONIER" in "Zeitnot" geriet (da seine Bedenkzeit abgelaufen war), wurde die Formierung des Spielbaumes abgebrochen (deshalb nur 4o Halbzüge) und die Bestimmung des Zuges erfolgte aufgrund einer Analyse des nicht abgeschlossenen Spielbaumes. Auf diese Weise verfährt jedoch oft auch ein Praktiker. Die Arbeit an der Vervollkommnung des Programms "PIONIER" geht weiter, aber bereits heute ist uns klar, daß sein Denkschema dem Denkschema eines guten Spielers ähnlich ist. Es scheint uns heute mehr denn je wahrscheinlich zu sein, daß die schwierige Aufgabe einer Simulation des Denkprozesses eines Schachspielers erfolgreich beendet werden kann.

M.M. Botvinnik

Moskau, im Juli 1980

Chess Skill in Man and Machine

Editor: P. W. Frey

Corrected printing 1978. 55 figures, 2 tables.
XI, 225 pages
(Texts and Monographs in Computer Science)
Cloth DM 38,–
ISBN 3-540-07957-2

The book consists of a series of 8 essays dealing with the major aspects of skill at chess playing in both humans and computers. The essays cover the history and rules of computer chess tournaments, human chess kill, descriptions of the techniques of computer chess and, finally, an overview of the past, present, and future of computer chess. Psychological studies of human chess skill are also summarized.

The third chapter introduces the reader to the technical side of computer chess, discussing some of the key problems to be solved in the design of a chess program. North Western University's successful program, "chess 4.5", the parent program of the current world champion, is described by its designers. Chapter 5 is also devoted to a special program, designed specifically for end-game play with kings and powns only. A chess program that searchers through a look-ahead tree is presented is presented in Chapter 6, followed by a heuristic search procedure in Chapter 7. The final chapter assesses the present status of computer chess from the perspective of a skilled player. The history of computer chess tournaments has been updated for this new printing with an appendix presenting some of the recent games played.

The difference between computer chess and human chess shed as much light on many aspects of human chess skill as their similarities, making this book of great interest, not only to computer scientists, but to all chess players.

Springer-Verlag
Berlin
Heidelberg
New York